# 101 London

## Geheimtipps und Top-Ziele

IWANOWSKI'S REISEBUCHVERLAG

Im Internet:

**www.iwanowski.de**

Hier finden Sie aktuelle Infos zu allen Titeln, interessante Links – und vieles mehr!

**Einfach anklicken!**

Schreiben Sie uns, wenn sich etwas verändert hat. Wir sind bei der Aktualisierung unserer Bücher auf Ihre Mithilfe angewiesen: **info@iwanowski.de**

**101 London – Geheimtipps und Top-Ziele**
**1. Auflage 2012**


Salm-Reifferscheidt-Allee 37 • 41540 Dormagen
Telefon 0 21 33/26 03 11 • Fax 0 21 33/26 03 33
info@iwanowski.de
www.iwanowski.de

Titelfoto: Bernd Jonkmanns / laif
Alle anderen Farbabbildungen: siehe Bildnachweis Seite 5
Lektorat und Layout: Stefan Blank, www.stefanblank.com
Umschlagkarten: Kartografie + Grafik Klaus-Peter Lawall, Unterensingen
Titelgestaltung: Studio Schübel, München
Redaktionelles Copyright, Konzeption und deren ständige Überarbeitung: Michael Iwanowski



Gesamtherstellung: Grafisches Centrum Cuno, Calbe
Printed in Germany

**ISBN: 978-3-86197-037-8**

# Inhaltsverzeichnis

## ARCHITEKTUR 114

## PLÄTZE UND PARKS 148

## BUMMELN, EINKAUFEN & ESSEN 164

## AKTIVITÄTEN IN LONDON 186

## Abbildungsverzeichnis

# Einleitung

*Auf dem Camden Market*

I ♥ London

# London – Schmelztiegel unzähliger Kulturen

London ist eine globale und moderne Stadt – so beschrieben es die Künstler Gilbert & George:

»If you want to live in the world this is the place. It's the only place where you have a total grasp of the whole world. Whatever is happening in every country you can feel in London. Every single building, every single person, every scratch on a tree, is global because it is one of the most modern places in the world.« (»Wenn du in der Welt leben möchtest, ist dies dein Ort. Dies ist der einzige Ort, wo Du die ganze Welt erfassen kannst. Was immer auch in einem anderen Land passiert, man fühlt es in London. Jedes einzelne Gebäude, jede einzelne Person, jeder Kratzer an einem Baumstamm ist global, denn London ist einer der modernsten Orte auf der Welt.«)

London ist nicht nur eine einzelne Stadt, es ist ein Schmelztiegel aus unzähligen Kulturen und Gesellschaftsschichten. Die Stadt ist zusammengewürfelt aus vielen kleineren Orten, die nach und nach zusammenwuchsen. Bis heute bietet London kein homogenes Bild, es ist nicht gradlinig angelegt. Wenige Schritte von den ausgetretenen Pfaden entfernt, eröffnen sich oft Ausblicke, die man nicht erwartet hätte.

Die Architektur ist so vielfältig wie die Einwohner dieser Stadt und jedes Stadtviertel hat seine Besonderheiten. Einwandererkulturen haben über die Jahrhunderte hinweg ganze Gegenden geprägt, wo man in andere Kulturkreise eintauchen tauchen kann.

In London findet ein ständiges Kommen und Gehen statt, hier ist die ganze Welt zu Besuch. In der Innenstadt von London sind mehr Millionäre, aber auch mehr internationale Kulturen versammelt als in jeder anderen europäischen Stadt. Während sich der gutsituierte City-Banker vor einer eindrucksvollen Kulisse bewegt, gehört in einigen Gegenden im Süden und Osten Londons nach wie vor die Armut zum Stadtbild.

London ist Heimat für 8 Mio. Menschen innerhalb der Stadtgrenze und Arbeitgeber auch für Einwohner aus dem Einzugsgebiet der Home Counties. In die City-Büros fallen unzählige Pendler ein, die mehrere Stunden Fahrtzeit in Kauf nehmen, weil sie sich keine Wohnung in der Innenstadt leisten können. Allein durch die U-Bahnstationen der City strömen jeden Tag an die 300.000 Menschen in die Büros in den Hochhaustürmen.

Wer die Rush Hour in der U-Bahn oder am Pendlerbahnhof Waterloo miterlebt hat weiß, dass London nicht nur schöne Seiten hat. Menschenmassen drängen sich durch die Tunnel, man wird angerempelt, die sprichwörtliche britische Höflichkeit fällt hier flach.

Dann wiederum findet man immer wieder kleine Oasen, einen Park oder einen Platz, an dem man vergessen kann, dass man sich in einer Millionenmetropole befindet. Die Ausrufe der Marktschreier auf dem Wochenmarkt bringen einen zum Schmunzeln, der Busfahrer bedankt sich mit »Thank you

Darling«, man steht an einem Spätnachmittag am Südufer der Themse, die Sonne taucht die Kuppel der St. Paul's Kathedrale in ein goldgelbes Licht und Boote tuckern vorbei.

Das kulturelle Angebot der Stadt ist unvergleichlich. In Theatern, Museen, Konzerthallen finden Weltpremieren statt, in den Clubs, Modeschulen und Galerien werden Trends kreiert, in den Restaurants kann man sich durch die Küchen dieser Welt essen. Allein der Besuch aller Museen und Galerien der Stadt würde Monate in Anspruch nehmen. London bietet nicht zuletzt einen Querschnitt durch die britische Geschichte – viele der bedeutendsten Momente der Historie Großbritanniens haben sich in der Hauptstadt abgespielt und spielen sich noch hier ab.

All dies macht London zu einer der beliebtesten Urlaubsdestinationen der Welt. Touristen und Geschäftsleute, die zu einem Kurzbesuch hierher kommen, lernen jedoch meist nur einen kleinen Ausschnitt aus dem Gesamtbild der Stadt kennen, die sich von Barnet im Norden bis Croydon im Süden und von Hounslow im Westen bis Woolwich im Osten erstreckt.

Dieser Reiseführer möchte Einblicke in das weniger bekannte London bieten und unbekannte Seiten namhafter Sehenswürdigkeiten aufzeigen, denn sie verdienen mehr als einen flüchtigen Blick.

Lilly Nielitz-Hart & Simon Hart

# Stadtviertel und Stadtansichten

*Tower Bridge und City Hall*

refresh
talk
enjoy
refuel

# 1 Londoner Lebenswelten – wo die Reichen, Armen, Kreativen und Bürgerlichen wohnen

London gehört sicherlich zu den **vielfältigsten Metropolen der Welt.** Der Großraum London erstreckt sich auf beiden Seiten der Themse und schließt 32 Stadtbezirke (Boroughs) mit ein. Einige Stadtteile waren eigenständige Dörfer, bis sie nach und nach in die Stadt eingemeindet wurden. Die umliegenden Grafschaften, die sich selbstständig verwalten, gehören zum weiteren Einzugsgebiet für die Stadt, die der größte Arbeitgeber des Landes ist. Während sich im inneren Bereich ca. acht Millionen Einwohner als Londoner bezeichnen dürfen, wohnen in den umliegenden Bereichen außerhalb des Autobahnrings der M 25 ungefähr noch einmal so viele Menschen.

Die Stadt wächst ständig, denn Einwanderer kommen nicht nur aus dem Vereinigten Königreich, sondern auch aus den Ländern der ehemaligen Kolonien, dem Commonwealth, wie Afrika, der Karibik, China, Indien und natürlich Europa – in den letzten Jahren besonders auch aus Osteuropa. **Mehr als 300 Sprachen** werden hier gesprochen. Allein kulinarisch gesehen kann man in London eine Weltreise machen.

Der Norden, der Westen und der Südwesten Londons gehören zu den wohlhabendsten Gegenden der Stadt. Dagegen weisen der Süden und Südosten viele benachteiligtere Gebiete auf.

Im unmittelbaren Stadtzentrum, in Bezirken wie **Kensington**, **Chelsea** und **Mayfair**, leben gut betuchte Menschen, wie beispielsweise russische

*Londoner Wahrzeichen: die Tower Bridge*

Milliardäre, alte Aristokratie und bekannte Persönlichkeiten wie Fußballspieler. Die meisten Einwohner haben hier ein Apartment oder ein Haus als Zweitwohnsitz. Dementsprechend sind die Immobilienpreise für Normalsterbliche unerschwinglich und bewegen sich in Millionenhöhe.

Das nördliche **Hampstead** und die südwestlichen Bezirke **Richmond** und **Wimbledon** sind bürgerliche Bezirke, in denen sich auch viel Film- und Mediengrößen angesiedelt haben.

Der nördliche Bezirk **Islington** gilt von jeher als Wohnort für die intellektuelle, liberale Mittelklasse. Hier leben viele Politiker. **Camden**, westlich von hier, besitzt eine Mischung aus wohlhabenden Einwohnern, allerdings auch die alternative Enklave Camden Town mit ihren Musikläden und Gruftiboutiquen.

*London lebt auch von Kontrasten, wie hier in Camden Town*

In vielen Bezirken, die an wohlhabendere Viertel angrenzen, gibt es auch heute oft noch sehr sichtbare Armut. Die Stadtviertel, die von Einwanderern aus bestimmten Kulturkreisen geprägt sind, sind besonders betroffen. **Brixton** im Süden, das von karibischen und afrikanischen Einwanderern geprägt ist, erholt sich nur sehr langsam von jahrelanger Vernachlässigung. Das East End war von jeher ein Auffanglager für ärmere Einwanderer. Einige schafften es, sich Wohlstand zu erarbeiten und zogen in angenehmere Bezirke um. Ein Beispiel ist die jüdische Gemeinschaft, die heute im grünen Vorstadtbezirk **Golders Green** zu finden ist. Ebenso verlagerte sich der Schwerpunkt der irischen Gemeinschaft nach **Kilburn**. Die Bezirke **Brick Lane** und Whitechapel werden geprägt von Einwanderern aus Pakistan und Bangladesh und von dem Erbe aus viktorianischer Zeit, als der Mörder »Jack the Ripper« hier sein Unwesen trieb.

**East End** und Docklands sind mit ihrer reichen Geschichte ein Anziehungspunkt für die kulturelle Avantgarde der Stadt. Dank ihr entstand in Spitalfields, Hoxton und Shoreditch eine ganz besondere Infrastruktur von Galerien, Clubs und Bars sowie ausgefallenen Boutiquen. Im Osten der Docklands wurde preiswertes Land für Bauprojekte von riesigen Ausmaßen genutzt, sodass hier heute ähnliche Glaspaläste stehen wie in der **City of London**, dem Finanzzentrum der Stadt.

# 2 Regierungsviertel einer Nation – Downing Street 10 und Whitehall

Das **Regierungsviertel** erstreckt sich entlang der Straße »Whitehall«. Mit dem Spaziergang beginnt man am besten an der Südseite des **Trafalgar Square**. Hier steht die Statue von Charles I., der 1649 während des Englischen Bürgerkrieges von Republikanern hingerichtet wurde. Dies markierte den Beginn der Demokratie und der parlamentarischen Verwaltung. Das Denkmal wurde von seinem Sohn Charles II. errichtet, der die Monarchie elf Jahre später wieder einführte. Aber auch er konnte die nachfolgende Entwicklung nicht aufhalten: 1688 wurde in der »Glorious Revolution« eine konstitutionelle Monarchie erstritten und ein Parlament eingesetzt.

Wenn man auf der Westseite der **Whitehall** hinunterspaziert, gelangt man in den Bereich, an dem die Könige residierten – nachdem Henry VIII. (1509–1547) den Hof von Westminster hierhin verlegt hatte. Der Palast war mit mehr als 1.500 Sälen zu seiner Zeit einer der größten in Europa. Leider wurde er durch ein Feuer im Jahr 1698 zerstört. Er erstreckte sich etwa eine halbe Meile entlang der Themse, die damals die Haupttransportader der Stadt war. Jedes Gebäude des Palastes hatte seinen eigenen Bootssteg mit eigenem Fährbetrieb, damit die Bewohner und Besucher des Palastes sich nicht auf den ungepflasterten, unsauberen und überfüllten Straßen bewegen mussten.

*Downing Street 10: hier wohnt der Premierminister*

Heute befinden sich hier die **Regierungsgebäude** mit den wichtigsten staatlichen Ministerien, wie dem Finanzamt, dem Verteidigungsministerium und dem Auswärtigen Amt. Das einzige noch intakte Gebäude aus den damaligen Palastzeiten ist das **Banqueting House** auf der rechten Seite der Straße mit dem berühmten, 1635 von Peter Paul Rubens gestalteten Deckengemälde (s. Kap. 52). Wer die Straße weiter hinunterläuft, passiert die **Horse Guards** (Gardekavallerie) in der traditionellen roten Uniform Auf dem Paradegelände hinter dem ehemaligen Eingangstor zum Palast von Whitehall wurden einst Wettkämpfe und Turniere ausgetragen. Heute scharen sich Touristen mit Kameras um die berittene, uniformierte Garde, vor allem während des Spektakels der Wachablösung um 11 Uhr morgens.

Die Adresse **Downing Street Nr. 10** ist vielen Menschen ein Begriff, da man sie sicher schon einmal in den Nachrichten gesehen hat. Lange Zeit konnte das einfache Volk direkt bis zur berühmten Tür schlendern. Nach einem terroristischen Anschlag 1991 durch die IRA wurde das Gelände jedoch großflächig abgeriegelt, sodass man heute nur noch durch einen Zaun in die Straße hineinblicken kann. 1732 zog der erste Premierminister Robert Walpole (1676–1745) hier ein, und seitdem ist diese Tradition ungebrochen. Im Nachbarhaus Nr. 11 wohnt der Finanzminister. Die äußere Fassade täuscht, den dahinter erstreckt sich ein Gewirr von Räumen, Gängen und Tunnels. Die Gebäude sind inzwischen miteinander verbunden, sodass man die Ministerien und die **Houses of Parliament** unterirdisch erreichen kann. Die Eingangstür wird meist nur für Fototermine genutzt.

*Der Cenotaph, Gedenkstätte für die Toten des Ersten Weltkriegs*

Ein Stück weiter die Straße hinunter steht der **Cenotaph**. An dieser Gedenkstätte wird an einem der Sonntage nach oder vor dem 11. November der Toten des Ersten Weltkriegs und aller nachfolgenden Kriege gedacht. An diesem Volkstrauertag werden Anstecker in Form einer Mohnblume (Poppy) verkauft, deren Erlös an Hilfsorganisationen für Kriegsgeschädigte geht. Am 11. November um 11 Uhr (Zeit der offiziellen Beendigung des Ersten Weltkrieges) wird traditionell eine Schweigeminute abgehalten, an der das ganze Land teilnimmt.

INFO

**Hinkommen:** U-Bahn Westminster, District oder Circle Line; Charing Cross, Northern Line oder Bakerloo Line.
**Besichtigen:**
Banqueting House (s. Kap. 52)
**Essen & Trinken:** **Wasabi** 34 Villiers Street, nahe Charing Cross, Tel.: 7807-9992. Geöffnet Mo–Fr 10.30–22, Sa & So 11–20 Uhr. Gutes Sushi Take-Away. Gegenüber lässt es sich in den Embankment Gardens gut sitzen.

## 3 Südufer der Themse I: South Bank – Kunst und Kultur am laufenden Band

An der **South Bank,** dem Südufer der Themse, gelangt man gleich mitten hinein ins Londoner Stadtleben. Hier erstreckt sich der beliebteste Abschnitt der Uferpromenade des Londoner Flusses. South Bank ist Teil des »Silver Jubilee Walkway«, der 1977 zum Jubiläum Queen Elizabeths II. angelegt wurde. Von der Südseite der Themse, beginnend bei der Westminster Bridge, vorbei am Riesenrad London Eye, eröffnet sich der beste Blick auf die Houses of Parliament, Big Ben und das Victoria Embankment. Die Flanier- und Kulturmeile folgt dem Lauf des Flusses bis weit in den Osten der Stadt und ist immer belebt. Geballte Kultur findet sich zwischen der Eisenbahnbrücke Hungerford Bridge und der Waterloo Bridge im **South Bank Centre**. Das Kulturzentrum entstand im Jahr 1951 anlässlich des »Festivals of Britain« auf dem Gebiet ehemaliger Werften und Dockanlagen. An der äußeren Ästhetik der damals üblichen Betonarchitektur scheiden sich die Geister: Potthässlich sagen die einen, architektonisch wertvoll, sagen vor allem Architekturhistoriker. Einigkeit besteht darüber, dass hier einige der renommiertesten Veranstaltungsorte Londons entstanden.

*Vielfalt an der South Bank: Bücherflohmarkt und großes Theater*

Die **Royal Festival Hall** aus den 1950er Jahren ist Heimat der Londoner Philharmoniker und bietet Platz für 3.000 Gäste. Im Foyer gibt es eine Bühne, wo kostenfreie Konzerte stattfinden. Ebenfalls hier untergebracht ist die **Poetry Library,** eine Bücherei mit einer umfassenden Sammlung englischsprachiger Poesie. Im Jahr 2007 erhielt die Royal Festival Hall eine neue Fassade aus Glas, die die Architektur etwas auflockert. Hinter der Halle liegt der **Festival Square**, auf dem Märkte und Ausstellungen stattfinden.

Die **Queen Elizabeth Hall** aus den 1960er Jahren hat im Hauptsaal Platz für 900 Gäste, zudem eine kleinere Bühne im Purcell Room für 365 Gäste. Die Spanne der Darbietungen in allen drei Konzerthallen reicht von Klassik und Oper, über John Cage bis zu Rock und Folk.

Die **Hayward Gallery** entstand im Jahr 1968 als Anbau zur Queen Elizabeth Hall unter den Architekten Dennis Crompton, Warren Chalk und Ron Herron. Auch hier wurde durch Glas-Vorbauten ein etwas einladenderes Gesicht geschaffen. Die Galerie ist einer der führenden Ausstellungsräume für internationale, moderne Kunst in London. Im Sommer gibt es witzige, interaktive Installationen von Gastkünstlern, ganzjährig Retrospektiven zu Künstlern wie Andy Warhol, Roy Lichtenstein und Tracey Emin. Von der Waterloo Bridge aus dem Jahr 1942 hat man einen besonders schönen Blick auf Sonnenuntergänge über der Themse. Die Popband »The Kinks« verewigte dies 1967 in dem Song »Waterloo Sunset«. Direkt unterhalb der Brücke befindet sich das BFI Southbank, eines der beiden Kinos des BFI (s. Kap. 36).

*Künstler aus der ganzen Welt sind hier zu Gast*

Der letzte Bau, der zum South Bank Centre gezählt wird, ist das **National Theatre** aus dem Jahr 1976, mit drei verschiedenen Bühnen. Viele der führenden nationalen Theaterproduktionen werden hier inszeniert. Auch gibt es im Sommer kostenfreie Aufführungen auf einer Open-Air-Bühne.

INFO

**Hinkommen:** U-Bahn Station Waterloo Station, Northern Line, Bakerloo Line oder Jubilee Line.
**Information:**
www.southbanklondon.com
**Royal Festival Hall**, Queen Elizabeth Hall (Purcell Rooms).
Geöffnet tgl. 10–20 Uhr.
Reservierung Tel.: 0844-8750073.
**Hayward Gallery**:
Geöffnet tgl. 10–18, Do & Fr bis 20 Uhr.
**National Theatre:**
www.nationaltheatre.org.uk.
Theaterkasse Tel.: 74523000.
**Essen & Trinken:**
**Royal Festival Hall**: Rund um den Veranstaltungsort gibt es Terrassencafés. Vom schicken **Skylon-Restaurant** hat man durch die Glasfassade besonders abends den schönsten Blick auf das erleuchtete Themseufer. Tel.: 76547800, www.skylonrestaurant.co.uk. Geöffnet Mo-Sa 12-14.30, 17.30-22.30, So 12-16 Uhr, 6-Gänge-Menü für £ 59. Tagsüber empfiehlt sich auch das **Riverside Terrace Café** im zweiten Stock, hier gibt es kostenfrei WIFI-Anschluss. Geöffnet tgl. 10-22.30 Uhr. Tel.: 79210758.
**Hayward Gallery**: Die Bar in der Galerie hat den passenden Namen **Concrete** (Beton). Sie ist ein Künstlertreffpunkt, und man kann beim Kaffeetrinken Videoinstallationen anschauen. Geöffnet tgl. 10–18, Do und Fr bis 20 Uhr.

# 4 Südufer der Themse II: Southwark – Kathedrale und Gourmetmarkt

Südlich der London Bridge kann man in kleinen Gässchen einiges entdecken. **Die Southwark Cathedral** auf der Südseite der Brücke ist ein für London ungewöhnliches Gotteshaus – als die älteste gotische Kathedrale der Stadt. Bereits im 12. Jh. stand hier eine Augustinerabtei. Der später heiliggesprochene Thomas Becket predigte hier, bevor er zur Canterbury Kathedrale reiste, wo er wenige Tage später auf Geheiß von Henry II. ermordet wurde. Becket hatte sich gegen eine neue Verordnung Henrys gewandt, die die Rechte der Geistlichkeit einschränkte. Die Kirche von Southwark unterstand dem Bischof von Winchester. Er nutzte sie unter anderem zur Rechtsprechung. Auch das damalige Gefängnis, **Clink Prison**, befindet sich nur unweit von hier – heute beherbergt es ein Gruselmuseum. Bis ins 16. Jh. war Southwark ein Amüsierviertel auf der der Stadt London gegenüberliegenden Themseseite. Man ging über die London Bridge nach Süden, um in den Kneipen und Bordellen ausgiebig zu feiern. Dabei kam es zu mancher Handgreiflichkeit. Jedoch drohte schon für mittelschwere Vergehen eine längere Haftstrafe.

Im 15. Jh. wurde die Kathedrale zur Hauskirche für William Shakespeare und seinen Bruder Edmund. Edmund ist hier begraben. Allerdings ist das Grab nicht markiert, es gibt lediglich einen Gedenkstein im Innern. Vor einem großen Farbglasfenster, das Szenen aus Shakespeares Theaterstücken zeigt, steht eine Statue des Dichters.

*Southwark Cathedrale – älteste gotische Kathedrale Londons*

Durch den verwunschenen Kirchhof mit großen Bäumen auf der Südseite gelangt man in wenigen Minuten zu den Hallen des **Borough Market**. Er ist einer der ältesten Märkte in London und hat sich unter den Bogengängen der Eisenbahnbrücke angesiedelt. Vor vielen Jahrhunderten war die **London Bridge** die einzige Brücke in die Stadt. Sie war meist so verstopft, dass vollbeladene Händler gar nicht erst versuchten, auf die andere Seite zu gelangen, sondern ihre Waren gleich an Ort und Stelle feilboten. Inzwischen hat sich der Markt auf Gourmetwaren spezialisiert, mit Spezialitäten aus der ganzen Welt. Die Waren haben zum großen Teil Bio-Qualität. Die Markthalle hat sich den Charme vergangener Tage erhalten, der durch einen Anbau zur Vergrößerung des Marktes hoffentlich nicht gestört wird.

Durch die Markthalle hindurch gelangt man auf einige sehr alte Gässchen, die noch dem mittelalterlichen Straßenverlauf folgen. Bergab überquert man die Union Street und gelangt auf die Redcross Street. Hier befindet sich hinter einem verriegelten Gitter das Gelände des ehemaligen Armenfriedhofs von Southwark: **Cross Bones Cemetery**. Auf dem Brachland dahinter erinnert nichts an einen Friedhof – es gibt keine Gräber, nur eine Plakette.

*Ein besonderer Friedhof – ohne Gräber*

Vom 12. bis zum 17. Jh. ließ der Bischof von Winchester sogenannte »alleinstehende Frauen« (Prostituierte) auf diesem ungeweihten Gelände ohne christliche Zeremonie beerdigen. Solange die Frauen ihrem Gewerbe nachgingen, profitierte die Kirche von den Steuereinzahlungen der Amüsierbetriebe. Ja, sogar die Lizenzen für das Gewerbe wurden vom Bischof vergeben. Die Frauen trugen daher die inoffizielle Bezeichnung »Winchester Geese«, »Winchester-Gänse«. Nach ihrem Tod wollte man jedoch mit den Damen nichts mehr zu tun haben und versagte ihnen eine ehrenvolle Bestattung. An dem Gitter finden sich Notizen, Bilder, Blumen und Texte, die im Gedenken an die vergessenen Toten hier zurückgelassen wurden. Noch bis 1853 blieb das Gelände ein Armenfriedhof, auf dem wahrscheinlich Tausende von Leichnamen beerdigt wurden. Interessengruppen haben sich dafür eingesetzt, dass der ehemalige Friedhof nicht den Bauarbeiten zum Opfer fällt, die in der Nachbarschaft stattfinden. Auf dem Gelände soll nun ein kleiner Park als Gedenkstätte angelegt werden.

**INFO**

**Hinkommen:** U-Bahn London Bridge, Jubilee Line oder Northern Line.

**Information:**

**Southwark Cathedral**
Tel.: 73676700,
www.southwark.anglican.org.
Geöffnet tgl. 8.30–17.30 Uhr.

**Borough Market**
8 Southwark Street, Tel.: 74071002,
www.boroughmarket.org.uk.
Geöffnet Do 11–17, Fr 12–18,
Sa 8–17 Uhr.

**Essen & Trinken:** **Baxter's Cafe** im Marktgebäude. Geöffnet Di–Sa, Leckereien, zubereitet aus hiesigen Zutaten.

# 5 Mittelalterlicher Straßenverlauf und Glaspaläste – die Londoner City

Die Londoner nennen das Finanzzentrum im Herzen der City von London entweder nur **City** oder auch **Square Mile** (Quadratmeile). Hier befand sich das einstige Zentrum der römischen Stadt Londinium, aus der auch das mittelalterliche London hervorging. Noch heute verlaufen die Straßen in dem Gebiet von Temple Bar bis zum Tower im alten mittelalterlichen Muster.

Innerhalb des Gebiets, wenige Meter entfernt von der U-Bahn Station mit dem passenden Namen »Bank«, befinden sich Institutionen, durch die jeden Tag Milliarden von Pfund fließen. Die City beherbergt einen der größten Geld- und Devisenhandelsmärkte der Welt. Bereits im Mittelalter gruppierten sich geldgebende Institutionen rund um die Lombard Street, die nach der italienischen Provinz Lombardei benannt ist. Damals verließen sich die Herrscher Europas auf reiche italienische Bankiers aus den Seerepubliken Genua und Florenz. Nur durch Geldanleihen konnte man kostspielige Kriege gegen Franzosen, Waliser und Schotten finanzieren. Schon Edward I. (1272–1307) gab den Bankiers ein Siedlungsrecht.

*Die Londoner City ist voller Kontraste zwischen alt und neu*

Die berühmteste Bank in der Gegend ist die im Volksmund »Old Lady of Threadneedle Street« genannte **Bank of England**. Sie wurde im Jahr 1694 von William III. (1688–1702) gegründet, um Gelder für den Krieg gegen die Franzosen aufzubringen. 1946 wurde die Bank nationalisiert, und auch heute noch druckt sie englische Banknoten, setzt Zinssätze fest und verwaltet die Goldreserven des Staates Großbritannien.

Im **Museum der Bank** sind neben alten Dokumenten über die Geschichte der Institution, Münzen und Banknoten aus verschiedenen Epochen, Möbel, Gemälde, Statuen und andere Artefakte ausgestellt. Interessant sind vor allem die antiken Waffen, die im 17. Jh. als Schutz gegen Banditen eingesetzt wurden.

Von 1780–1973 wurde die Bank jede Nacht von einer militärischen Garde (Picquet) bewacht.

1688 eröffnete Edward Lloyd ein Kaffeehaus in der Tower Street. Hier trafen sich Geschäftsleute, um ihre Unternehmungen zu besprechen und Kapital sinnvoll in Gemeinschaftsprojekten – wie dem Überseehandel – anzulegen. So teilte man sich auch das Risiko, das beispielsweise durch den Verlust von Schiffen nicht zu vernachlässigen war. 1691 zog man in die Lombard Street um, eine blaue Plakette markiert heute die Stelle des einstigen Kaffeehauses. 1713 verlagerten die Mitglieder ihren Sitz in den Royal Exchange am Cornhill. Sie benannten sich um in »The Society of Lloyds«, aus der später die Versicherung **Lloyds of London** hervorging. Heute hat Lloyds in der Lime Street seinen Sitz.

*Im Royal Exchange wird heute geshoppt und gespeist*

Der **Royal Exchange**, der von Elizabeth I. 1570 errichtet und 1844 umgebaut wurde, wird heute von schicken Geschäften und Bars ausgefüllt, die allerdings hauptsächlich werktags belebt sind. Obwohl täglich fast 300.000 Menschen die Bürogebäude füllen, wohnen nur noch ca. 9.000 Menschen permanent in der City. Am Wochenende sind die Straßen daher selbst für eine Metropole wie London ungewöhnlich menschenleer. Inzwischen hat sich der Schwerpunkt des Finanzzentrums etwas nach Osten, nach Bishopsgate, verlagert.

**Info**

Wer einen Abstecher nach Westen machen möchte, gelangt auf der Straße Cheapside zur Kirche St. Mary le Bow. Jeder, der im Radius der Glocken dieser Kirche geboren wurde, galt als echter Ostender, im Volksmund genannt »Cockney«.

**INFO**

**Hinkommen:** U-Bahn Bank, Central Line oder Northern Line, Übergang von der District und Circle Line.
**Information:** **Bank of England Museum**: Threadneedle Street, Tel.: 76015545, www.bankofengland.co.uk. Geöffnet Mo-Fr 10-17 Uhr, Eintritt frei.

**Kurze Pause:** Gegenüber der Bank im Royal Exchange gibt es Sandwichbars und Cafés. In der Bow Lane gibt es ein schönes vegetarisches Café in der Krypta der Kirche, das **Café Below**, Tel.: 7329-0789, www.cafebelow.co.uk. Geöffnet Mo-Fr 7.30-15 Uhr.

# 6 Docklands I: St. Katherine's Dock

Die **Docklands** beginnen östlich der Tower Bridge und erstrecken sich über die Isle of Dogs bis hinaus nach Woolwich. Heute befindet sich hier eine hohe Konzentration an Hochhaustürmen und Apartmentblocks aus Glas und Stahl. Noch bis in die 1960er Jahre waren die Docks der Dreh- und Angelpunkt für den Im- und Export von Waren und historisch gesehen ein wichtiger Baustein für den Aufstieg der Kolonialmacht Großbritannien.

Im Mittelalter war die Gegend der Docklands ein tiefliegendes Sumpfgelände, in dem hauptsächlich Fischfang betrieben wurde. Schiffe fuhren mit der Ebbe auf der Themse so weit ins Innere Londons wie möglich, also bis zu dem Gebiet zwischen Tower Bridge und London Bridge. Denn größere Schiffe passten nicht unter der London Bridge hindurch. Die ersten Lagerhäuser und Kais entstanden in Bermondsey auf der Südseite der Themse und in Billingsgate, auf der Nordseite.

Ende des 18. und Anfang des 19. Jh. lagen bis zu 1.400 große Schiffe täglich auf der Themse. Viele kleinere Boote kamen hinzu, sodass regelrechte Staus entstanden. Schiffe mussten manchmal tagelang »Schlange stehen«, bevor sie ihre Waren ausladen konnten. Um 1802 wurde daher mit dem Bau neuer Docks im Osten begonnen. Sie waren zu dieser Zeit die größten der Welt und ein sichtbares Symbol der britischen Imperial- und Handelsmacht.

In den 1960er Jahren verfiel die Gegend zusehends, da der Warenverkehr sich auf Containerschiffe verlagerte, für die die Fahrrinnen in der Themse nicht tief genug waren. Nach der Schließung der Docks in den 1980er Jahren sah man sich mit einem riesigen Areal an maroden Warenhäusern und Industrieanlagen konfrontiert, die teilweise noch auf dem Standard der viktorianischen Zeiten waren. Mit einem Rundumschlag begann die »London Docklands Development Corporation« (LDDC) 1981 mit der Neuentwicklung und -gestaltung.

Ein neues Businesszentrum entstand nun rund um die **Canary Wharf** (s. Kap. 7), das der City of London Konkurrenz macht.

*Nicht nur für Jachtbesitzer ein lohnendes Ziel: St. Katherine's Dock*

Das **St. Katherine's Dock** ist für viele Besucher eine lohnende Entdeckung. Obwohl nur einen Katzensprung vom Touristenmagneten des Tower of London mit der Tower Bridge entfernt, gelangen die meisten Touristen nicht bis hierhin. 1828 wurde hier ein altes Stadtviertel mit düsteren East End-Gassen abgerissen, um die neue Dockanlage unterzubringen, die sich auf Gewürze, Zucker, Rum, Parfüm und Elfenbein spezialisiert hatte. Schon bald aber war diese den Anforderungen des modernen Schiffsverkehrs nicht mehr gewachsen. In den 1980er Jahren wurde dieses Dock als eines der Ersten restauriert und vor dem sicheren Verfall gerettet. Wasserwege und Schwenkbrücken sind heute von Jachten bevölkert, rundherum haben sich Restaurants angesiedelt.

*Um die Bassins herum wurden die Lagerhäuser restauriert*

Ganz bewusst hat man hier die Bebauung der ursprünglichen Anlage mit drei Bassins (West Dock, East Dock und Central Basin) bewahrt und die umliegenden Warenhäuser restauriert. Innerhalb der geschäftigen Londoner City kann man hier angenehm am Wasser sitzen und die Jachteigentümer beim Festzurren der Leinen beobachten.

Sehenswert ist beispielsweise das **Ivory House** aus dem Jahr 1854 mit einem alten Glockenturm. Heute sind hier teure Apartments untergebracht. Im Nordosten, an der Ecke zur East Smithfield Street, stehen die Statuen zweier Elefanten auf den ehemaligen Pfosten zum Eingangstor der Docks. Sie erinnern an den einträglichen Elfenbeinhandel. Hinter dem East Dock steht bei der Thomas Moore Street noch ein Teil der ursprünglichen Schutzmauer des Docks, die zum Schutz der wertvollen Waren diente und die ständig bewacht wurde. Freitags findet von 10–16 Uhr beim Marble Quay Courtyard, in der Nähe des **Dickens Inn Pubs,** ein Wochenmarkt statt.

**INFO**

**Hinkommen:** U-Bahn Tower Hill mit der Circle oder District Line.
**Information:** www.skdocks.co.uk.
**Essen & Trinken:**
**The Dickens Inn,** Marble Quay, St. Katherine's Way, Tel.: 7488-2208, Geöffnet Mo–So 11–23, So 12–22.30 Uhr. Dieser Pub mit Blick auf das East Dock ist untergebracht in einem alten Brauereigebäude - das jedoch mit Charles Dickens wenig zu tun hat. Hier gibt es eine Bar, ein Grill-Restaurant und einen Biergarten.

# 7 Docklands II: Canary Wharf

**Tipp**

Nicht verpassen sollte man einen Besuch im **Docklands Museum** am West India Quay. Es ist in einem Komplex mit restaurierten Warenhäusern untergebracht. Dort gibt es eine Dauerausstellung zur Geschichte des Handels auf der Themse – von römischen Zeiten bis in die Gegenwart. Unter anderem sind hier ein Modell der London Bridge und eine Rekonstruktion der Docklands zu sehen, wie sie zu viktorianischen Zeiten ausgesehen haben mögen. Ein kurzer Film verdeutlicht, welche Zerstörung der Blitzkrieg anrichtete. Vom Museum kann man bei der Station West India Quay wieder in die DLR einsteigen.

Die **Canary Wharf** ist bisher das herausragendste Projekt der Wieder- und Neubelebung der Londoner Docklands. Das West India Dock, das sich einst an dieser Stelle befand, war spezialisiert auf den Import von Zuckerrohr, Rum, Bananen und Mahagoniholz.

Das Viertel liegt auf der Halbinsel Isle of Dogs, um die sich die Themse mit einer großen S-Kurve zieht. Der Name der Insel stammt aus den Zeiten Heinrichs VIII., der von seinem Palast in Greenwich das Marschland am gegenüberliegenden Ufer zur Jagd nutzte. Nach dem langsamen Verfall der Docks lebten hier hauptsächlich die einstigen Dockarbeiter am Themseufer in den viktorianischen Reihenhäusern aus rotem Backstein. Nach und wurden aber die ehemaligen Lagerhäuser in Apartmentblocks umgewandelt und alte Siedlungen abgerissen, um neuen Bauprojekten Platz zu machen. Bis heute ist das Gebiet um den West India Quay im Umbruch begriffen und gleicht an manchen Stellen einer großen Baustelle.

Der beste Weg, das Viertel zu erkunden, ist mit der überirdischen »Docklands Light Railway« (DLR). Hier fährt man bereits auf der Anreise durch verschiedene Viertel der Docklands und hat von oben einen guten Blick. Bei der Haltestelle Canary Wharf steigt man aus. Die Bahn fährt beispielsweise durch das Viertel Limehouse (s. Kap. 20), einst von Einwanderern aus China besiedelt. Hier erhebt sich der Kirchturm von **St. Anne's Limehouse** (1712–1724) – der zweithöchste in England nach dem Big Ben.

*Moderne Architektur in der Canary Wharf*

No. I Canada Square ist die Adresse des mit 235 m bis 2012 höchsten Gebäudes Großbritanniens und an 15. Stelle in der Welt (s. Kap. 58). Es wurde vom argentinischen Architekten Cesar Pelli entworfen. Nach dem Bau im Jahr 1991 ragte es einsam aus dem bis dahin noch nicht sehr weit renovierten Dockgebiet auf, und wurde so zum Sinnbild der Entwicklung der Canary Wharf.

*235 m hoch: No I Canada Square*

Inzwischen sind andere monumentale Spiegelbauten, riesige offene Plätze und fantasievoll geschwungene Brücken über Kanäle und Wasserflächen hinzugekommen. Wer hier durch die Straßen läuft, fühlt sich an Szenen aus New York oder Chicago erinnert.

Selbst der Eingang zur weiter unten liegenden, hochmodernen U-Bahn Station Canary Wharf, entworfen von Sir Norman Foster, wirkt überdimensioniert.

Jeden Morgen kommen hier ca. 90.000 Pendler an, die in den umliegenden Bürotürmen arbeiten. Mittlerweile macht die Canary Wharf der City of London als Finanzzentrum Konkurrenz, und die meisten europäischen Banken haben hier eine Zweigstelle. Die Hausnummer 25 am Canada Square (200 m hoch) wird von einem weiteren Gebäude des Architekten Cesar Pelli eingenommen. Die Hausnummer 8 am Canada Square (200 m hoch) wurde ebenfalls von Sir Norman Foster entworfen.

**INFO**

**Hinkommen:**
Station Canary Wharf »Docklands Light Railway« (DLR) vom Tower Hill oder Jubilee Line.
Mit dem Boot: Thames Clippers von Westminster bis zum Canary Wharf Pier.

**Information:**
**Museum of London Docklands:**
No. 1 Warehouse, West India Quay, Tel.: 70019844, www.museumoflondon.org.uk/docklands. Geöffnet Mo–So 10–18 Uhr. Eintritt frei. Ein Café ist tgl. geöffnet 10–17.30 Uhr.

# 8 East End I: kriminelle Machenschaften und The Blind Beggar Pub

Die traditionelle Trennlinie zwischen dem Osten Londons und der City war die alte, noch in römischen und mittelalterlichen Grenzen verlaufende Stadtmauer. Mit der Industrialisierung ab dem 18. Jh. wuchs London rapide an, sodass die Mauer 1766 abgerissen werden musste. Die umliegenden Dörfchen und Siedlungen, wie **Whitechapel** und **Spitalfields**, begannen sich auszudehnen. Die Docks entlang der Themse diktierten das Tagesgeschehen im East End, hier waren Tausende von Arbeitern als Tagelöhner beschäftigt – sie bescherten dem Viertel umgehend einen schlechten Ruf.

*Whitechapel: Heimat von Einwanderern aus der ganzen Welt*

Während die Schifffahrtsgesellschaften mit dem Export und Import von Waren große Reichtümer erwirtschafteten, lebten die Einwohner des Viertels in engen Gassen ohne Licht und sanitäre Anlagen. Da der vorherrschende Wind in London – wie auf den britischen Inseln generell – aus Westen kommt, wurden schlechte Gerüche und der Rauch aus den Fabrikschloten nach Osten getragen. Der Osten zählte daher aufgrund von Übervölkerung, Gestank und Luftverschmutzung zu den schlimmsten Wohngegenden der Stadt.

Aufgrund der Nähe zu den Docks und aufgrund der preiswerten – wenn auch unzureichenden – Unterkünfte wurde das East End zu dem Viertel, in dem sich Dockarbeiter und Seeleute niederließen. Es wurde auch zur ersten Heimat für viele Einwanderer aus den unterschiedlichsten Ländern. Einige von ihnen brachten wertvolle Handwerkskenntnisse mit sich, gelangten zu Wohlstand und zogen in wohlhabendere Gegenden. Die französischen Hugenotten ließen sich beispielsweise als Seidenweber in Spitalfields nieder. Mitte des 19. Jh. kamen Juden aus Russland und Europa, die vor Pogromen geflohen waren und ebenfalls mit dem Schneiderhandwerk viel Erfolg hatten. Iren, die ihr Heimatland Ende des 18. Jh. aufgrund von Hungersnot verlassen mussten, gehörten zu den ärmsten Bewohnern des Viertels, da sie oft schon krank und halbverhungert eintrafen.

Zu viktorianischen Zeiten war besonders der Bezirk Whitechapel für Kriminalität und Prostitution verschrien. Hier verübte »Jack the Ripper« seine

*Er blickt auf eine interessante Geschichte zurück.*

berühmt-berüchtigten Morde (s. Kap. 87). Der **Blind Beggar Pub** auf der Whitechapel Road war ein beliebter Treffpunkt für die Menschen, die am Rande der Gesellschaft lebten.

Der Pub wird auch mit den Kray-Twins in Verbindung gebracht, die für jeden Briten ein Begriff sind. Die Zwillinge Ronnie und Reggie Kray führten in den 1960er Jahren von dem unscheinbaren Haus ihrer Mutter in Bethnal Green eine mafia-ähnliche kriminelle Organisation im East End. Sie besaßen Nachtklubs, waren weithin akzeptiert und verkehrten mit Popstars und Schauspielern. Sie lebten das »Swinging London« der Epoche. Dies fand ein jähes Ende, nachdem Ronnie Kray im Blind Beggar seinen Widersacher George Cornell in aller Öffentlichkeit zwischen die Augen schoss.

Scotland Yard, das den Fall untersuchte, stieß zunächst überall auf »stumme Zeugen«. Niemand traute sich auszusagen, obwohl der Pub zur Zeit des Verbrechens voller Menschen war. Erst im Jahr 1969 wurden die Brüder im Gerichtsgebäude des **Old Bailey** verurteilt. Beide verstarben im Gefängnis.

INFO

**Hinkommen:** U-Bahn Whitechapel, District Line oder Hammersmith & City Line, dann links auf Whitechapel Road.

**Information:**

**London Walks**
Tel.: 7624-3978,
www.londonwalks.com.
Diese Organisation veranstaltet Touren durch das East End, die sich an bestimmten Themen orientieren wie »Jack the Ripper«.

**The London Gangland Tours**
Tel.: 07957-147090,
www.madfrankiefraser.co.uk.
Wer sich traut, kann mit dem echten Gangster, Mad Frankie Fraser, eine Tour auf den Spuren Londoner Gangster unternehmen (Minibus, für 16 Personen). Schon der Preis ist mit £ 45 kriminell! Termin nach Vereinbarung, Abfahrt: No. 4 Browning Street.

**Essen & Trinken:**

**The Blind Beggar**
www.theblindbeggar.com
Whitechapel Road/Mile End Road/
Cambridge Heath Road

# 9 East End & Whitechapel II: das Royal London Hospital und Museum

Mitten im East End, im multikulturellen Bezirk Whitechapel, steht das **Royal London Hospital**. Es wurde im Jahr 1740 als »The London Infirmary« von wohlhabenden Gönnern gegründet, um für die ärmeren Bevölkerungsschichten des East Ends medizinische Versorgung anzubieten.

Dieser Teil des East Ends gehört noch immer zu den ärmsten Bezirken Londons und wird heute hauptsächlich bewohnt von Immigranten aus Pakistan, Bangladesh und Afrika. Am Ostende der Whitechapel Road reihen sich arabisch anmutende Geschäfte aneinander, und die Ostlondoner Moschee liegt nur unweit von hier.

*Treffpunkt der islamischen Gemeinschaft*

Zwischen 1720 und 1745 entstanden verschiedene, nach einem ähnlichen Modell angelegte Krankenhäuser in London. Sie finanzierten sich weitgehend aus privaten Spenden – bis 1948 der neugegründete »National Health Service« (NHS), der nationale Gesundheitsdienst, die Organisation übernahm. 1757 zog das Krankenhaus an den heutigen Standort auf der Südseite der Whitechapel Road. Die historische Backsteinfassade sticht zwischen den Nachbargebäuden heraus. Dahinter verbirgt sich eine moderne Konstruktion aus Glas und Stahl. Nicht nur in die Krankenversorgung wurde im 18. Jh. investiert, sondern auch in Forschung und neue Technologien. Eine der ersten medizinischen Akademien wurde 1785 von William Blizzard und James Maddocks eingerichtet.

## The Royal London Museum

Das Museum des Hospitals befindet sich in der Krypta einer ehemaligen Kirche, Eingang Newark Street. Hier sind – durch die Jahrhunderte – chirurgische Instrumente, Uniformen und medizinisches Gerät ausgestellt, außerdem gibt es ein Archiv.

Interessant ist vor allem die Dokumentation über frühe Medizin: So sahen sich viktorianische Ärzte und Chirurgen bis gegen Ende des 19. Jh. mit dem Problem der ansteckenden Krankheiten konfrontiert. Man hatte noch keine Vorstellung davon, dass Keime und Bakterien sich durch mangelnde Hygiene und fehlende sanitäre Einrichtungen verbreiteten. Auch gab es keine effek-

*Seit 1740 wurde hier den Ärmsten der Armen medizinisch geholfen*

tiven Behandlungsmittel, wenn man erst einmal erkrankt war. In Unkenntnis davon wurden vielfach giftige oder süchtig machende Substanzen eingesetzt, wie beispielsweise Laudanum. Gegen Schmerzen verwendete man Opium und Alkohol. Nach den Choleraepidemien im Jahr 1830 und 1866 wurde Karbolsäure erstmals als Antiseptikum eingesetzt. Die erste Operation mit Betäubung durch Chloroform fand im Royal Hospital in London im Jahr 1847 statt. Bis dahin wurde lediglich die sogenannte »Operation Bell« geläutet, die das medizinische Personal davor warnte, dass nun mit einem schreienden Patienten zu rechnen war, der auf dem Operationstisch festgehalten werden musste.

Zu den Ausstellungsstücken gehören auch forensische Untersuchungsmaterialien zu den Ripper-Morden. Der ehemalige Kurator des Museums, Thomas Horrocks Openshaw, war einer der Ärzte, der in die Untersuchungen der Morde involviert war. Openshaw musste beispielsweise eine konservierte Niere identifizieren, die zusammen mit einem Brief in einem Päckchen an die Polizei geschickt worden war – angeblich von »Jack the Ripper« selbst. Eine weitere Dokumentation berichtet über den sogenannten »Elephant Man«, (Elefantenmensch), Joseph Merrick (1862-1890), der durch schwere Deformierungen des Körpers (Proteus-Syndrom) gezeichnet war. Er verbrachte die letzten Jahre seines tragischen Lebens in dem Hospital, nachdem er von dem Arzt Sir Frederick Treves aus einem Kuriosenkabinett gerettet worden war. Merricks Schicksal verarbeitet der amerikanische Regisseur David Lynch 1980 in dem Film »Der Elefantenmensch« mit John Hurt in der Titelrolle.

INFO

**Hinkommen:** U-Bahn Aldgate East oder Whitechapel, District oder Hammersmith & Circle Line.
**Information:**
**The Royal London Museum**
St. Philip's Church, Eingang um die Ecke in der Newark Street,
Tel.: 73777608,
www.bartsandthelondon.nhs.uk.
Geöffnet Di–Fr 10–16.30 Uhr.
Eintritt frei, dankbar ist man für eine Spende.

# 10 East End III: kulturelle Avantgarde – Hoxton und Shoreditch

Die Stadtteile **Hoxton** und **Shoreditch** sind Teil des Bezirks Hackney, der jahrelang ziemlich heruntergekommen war. Heute gehört Hackney zu den olympischen Bezirken des East Ends, in deren Erneuerung in den letzten Jahren heftig investiert wurde. Inzwischen haben sich IT-Firmen, Werbeagenturen und andere kreative Unternehmen im Norden des Stadtteils angesiedelt.

Hackneys Süden, um genau zu sein der Bezirk Hoxton, wurde allerdings bereits in den 1990er Jahren von der Londoner Künstlerszene entdeckt. In dem unrenovierten Viertel gab es leerstehende Warenhäuser mit Lofts, die man als Studio nutzen konnte, und wo die Mieten noch günstig waren.

*In Hoxton geben sich Straßenmusiker ein Stelldichein.*

Die Gegend hat künstlerische Tradition: 1576 entstand hier das erste Theater Londons, mit Namen »The Theatre«. Unweit davon wurden im späteren »Curtain Theater« auch Shakespeares Stücke aufgeführt, bevor man nach Southwark ins »Globe Theatre« umzog (s. Kap. 33).

Heute ist Hoxton nicht mehr aus der Londoner Kunst- und Kulturlandschaft wegzudenken. Hier reihen sich Galerien aneinander, die aufstrebende und bereits etablierte Künstler ausstellen. Bars, Restaurants, Hotels und Nachtklubs haben sich rund um den **Hoxton Square** hinzugesellt.

Aus dem trendigen Viertel ging sogar ein Haarstil hervor – die »Hoxton Fin« (Hoxton-Flosse). Bei dieser Frisur werden die Deckhaare mit Gel auf dem Kopf zusammengeklebt und bilden eine Art Flosse – beliebt besonders bei Boy Bands.

Filmemacher, Theater- und Fernsehproduzenten und Kreative aus der Werbebranche siedelten sich nach und nach hier an und trieben die Mieten in die Höhe. Weniger betuchte Künstler, die noch am Anfang ihrer Karriere stehen, wurden ins benachbarte Viertel Shoreditch vertrieben.

Ein weiterer Beleg dafür, dass Hoxton sich inzwischen etabliert hat, ist die Tatsache, dass dort das »Shoreditch House« eröffnete, ein privater Club für Popstars und Medien-Größen, der für Normalsterbliche nicht zugänglich ist. Der exklusive Club erstreckt sich über drei Stockwerke, mit Dachterrasse, Restaurants, Sauna und Hotelräumen. Hotelgäste dürfen den Pool benutzen (s. Besondere Unterkünfte). Das Zentrum der »Szene« liegt um die Old

*Gute Werbung: Graffiti in Sachen »Lounge Lover«*

Street, Shoreditch High Street, Great Eastern Street, Redchurch Street und Bethnal Green Road. Allerdings sind viele der ursprünglichen Gebäude, in denen sich Pubs, Bars und Galerien befanden, inzwischen der Sanierung zum Opfer gefallen.

## White Cube Gallery

Ein Name, der mit dem Viertel eng verbunden ist, ist die **White Cube Gallery**, geführt von dem Kunsthändler Jay Jopling, der im Jahr 2000 eine Filiale am Hoxton Square eröffnete. Der Galerist war der erste, der die sogenannten YBAs (Young British Artists) wie Damien Hirst und Tracey Emin Anfang der 1990er Jahre ausstellte, bevor sie mit ihrer Kunst viel Geld verdienten. Heute werden hier Künstler wie Anthony Gormley, Marc Quinn, Gavin Turk und Jeff Wall ausgestellt.

**White Cube Gallery**, 48 Hoxton Square, Tel.: 79305373, www.whitecube.com. Geöffnet Di–Sa 10–18 Uhr.

INFO

**Hinkommen:** Shoreditch High Street oder Hoxton mit der London Overground, Old Street per Northern Line.

**Essen, Trinken und Ausgehen:**

**Princess of Shoreditch**
76-79 Paul Street, Tel.: 77299270, www.theprincessofshoreditch.com. Geöffnet tgl. 12–23 Uhr (U-Bahn Old Street). Gepflegter Gastropub, moderne britische Küche, Hauptgerichte im Pub ab £ 10, im Restaurant ab £ 15.

**Loungelover**, 1 Whitby Street, Tel.: 70121234, www.loungelover.co.uk. (U-Bahn Shoreditch High Street). Geöffnet Mo–Do, So 18–24, Fr & Sa 18–1 Uhr. Die Einrichtung dieser ausgefallenen Lounge Bar macht den Galeriebesuch überflüssig. Hier kann man sich beim Essen und Trinken an den seltsamsten Kombinationen aus Glas, Plastik und Holz sattsehen. Die servierten Snacks sind japanisch inspiriert.

## 11 Bloomsbury – der Literatur, Kultur und Bildung verschrieben

In der Nachbarschaft des Universitätsviertels – mit zahlreichen Instituten für Botanik und Medizin – liegt der Stadtteil **Bloomsbury**, der im 17. und 18. Jh. von der Familie Russell im georgianischen Stil angelegt wurde. Rund um den Gordon Square lebten und arbeiteten die Literaten und Denker der Bloomsbury Group, zu denen beispielsweise die Autorin Virginia Woolf (1882–1941), der Schriftsteller E. M. Forster (1879–1970) und der Politikwissenschaftler John Maynard Keynes (1883–1946) gehörten. Das hübsche Viertel ist geprägt von eleganten georgianischen Stadthäusern und Geschäftsfassaden mit Holzfronten, die kleine Läden, Sandwichbars und Cafés beherbergen.

Mittendrin erhebt sich eine Londoner Institution, das **British Museum**. Hier kann man viele Stunden verbringen und in den umliegenden Straßen hinterher in einem der Cafés und Pubs die Füße ausruhen. Das Museum, dessen Eingang von eindrucksvollen griechischen Säulen gesäumt ist, entstand im Jahr 1823 und beherbergt ca. 1,9 Mio. Objekte. Die Briten machten sich als Seefahrernation bereits im 16. Jh. daran, andere Länder und andere Kontinente zu entdecken. Dabei brachten sie Importwaren sowie Eroberungen mit nach Hause. Nachdem das Land durch die Industrialisierung im 18. Jh. zu einer Imperialmacht aufgestiegen war, erstreckte sich sein Einfluss fast über den ganzen Globus.

*1,9 Mio. Objekte warten im British Museum auf die Besucher*

Die Kunstschätze wurden teils von Entdeckern, teils von Archäologen zusammengetragen. Jahrtausendealte Skulpturen und Artefakte aus Griechenland, Ägypten, dem Mittleren Osten und Indien wurden oft vor dem sicheren Verfall oder Diebstahl gerettet, indem man sie von Ausgrabungsstätten in Museen verfrachtete. Vielfach gab es in den Ländern selbst weder die Mittel noch die Infrastruktur für die Aufbewahrung.

*Die beeindruckende Glaskuppel stammt von Sir Norman Foster*

Manche Länder haben es den Briten jedoch nie verziehen, dass Schätze von nationaler Bedeutung auf diese Weise entwendet wurden. Heute steht das British Museum unter dem Druck, dass Gegenstände an die rechtmäßigen Eigentümer zurückgegeben werden sollen. So gibt es mit Griechenland einen andauernden Streit über die sogenannten »Elgin Marbles«, die aus dem Parthenon in der Akropolis in Athen Anfang des 19. Jh. von Lord Elgin nach Großbritannien gebracht wurden.

Aufgrund des Umfangs der Sammlung kann jeweils nur ein kleiner Teil der Werke ausgestellt werden. Allein die griechische Abteilung nimmt bereits 13 Räume ein. Neben Dauerausstellungen finden daher auch Wechsel-Ausstellungen statt. Vor dem Besuch sollte man sich kurz auf der Webseite informieren, was gerade zu sehen ist.

Zu den bedeutendsten Stücken gehört der »Rosetta Stein« (Raum 4) aus Ägypten. Anhand der mehrsprachigen Auflistungen auf dem Stein gelang es erstmals dem Franzosen Jean François Champollion im Jahr 1815, die ägyptischen Hieroglyphen zu entziffern.

Natürlich stellen die Briten auch wichtige Fundstücke aus dem eigenen Land aus. Der angelsächsische Grabschatz aus Sutton Ho gehört beispielsweise dazu. Weiterhin gibt es eine chronologisch geordnete Ausstellung zur Frühgeschichte der Inseln und zur römischen Geschichte. Zu den beeindruckendsten Sälen gehört der »Reading Room« (Leseraum) der einst hier untergebrachten Nationalbibliothek, die inzwischen ausgelagert wurde. Das Dach wird überspannt von einer riesigen Glaskuppel, gestaltet von Sir Norman Foster.

## Tipp

**Museum Tavern** – direkt gegenüber dem Eingang des British Museum befindet sich ein kleiner Pub, in dem angeblich schon Karl Marx getrunken haben soll, während er im Leseraum der Bibliothek sein Werk »Das Kapital« verfasste (49 Great Russell Street, Tel.: 72428987).

## INFO

**Hinkommen:** U-Bahn Bloomsbury, Russell Square; Piccadilly Line, Tottenham Court Road; Central Line.

**Information**

**British Museum**: Great Russell Street, Ticket-Tel.: 73238181. www.britishmuseum.org. Geöffnet tgl. 10–17.30, Fr bis 20.30 Uhr. Eintritt frei.

Das Museum hat zwei Cafés zur Erfrischung und ein schickes Restaurant.

# 12 Highgate Cemetery – verwunschenes viktorianisches Kleinod

Im Norden Londons befindet sich ein einzigartiges Denkmal viktorianischer Kultur, der Friedhof **Highgate Cemetery**. Als Londons Bevölkerung Ende des 18., Anfang des 19. Jh. sprunghaft zunahm auf rund 1 Mio. Einwohner, reichte die Fläche der Stadtfriedhöfe nicht mehr aus. Also wurden im Jahr 1830 sieben neue Friedhöfe auf ländlichen Grünflächen im Londoner Stadtumkreis geplant. Das Gebiet in Highgate wurde wie eine Parklandschaft gestaltet, und die schöne Lage auf einem Hügel in Nordlondon zog von Anfang an wohlhabende Bürger an. Sie kauften hier nicht nur Grabplätze, sondern ließen sich teilweise pompöse Mausoleen errichten. Die Anlage vermittelt heute einen Einblick in die Hoffnungen und Wünsche reicher Viktorianer, die auf der einen Seite sehr religiös und um ihre unsterbliche Seele besorgt waren, denen es auf der anderen Seite aber auch wichtig war, nach ihrem Tod im weltlichen Dasein noch einen guten Eindruck zu hinterlassen.

*Einblick in ein würdevolles Kleinod*

Um die Jahrhundertwende änderten sich die Geschmäcker, und nach dem Ersten Weltkrieg bestand auch bei der Stadt kein Interesse mehr an der aufwändigen Instandhaltung des Geländes. Die Familien, für die die Mausoleen einst errichtet wurden, starben aus, die neuen Grabstätten hatten normale Größe. Ab den 1970er Jahren erklärte die Friedhofsverwaltung den Bankrott, die Tore wurden geschlossen, und die Bepflanzung begann zu wuchern. 1975 aber formierte sich die private Interessengemeinschaft »Friends of Highgate Cemetery«. Diese machte es sich zur Aufgabe, die Anlage zu restaurieren.

Der Friedhof besteht aus einem westlichen und östlichen Teil, die durch die Swain's Lane getrennt werden. Damals waren die beiden Seiten durch einen Tunnel miteinander verbunden, damit man mit den Särgen die Straße nicht überqueren musste. 1839 entstand der westliche Teil. Hier befindet sich die »Egyptian Avenue« mit Grüften, die an das alte Ägypten und das antike Griechenland erinnern. Die Grabstätten sind wie Katakomben in den Boden eingelassen. Durch ein Eingangstor gelangt man auf einen düsteren, von Pflanzen umwucherten Weg. Das Ganze erinnert an Filmkulissen aus Abenteuer- oder Gruselfilmen. Der Weg führt hinauf zum »Circle of Lebanon«. Eine Runde

*Letzte Ruhstätten wohlhabender Viktorianer*

klassizistischer Eingangstore bildet hier den Zugang zu den einzelnen Grabstätten, die um einen jahrhundertealten Zedernbaum angeordnet sind. Nur ein kleiner Teil des Friedhofs war für Andersgläubige reserviert.

Der Ostteil enthält weniger aufwändige Gräber, allerdings trifft man hier auf die Namen bekannter Persönlichkeiten. Zu den bekanntesten Namen, deren Grab man hier besichtigen kann, gehört Karl Marx. Seine Frau und sein Enkelkind sind ebenfalls hier beigesetzt. Eine große Marmorbüste seines Kopfes schmückt das Grab seit 1954. Hier brachten unter anderem Chruschtschow und Breschnew ihre Ehrerbietung dar, auch heute ist das Grab fast immer von frischen Blumen geschmückt. Die Schriftstellerin George Elliot ist hier als Mary Ann Cross beigesetzt. Der Drehbuchautor Carl Mayer (»Das Cabinet des Doctor Caligari«) liegt hier ebenso wie der Schriftsteller Douglas Adams (»Per Anhalter durch die Galaxis«) und Malcolm McClaren, der damalige Manager der Punkband »The Sex Pistols«.

**INFO**

**Hinkommen:** U-Bahn Archway, Northern Line.

**Information:**

**Highgate Cemetery**, Swain's Lane, Tel.: 83401834, www.highgate-cemetery.org.

**Öffnungszeiten und Führungen:**

**East Cemetery**

Mo–Fr 10–17, Sa und So 11–17 Uhr. Eintritt: Erwachsene £ 3, ermäßigt £ 2 (nur Bargeld). Eine Führung findet jeden Samstag um 14 Uhr statt, £ 7. Den östlichen Teil kann man auch ohne Führung besuchen.

**West Cemetery**, nur mit geführter Tour zu besuchen, Buchung unter Tel.: 83401834, geöffnet Mo–Fr 10–17 Uhr. Führungen: 1. März–30. Nov., Mo–Fr, Beginn: 13:45 Uhr. Sa & So, Beginn: stündlich von 11–15 Uhr. Eintritt: Erwachsene £ 7, ermäßigt £ 3 (Kinder unter acht Jahren nicht zugelassen).

# ⑬ Notting Hill – Karneval und Flohmarkt

Der Stadtteil **Notting Hill** ist vor allem für seinen Markt auf der Portobello Road bekannt, der einer der größten und touristischsten Märkte Londons ist. Auch der **Notting Hill Carnival** ist vielen ein Begriff. Heute wohnt in den schick renovierten Häusern die wohlhabende Mittelklasse – umgeben von grünen Parks. Seit der romantischen Komödie »Notting Hill« des Regisseurs Richard Curtis aus dem Jahr 1999 suchen Touristen sowohl den Buchladen (»The Travel Bookshop«) im Blenheim Crescent Nr. 13-15 auf, in dem sich Hugh Grant und Julia Roberts verliebten, als auch die ehemals blaue, heute schwarz gestrichene Eingangstür des Hauses in der Westbourne Park Road Nr. 280. Die Inhaberin des »Travel Bookshops« wollte Ende 2011 ihren Laden schließen, was britische Schriftsteller und einige Hollywoodstars zu einer rührenden Rettungs- und Medienkampagne bewegte. Einige Freunde des Shops erklärten sich zur ehrenamtlichen Mitarbeit im Laden bereit. Die Zukunft aber ist weiterhin ungewiss.

*Wer ein original Londoner T-Shirt sucht, wird hier fündig*

Bis zum 19. Jh. war Notting Hill wenig mehr als eine ländliche Gegend mit dem Namen Puerto Bello. Dies erinnerte an einen Sieg, den man über die Spanier errungen hatte. Das Viertel entstand auf Initiative der wohlhabenden Familie Ladbroke, nach der die Straße Ladbroke Grove benannt ist. Im 20. Jh. wurden die Stadthäuser in einzelne Wohnungen umgebaut, und in den 1950er Jahren war die Gegend recht heruntergekommen. Wie in Brixton siedelten sich auch hier afro-karibische Einwanderer an (s. Kap. 16).

Der **Notting Hill Carnival** entstand dann auch 1958 als Projekt zur Völkerverständigung nach Übergriffen rechtsradikaler Gruppen auf die farbigen Einwanderer. Aus der kleinen Veranstaltung entwickelte sich eine Parade, die zum größten Straßenfest Großbritanniens wurde und ganze drei Tage dauert. Ähnlich wie beim deutschen Karneval ziehen hier farbenfroh geschmückte Wagen und kostümierte Tänzer in einem langen Zug durch die Straßen. Karibische Steelbands, DJs und Reggaebands sowie Musikbühnen sorgen für den musikalischen Hintergrund mit Calypso, Samba, Soca. An zahlreichen Ständen kann man karibische Spezialitäten probieren. Schätzungsweise 16.000

Kokosnüsse und 25.000 Flaschen Rum werden hier pro Veranstaltungstag verarbeitet. Ca. 1 Mio. Besucher kommen jedes Jahr Ende August zu dem Event. Leider kam es in der Vergangenheit manchmal zu Problemen durch Alkohol und Drogen. Der Umzug wird daher von mehreren Tausend Polizisten begleitet.

*Kunst & Krempel auf dem Portobello Market*

Der **Portobello Market** ist mit rund 1 km sicher einer der längsten Märkte der Stadt und erstreckt sich fast über die gesamte Portobello Road. Ursprünglich war dies ein Wochenmarkt mit Lebensmitteln. Diesen findet man immer noch am Nordende, zwischen der Colville Terrace und der Westbourne Park Road, von Montag bis Freitag. Erst nach dem Zweiten Weltkrieg siedelten sich auch andere Stände hier an. Am Südende findet samstags der Antikmarkt statt. Dieser Teil gehört zu den geschäftigsten des Marktes, und hier muss man mit großen Menschenmengen rechnen. Weiter in der Mitte gibt es einen Flohmarkt mit vielen Secondhand-Ständen und Ungewöhnlichem, von Aquarellzeichnungen bis zu antiken Teddybären, Teleskopen, Wedgewood-Porzellan, Schmuck etc. Freitags und samstags findet außerdem der **Portobello Green Markt** unter dem Westway im Norden statt, mit Flohmarkt und Secondhand-Ständen.

An der Ecke zum Blenheim Crescent befindet sich mit dem **Electric Cinema** eines der ältesten Kinos in ganz Großbritannien.

**INFO**

**Hinkommen:** U-Bahn Central, Circle und District Line. Ladbroke Grove, Hammersmith & City Line.

**Information:**

**Portobello Market**
www.portobelloroad.co.uk.
Geöffnet Mo–Mi 8–18.30 Uhr, Do 8–13, Sa 8–18.30 Uhr.

**Notting Hill Carnival**
www.thenottinghillcarnival.com.

**Essen & Trinken:**

**Taqueria**, 139–143 Westbourne Grove, Tel.: 72294734, www.taqueria.co.uk. Geöffnet Mo–Do 12–23, Fr 12–23.30, Sa 11–23.30, So 12–23.30 Uhr. Mexikanisches Restaurant mit großer Auswahl, Gerichte ab £ 7.

**Electric Cinema**, 191 Portobello Road, Tel.: 7908-9696.

# 14 Islington – georgianische Plätze, Theater und Antiquitäten

Der Stadtteil **Islington** hat eine interessante Geschichte und renommierte Theater, ungewöhnliche Museen sowie einen Antikmarkt vorzuweisen. Bereits gegen Ende des 20. Jh. wurde das mit klassizistischen und viktorianischen Stadthäusern gesegnete Viertel zum begehrten Wohnort. Obwohl es am Rand des Zentrums liegt, hat Islington einige grüne Plätze, und südlich fließt der **Regent's Canal** (s. Kap. 69) hindurch. Der Bezirk umschließt auch die südlich gelegenen Viertel Finsbury und Clerkenwell. Seit Anfang des 20. Jh. gilt Islington als Heimat der intellektuellen und kulturellen Elite. George Orwell lebte hier, Tony Blair und heute der Bürgermeister Boris Johnson sowie viele Schauspieler, Schriftsteller und Musiker.

Von der U-Bahn-Station Angel gelangt man auf die Hauptstraße Upper Street. »Angel« war ursprünglich der Name für ein Zolltor. Während der Industrialisierung siedelten sich Brauereien und Druckereien sowie viele Handwerksbetriebe in der Gegend an. Später öffneten »Music Halls« mit Varieté und anderer Unterhaltung, die das Publikum auch aus anderen Stadtteilen anzogen. Bei der Grünanlage Islington Green, an der Kreuzung zur Essex Road, findet mittwochs und samstags der Antiquitätenmarkt **Camden Passage Market** statt. Seit 1960 gibt es diesen Markt, bei dem über 200 Aussteller ihre Waren verkaufen.

*Exotisches im Camden Passage Market*

In der Hausnummer 115 der Upper Street befindet sich das **King's Head Theatre**. Es ist an den Kings Head Pub angeschlossen und war in den 1970er Jahren das erste Pub-Theater seit Shakespeares Zeiten. An der Stelle befand sich bereits zu Zeiten von Henry VIII. eine Kneipe mit demselben Namen. Angeblich trank der König hier regelmäßig ein Bier auf dem Weg zu seiner Geliebten. Samuel Pepys, der große Chronist Londons aus dem 17. Jh., verewigte den Pub in seinen Tagebüchern, den »Samuel Pepys Diaries«. Im Pub selbst treten Comedians und Bands auf. Er ist ausstaffiert mit Fotos von Stars, die hier ihre erste Chance bekamen. Der Gründer des King's Head Theatre, Dan Crawford, gab talentierten Dramatikern, wie beispielsweise Steven Berkoff und Tom Stoppard die Chance, ihre Stücke erstmals auf die Bühne zu

## Veranstaltungsorte in Islington

**Almeida Theater**, Almeida Street, Tel.: 7359-4404, www.almeida.co.uk. Britische und internationale Produktionen mit bekannten Schauspielern wie Ralph Fiennes und Kevin Spacey.
**Sadler's Wells Theater,** Roseberry Avenue, Tel.: 0844-4124300, www.sadlerswells.com. Führendes Haus für modernes Tanztheater und Ballet in London.
**Union Chapel,** Compton Avenue, Tel.: 7226-3750, www.unionchapel.org.uk. Die nonkonformistische Kirche ist ein bekannter Veranstaltungsort für Weltmusik, Gospel und Folk. Samstags von 12–14 Uhr treten junge Talente gratis auf.
**King's Head Theatre,** 115 Upper Street, Tel.: 7478-0160, www.kingsheadtheatre.org.
**King's Head Pub**, Tel.: 7226-4443, www.kingsheadtheatrepub.co.uk. Geöffnet Mo–Mi 12–1, Do–Sa 12–2, So 12–24.30 Uhr.

bringen. Viele Shows waren so erfolgreich, dass sie von größeren Theatern im West End oder sogar am Broadway übernommen wurden. Als Institution wird das Theater von den größten Namen in Kunst und Kultur unterstützt und gefördert. Seit dem Jahr 2010, dem Tod von Dan Crawford, ist man vom Sprechtheater abgewichen und die Gesellschaft »OperaUpClose« zeigt ungewöhnliche Opernproduktionen.

Die Straßen und Plätze in **Clerkenwell** werden mit den radikalen politischen Organisationen des 19. und frühen 20. Jh. in Verbindung gebracht. Die »Chartisten« – die erste britische Arbeiterbewegung – nahmen hier 1838 ihren Anfang. Die »Social Democratic Federation« hatte ihren Sitz beim Clerkenwell Green. Im Jahr 1902 wohnte Lenin kurzzeitig in London und publizierte von hier aus die radikale Zeitung »Iskra«. In dem Haus Nr. 37a befindet sich heute die **Marx Memorial Library**, die die sozialistischen Bewegungen Großbritanniens dokumentiert. Unweit von hier, im **Finsbury and Islington Museum**, kann man mehr über die Geschichte des Viertels erfahren. Es werden auch interessante Führungen veranstaltet. Im Norden von Islington befindet sich außerdem der Arsenal Football Club.

**INFO**

**Hinkommen:** U-Bahn Angel, Northern Line.
**Essen & Trinken:**
**Lark in the Park**, 60 Copenhagen Street, Tel.: 7278-5781. Dieser Pub am Barnard Park hat einen der schönsten Biergärten Londons. Es gibt auch eine kleine Bühne mit Livemusik. Geöffnet Mo–Sa 11–23, So 12–22.30 Uhr.

**Information:**
**Islington Museum:** 245 St. John Street, Finsbury Library, Tel.: 7527-2837, www.islington.gov.uk. Geöffnet Mo, Di, Do, Fr, Sa 10–17 Uhr. Eintritt frei.
**Marx Memorial Library:** 37a Clerkenwell Green, Tel.: 7253-1485, www.marx-memorial-library.org. Geöffnet Mo–Do 13–14 Uhr, nur nach Voranmeldung. Mitglieder Mo–Do 13–18 Uhr.

# 15 Entlang der King's Road in Chelsea

Die **King's Road** zieht sich auf einer Länge von 3,2 km durch den Bezirk Chelsea. Sie verläuft vom Sloane Square südwestlich bis Fulham und dann als New King's Road weiter bis Putney Bridge (s. Kap. 71). Die Straße wurde von Charles II. als direkte Reiseroute nach Kew (s. Kap. 98) angelegt. Erst 1830 wurde sie für den Publikumsverkehr geöffnet und es setzte ein regelrechter Bauboom ein. Daher stammt fast die gesamte Architektur des teuren Wohnviertels aus dem 19. Jh.

*»World's End« – ein Klassiker in der King's Road*

Eine Sehenswürdigkeit in der benachbarten Fulham Road (U-Bahn Fulham Broadway) sollte man nicht verpassen: das **Michelin House** (Nr. 81). Das »Art Deco«-Haus wurde 1911 für die Reifenfirma »Michelin« gebaut und ist architektonisch interessant. Es hat bunte Glasfenster, ähnlich Kirchenfenstern, die allerdings den Michelin-Mann zeigen. Hier ist bis heute der Design Shop von Terence Conran untergebracht (s. Kap. 40). Von hier aus gelangt man dann zum Südende der King's Road.

Mitte der 1950er Jahre bis in die 1980er Jahre entstanden auf der King's Road die neusten Trends der britischen Mode und Jugendkultur. 1955 eröffnete Mary Quant zusammen mit ihrem späteren Ehemann Alexander Plunkett-Greene ihre erste Boutique: »Bazaar«. In den 1960er Jahren fing Quant an, ihre eigenen Modelle zu entwerfen und zu schneidern. Bekannt wurde sie vor allem als Erfinderin des Minirocks und der Hot Pants. Die neuen Boutiquen und Kaffeehäuser der King's Road zogen ein neues Klientel von coolen Kids und Popstars an, und bald sprach man vom »Chelsea Set«, der Mode- und Musik-Avantgarde. Der Cheyne-Walk, südlich der King's Road am Themseufer, wurde zum bevorzugten Wohnort der angesagten Szene. Mick Jagger und Keith Richards lebten dort als Nachbarn.

Mitte der 1970er Jahre eröffnete die Designerin Vivienne Westwood mit ihrem Freund Malcolm McLaren (gest. 2010) im Hinterzimmer der Boutique »Paradise Garage« in der **Kings Road Nr. 430** einen Laden mit Rockabilly-

Klamotten mit dem Namen »Let it Rock«. Ab 1973 verkauften die beiden hier Bikerkleidung, und man benannte sich um in »Too fast too live, too young to die«. Hieraus entwickelte sich nach und nach Westwoods und McLarens eigener Stil aus provozierenden T-Shirts, zerrissenen und mit Sicherheitsnadeln zusammengesteckten Hosen und Jacken etc. Der Laden fing außerdem an, Sado-Maso-Klamotten und Zubehör zu verkaufen. 1974 taufte man sich dann um in »SEX«. Die King's Road Nr. 430 wurde zum Treffpunkt für die kreative Szene und angehende Punks, und unter McLarens Management formierte sich die Band »The Sex Pistols«. Nach dem Abebben der Punkbewegung hatte Westwood mit ihren Designs für die »New Romantic«-Szene internationalen Erfolg. Seit 1980 verkauft die Boutique unter dem Namen **World's End** Kreationen aus Westwoods Kollektion.

Von hier aus kann man die nette Einkaufsstraße nach Norden entlangspazieren mit Filialen bekannter Ketten und ausgefallenen Boutiquen. Fast auf der Höhe des Sloane Square befindet sich der Duke of York Square, ein moderner Platz mit schicken Geschäften. Unter anderem gibt es hier auch einen Filiale der neuen **Mary Quant-Shops**, die allerdings von der Designerin an einen japanischen Unternehmer verkauft wurden.

In dem Komplex der ehemaligen Armeebaracken des Duke of York befindet sich die Kunstgalerie **Saatchi Gallery**. Der Sammler und Mäzen Charles Saatchi eröffnete seine Galerie mit dem Ziel, bis dato unbekannten, aber vielversprechenden nationalen und internationalen Künstlern eine Plattform zu bieten. Vielfach kauft er mehrere Werke der Künstler und stellt diese aus. Inzwischen ist er so bekannt, dass auf diese Weise entdeckte Künstler danach fast immer zu Ruhm gelangen. 1999 stellte Saatchi zum ersten Mal in der sogenannten »Sensation«-Ausstellung die später als Young British Artists (YBA) bekannten Künstler Damien Hirst und Tracey Emin aus.

Am Nordende der King's Road verläuft die Sloane Street mit Boutiquen internationaler Top-Designer.

**INFO**

**Hinkommen:** U-Bahn
Südende: Fulham Broadway, District Line.
Nordende: Sloane Square, Piccadilly Line.

**Information:**

**Saatchi Gallery**
Duke Of York's HQ, King's Road, www.saatchi-gallery.co.uk.
Geöffnet Mo–So 10–18 Uhr. Eintritt frei.

**Vivienne Westwood Mode:**
430 King's Road, Tel.: 73526551, www.viviennewestwood.co.uk.
Geöffnet Mo–Sa 10–18 Uhr.

**Essen & Trinken:**

**My Old Dutch**, 221 King's Road, Tel.: 7376-5650, www.myolddutch.com. Geöffnet tgl. 12–23 Uhr. Creperie mit holländischem Einschlag. Große Auswahl an Pfannkuchen mit süßer und pikanter Füllung.

# Multikulturelles London

Begegnungen in Chinatown

## 16 Brixton – das Erbe der karibischen Einwanderer

**Brixton** in Südlondon ist einer der Bezirke, in dem sich die Einwanderer aus den britischen Kolonien in der Karibik niederließen. Wenn man heute aus der renovierten U-Bahnstation Brixton heraus auf die Hauptstraße Electric Avenue tritt, fällt die multikulturelle Atmosphäre auf. Während der Bezirk anhaltend und nachhaltig auflebt, hat er doch viel vom typischen Flair behalten.

Zwischen 1860 und 1890 entwickelte sich das Gebiet unter den Viktorianern zu einem schicken Vorort, nachdem die Eisenbahnlinie nahebei ausgebaut wurde. Stadthäuser und Geschäftsarkaden entstanden. Im Jahr 1880 wurde der Bezirk als erster »elektrifiziert«: Auf der Electric Avenue wurden die ersten Straßenlaternen errichtet, die nicht mehr durch Gas, sondern mit Elektrizität betrieben wurden. Im Zweiten Weltkrieg wurde ein Großteil des Viertels zerbombt, die wohlhabendere Bevölkerung war längst in andere Bezirke abgewandert.

In den 1950er und 1960er Jahren wurde Brixton, neben Vierteln wie Notting Hill (s. Kap. 13), zur bevorzugten Wohngegend für Einwanderer aus den ehemaligen britischen Kolonien in der Karibik. Großbritannien warb mit kostenfreier Anreise um Arbeitskräfte für offene Stellen im Gesundheitswesen und im Transportsektor. Die Einwanderer beeinflussten mit ihren Reggaerhythmen die Musikszene, die Ska-Bewegung ging aus der Musik der sogenannten »Jamaican Rude Boys« hervor. Auch der **Notting Hill Carnival** (s. Kap. 13) ist Ausdruck karibischer Lebensfreude und Musik.

Ende der 1970er Jahre ging es wirtschaftlich jedoch bergab und die Arbeitslosigkeit stieg. Es zeigte sich außerdem, dass in den wohlhabenden Jahrzehnten zu wenig in Wachstum und Infrastruktur der Südlondoner Bezirke investiert worden war, denn die Lebensbedingungen hatten sich kaum verbessert. In leerstehende, halbverfallene Häuser zogen Hausbesetzer ein, Drogen-

*Auf dem Brixton Market gibt es die Dinge des täglichen Lebens*

*In Brixton lebt ein buntes Bevölkerungsgemisch*

missbrauch und Kriminalität führten zu etlichen Razzien in der Gegend. Der Vorwurf des Rassismus gegenüber den farbigen Einwanderern wurde laut, da sich das Interesse der Polizei verstärkt auf diese Bevölkerungsgruppe richtete. 1981 und 1985 kam es zu Aufständen, den **Brixton Riots**, bei denen sich die Polizei und die farbige Bevölkerung in Brixton heftige Straßenschlachten lieferten. In den letzten Jahrzehnten aber wurde deutlich in den Stadtteil investiert. Insbesondere die historischen Marktarkaden aus den 1920er und 1930er Jahren, **Reliance Arcade** (Brixton Road), **Market Row** (Atlantic Road) und **Granville Arcade** (heute **Brixton Village** auf der Coldharbour Lane) wurden unter Denkmalschutz gestellt. Hier werden viele Spezialitäten und Zutaten der afro-karibischen Küche verkauft, die man sonst nirgendwo in London erhält.

Brixton ist außerdem für seine Musikclubs bekannt, in denen vor allem, aber nicht ausschließlich Reggae gespielt wird. In der »$O_2$ Brixton Academy« treten einige der bekanntesten Bands und DJs der internationalen Musikszene auf.

**INFO**

**Hinkommen:** U-Bahn Brixton, Victoria Line.

**Brixton Market:** Mo, Di, Mi 8-18, Do 8-22, Mi 8-15 Uhr, So geschlossen.

**Erfrischungen:**

**Rosie's Deli Café**, 14E Market Row, Tel.: 07807-505397, www.rosielovell.co.uk. Geöffnet Mo-Sa. 7.30-17.30 Uhr. In der Granville Arcade/Brixton Village befindet sich dieses liebevoll eingerichtete Café mit leckeren, frisch gemachten Sandwiches.

**Ausgehen:**

**Effra Hall Tavern**, 40 Kellett Road, Tel.: 7652-0031. Geöffnet Mo-Do 16-2, Fr-So 12-4 Uhr. Karibische, scharf gewürzte Snacks. Jazz-, Salsa- und Reggae-Bands.

## 17 Kilburn – irisches Lebensgefühl

Die **Kilburn High Road** ist eine der ältesten Straßen in Großbritannien, denn sie verläuft auf einer ehemaligen römischen Achse nach Nordwesten. Im Mittelalter stand hier eine Abtei, die von Heinrich VIII. im 16. Jh. aufgelöst wurde. 1714 wurde eine eisenhaltige Wasserquelle entdeckt und man unternahm Ausflüge, um in Kilburn »das Wasser zu nehmen«. Damals war dies ein ländliches Gebiet, das weit vom industrialisierten Stadtkern entfernt lag. Die Quelle Kilburn Wells befanden sich an der Stelle des heutigen **Old Bell Pub**. Heute würde freilich keiner mehr auf die Idee kommen, hier Wasser aus einem Brunnen zu trinken.

*Im »County Kilburn« fühlen sich irische Einwanderer wie zu Hause*

Seit vielen Jahrzehnten gilt Kilburn als das irische Viertel Londons. Die Iren emigrierten zur Zeit der großen Hungersnot der »Potato Famine« um 1840 zu Tausenden nach England. Sie gehörten zu den benachteiligsten Einwanderern. Oft kamen sie bereits krank und halbverhungert an. Sie nahmen fast jede Arbeit zu jeder Bezahlung an. Dabei wurden sie von anderen Arbeitern verachtet, denn sie drückten die Mindestlöhne weiter nach unten. Die ersten Iren siedelten in Spitalfields im East End, nahe der Docks, später verlagerte sich das Zentrum nach Kilburn, Willesden und Cricklewood. In den 1950er Jahren folgten viele Iren dem Ruf Großbritanniens nach Fremdarbeitern. Sobald eine Familie sich niedergelassen hatte, folgte auch die weitere Verwandtschaft, sodass große, zusammenhängende Gemeinschaften entstanden.

Auch heute noch lebt in Kilburn die höchste Konzentration an irischen Staatsbürgern in London, obwohl sich inzwischen auch Einwanderer aus anderen Commonwealth-Staaten hier angesiedelt haben. Kilburn wird daher im allgemeinen Sprachgebrauch spaßeshalber auch als das 33. County Irlands, **County Kilburn**, bezeichnet, da man sich hier unter Gleichgesinnten wie zuhause fühlt.

Entlang der Kilburn High Road, die heute von den gängigen Supermarktketten gesäumt wird und wenig attraktiv ist, gibt es Kioske, die irische Zeitungen verkaufen. Hier tauscht man sich über Familienbelange im Heimatland aus. Auf der High Street selbst und in den Seitenstraßen gibt es noch zahlreiche traditionelle irische Pubs. Oft spielen hier am Wochenende Folkbands, und es gibt ein Unterhaltungsprogramm, das man beim traditionellen **Guinness** genießen kann. Das irische Wort für so ein Programm ist »Craic«. Das kann unter anderem Karaoke, Quizveranstaltungen oder Sportübertragungen

## Pubs in Kilburn

**The Good Ship,** 289 Kilburn High Road, geöffnet Mo–Do, So bis 2, Fr–Sa bis 4 Uhr, traditionelle Unterhaltung und Live-Musik
**The Cooper's Arms**, 164 Kilburn High Road, Tel.: 8624 8501, traditioneller Pub mit Dartscheibe und Biergarten.
**Brondes Age**, 328 Kilburn High Road, Tel.: 76043887, www.brondesage.com. Geöffnet So 11–24.30, Mo–Do 11-1, Fr und Sa 11–2 Uhr, Live-Musik (Rock, Folk, Jazz und Indie)
**The Alliance**, 40-4 Mill Lane, Tel.: 0872-1483795. Geöffnet Mo–Mi 9–23, Fr und Sa 9–1, So 9–23.30 Uhr. In diesem Pub kann man gut frühstücken, auch Lunch und Dinner werden serviert.

Ein Stück irisches Lebensgefühl in London

bedeuten. Aus diesem Grund ist das Viertel auch bei Nicht-Iren abends beliebt. Die meisten Pubs sind inzwischen recht weltoffen und haben ein gemischtes Publikum. Allerdings gibt es auch eingeschworene Stammkneipen, wo fremde Besucher nur ungern gesehen sind. Als guter Anhaltspunkt dafür mag folgender dienen: Wenn man als Urlauber einen relativ leeren Pub betritt und sich alle Köpfe schweigend auf den Eintretenden richten, sollte man besser ein anderes Etablissement aufsuchen.

Besonders belebt wird Kilburn am **St. Patrick's Day**, zu Ehren des Schutzheiligen Irlands. Dann finden Paraden statt, bei denen man sich traditionell in Grün kleidet. Ein weit verbreitetes Symbol ist das dreiblättrige Kleeblatt, das für die heilige Dreifaltigkeit steht. In den umliegenden Pubs spielen Bands und es finden Tanzdarbietungen statt.

**INFO**

**Hinkommen:** U-Bahn Kilburn, Jubilee Line. Kilburn Park oder Queen's Park, Bakerloo Line.

**Information:**
**St. Patrick's Day**
s. Festivals und Events

## 18 Golders Green und Gartenvorstadt – auf den Spuren der jüdischen Gemeinschaft

Wie viele Londoner Stadtteile war auch **Golders Green** lange eine ländliche Gegend, die erst durch den Ausbau der U-Bahn im Jahr 1907 erschlossen wurde. Heute lebt in Golders Green eine der größten orthodoxen jüdischen Gemeinden in Großbritannien. Das grüne Vorortviertel wurde ein rettender Hafen für jüdische Familien, die aus den beengten Verhältnissen des East Ends entkommen wollten.

Wer aus der Golders Green U-Bahnstation kommt und entlang der **Golders Green Road** läuft, passiert viele Cafés und etliche koschere Restaurants und Delis. Freitags geht es hektisch zu, da man sich auf den Sabbat vorbereitet. Samstags bleiben Geschäfte und Restaurants geschlossen. Sonntags füllen sich die Restaurants mit Familien, die dort das sonntägliche Mittagessen zu sich nehmen.

Das Viertel hat verschiedene Synagogen, und am Samstagnachmittag sieht man auf den Straßen neben sorgsam gekleideten Familien auch Gruppen von streng orthodoxen Juden mit dem traditionellen schwarzen Mantel, ausladendem schwarzen Hut, langem Bart und geflochtenen Schläfenlocken.

Von der U-Bahnstation aus verläuft eine weitere Hauptstraße nach Nordosten, die Finchley Road. Wenn man bei der Hoop Lane nach Osten abbiegt, gelangt man zum **Golders Green Krematorium**, auch genannt »Celebrity

*In Golders Green bietet sich eine günstige Gelegenheit, koschere Mahlzeiten zu probieren*

Crematorium«, weil hier seit dem Jahr 1902 viele berühmte Persönlichkeiten eingeäschert wurden. Der frühere Premierminister Stanley Baldwin gehört hierzu, ebenso wie der Glam-Rock Star Marc Bolan von der Gruppe »T-Rex« (s. Kap. 71), Sigmund Freud (s. Kap. 97), Keith Moon, der Drummer der Rockband »The Who«, der Autor H. G. Wells, der Punk-Sänger Ian Dury und seit dem 26. Juli 2011 auch die Sängerin Amy Winehouse. Direkt gegenüber befindet sich der jüdische Friedhof.

Weiter nach Osten entlang der Hoop Lane gelangt man zum **Hampstead Garden Suburb**. Dieser kleine grüne Vorort, der an das Viertel Hampstead angrenzt, entstand im Jahr 1907 nach einer Idee der Sozialreformerin Henrietta Barnett. Sie war die Ehefrau von Samuel Barnett, der unter anderem die **Whitechapel Gallery** im East End förderte (s. Kap. 39). Sie wollte einen idealen Lebensraum schaffen, in dem reiche und arme Bürger harmonisch miteinander lebten. Für Arbeiter wurden kleinere Cottages errichtet, während für die reicheren Bürger Villen entstanden. Das Konzept funktionierte jedoch nie wirklich.

Heute sind die Häuser heiß begehrt, und die Gartenvorstadt gehört zu den wohlhabendsten Vierteln Londons. Unter anderem lebten hier die Schauspielerinnen Elizabeth Taylor und Rachel Weizs.

### Wechselvolle Geschichte

Die Juden erlebten in London eine wechselvolle Geschichte: Zuerst wurden sie von William dem Eroberer 1066 ins Land geholt, von Edward I. wurden sie 1278 aber verbannt. Von Oliver Cromwell erhielten sie im 17. Jh. erneut das Recht, ihren Glauben zu praktizieren. Ab Mitte des 19. Jh. kam es aufgrund des aufkeimenden Antisemitismus in Kontinentaleuropa zu großen Einwanderungswellen nach Großbritannien. Einen Angriff auf die Juden des East Ends gab es 1936, als eine faschistische Gruppe unter Oswald Mosley in Spitalfields einfiel – allerdings ohne großen Erfolg, denn sie wurden von den Einwohnern des Viertels mit Steinen beworfen.

INFO

**Hinkommen:** U-Bahn Golders Green, Northern Line.

**Information:**

**London Jewish Cultural Centre**
Ivy House, 94-96 North End Road, Tel.: 8457-5000, www.ljcc.org.uk.
Im Haus der Ballerina Anna Pavlova ist das jüdische Kulturzentrum untergebracht. Hier gibt es Workshops und andere Veranstaltungen. Es werden Sprachkurse für Jiddisch und Hebräisch angeboten, angeschlossen ist eine große Bücherei und ein Filmarchiv.

**Essen & Trinken:**

**Carmelli Bakery**, 126–128 Golders Green Road, Tel.: 8455-2074, www.carmelli.co.uk
Hier gibt es handgefertigte Bagels und andere leckere Backwaren.

**Solly's**, 146-150 Golders Green Road, Tel.: 8455-2121, geöffnet Mo–Do, So 11.30–23, Fr 11.30–1 Uhr. Hauptgericht £ 10–16, Menü £ 32. Falafel und Shawarma gibt es hier auch zum Mitnehmen. Gute Auswahl an Vorspeisen und Fleischgerichten.

# 19 Brick Lane – Klein-Indien in London

Es gibt kaum eine Straße in London, die eine so vielschichtige Geschichte und Kultur aufweist wie die **Brick Lane**. Sie grenzt an drei wichtige Bezirke des East Ends: Whitechapel, Spitalfields und Bethnal Green. Der Name rührt von alten Ziegeleien her, die hier gebaut wurden, um London nach dem Großen Brand von 1666 wieder aufzubauen. Als die Stadt sich auszudehnen begann, wurden die Brennöfen nach und nach durch Wohnhäuser ersetzt, zunächst im Süden, dann im Norden der Straße.

Das Viertel war von aufeinanderfolgenden Wellen von Immigranten geprägt: Auf die Hugenotten folgten irische und jüdische Flüchtlinge, dann im 20. Jh. Einwanderer aus Bangladesh. Heute macht diese Kulturgruppe ca. 37 % der Einwohner aus. In der Umgangssprache wird das Viertel auch »Banglatown« genannt.

Die Gegend ist bekannt für ihre **Curry Houses**, denn die indische Küche gehört auf jeden britischen Speiseplan. Man hat sich jedoch dem westeuropäischen Geschmack angepasst. Die Gerichte sind nicht ganz so scharf, wie sie in Asien ausfallen würden. Ursprünglich kochten die Restaurants zuerst für bengalische Seeleute. Die Anzahl der Restaurants nahm bald proportional zum Wachstum der Einwohner der Gemeinschaft zu, sodass man das Viertel einst als »Curry Capital«, also »Curry-Hauptstadt« Großbritanniens bezeichnete. Inzwischen haben jedoch asiatische Viertel in nordenglischen Städten der Brick Lane diesen Titel abgerungen. Wer noch nie ein Curry gegessen hat, sollte die Madras- oder Vindaloo-Variante meiden. Diese gehören zu den schärfsten Gerichten und können einem die Tränen in die Augen treiben. Da die meisten Restaurants von Muslimen geführt werden, gibt es normalerweise keinen Alkohol.

*Zu einem Besuch der Brick Lane gehört ein Abstecher ins Curry House*

Jedes Jahr Ende Mai feiern die Bangladeshis auf der Brick Lane das »Baishaki Mela« (s. Festivals und Events), die bengalische Neujahrsfeier mit einer Straßenparade, indischen Tanz-Vorführungen und anderer Unterhaltung.

Einige Gebäude entlang der Brick Lane haben im Laufe der Jahrhunderte die verschiedensten Funktionen ausgeübt. An der Ecke zur Fournier Street steht zum Beispiel die **Moschee Jamme Masjid** oder Große Londoner Moschee aus dem Jahr 1976. Die Kirche wurde im Jahr 1742 als eine protestantische Hugenottenkirche erbaut und im 19. Jh. zur bedeutendsten Synagoge in Spitalfields – bevor die Juden von hier wegzogen und die Muslimen aus Bangladesh ihre Moschee errichteten.

In der geräumigen alten **Truman Brauerei** aus dem Jahr 1666 wurde ein kreatives Zentrum eingerichtet mit Büros und Studios für Innen- und Webdesign, Fotografie, Musikproduktion etc. Auch Cafés, Musik- und Nachtclubs haben sich angesiedelt. Ganz in der alten Tradition der Gegend um Whitechapel und um Spitalfields, die sich unter den Hugenotten und Juden zum Schneiderviertel entwickelten, finden hier jedes Jahr Ausstellungen und »Fashion Shows« von Modedesign-Studenten statt.

*Der Brick Lane Market ist ein guter Ort für fernöstliche Gaumengenüsse*

In nördlicher Richtung, auf der anderen Seite der Bahnschienen, gelangt man bei der Cheshire Street zum **Brick Lane Market**. Bereits seit dem 17. Jh. gab es hier einen Wochenmarkt mit Gemüse, Früchten und anderen Lebensmitteln. Der heutige Sonntagsmarkt geht auf die jüdische Gemeinschaft zurück, die außer Lebensmitteln auch Gebrauchsgegenstände und Kleidung verkaufte.

INFO

**Hinkommen:** Südende: U-Bahn Aldgate East, District Line/Hammersmith & Circle Line. Nordende: Liverpool Street, Hammersmith & City Line, Circle/Central Line.

**Information:** **Brick Lane Market** geöffnet So 8–14 Uhr

**Essen & Trinken:**

**Sheba Indian Cuisine**, 136 Brick Lane, Tel.: 7247-7824, www.shebabricklane.com. Geöffnet Mo–So 12–24 Uhr. An der indischen Küche Interessierte finden hier Fleisch-, Fisch- und vegetarische Gerichte ab £ 9.

**The Old Truman Brewery,** 91 Brick Lane, Tel.: 7770-6000, www.trumanbrewery.com. Hier gibt es Cafés, Musikclubs und ausgefallene Boutiquen.

# 20 Asiatisches London – Chinatown

Die Geschichte der chinesischen Gemeinschaft in London reicht viele Jahrhunderte zurück. In **Chinatown**, um die Gerrard Street in Soho, reihen sich Läden und Restaurants aneinander, und Besucher tauchen ein in eine asiatische Welt. Das chinesische Flair erhielt das Viertel jedoch erst in den 1950er Jahren, vorher lebten hier Hugenotten, Malteser und Italiener.

Die ursprüngliche Chinatown Londons, wie die Viktorianer es kannten, lag im Osten in den Docklands bei Limehouse (s. Kap. 6). Zuerst ließen sich hier chinesische Seeleute nieder, die auf den Schiffen der »East India Company« arbeiteten und als Berater und Führer in den unbekannten Gewässern des Fernen Ostens angestellt wurden. Nachdem Hong Kong 1840 unter britische Herrschaft gelangte, führte dies zu einer weiteren Einwanderungswelle.

Das Viertel in Limehouse hatte keinen guten Ruf. Hier gab es Opiumhöhlen, in denen Bohemiens der Droge verfielen. Dies ging wiederum Hand in Hand mit wachsender Kriminalität. Besonders bekannt war das Viertel jedoch auch für seine Wäschereien, den »Limehouse Laundries«, eine Dienstleistung, auf die sich die Chinesen spezialisiert hatten.

Während des Blitzkriegs im Zweiten Weltkrieg im Jahr 1939 wurde auch dieser Teil der Docklands großflächig zerstört. Die Bewohner zogen nach Westen in den Bezirk **Soho**. Aus einfachen Garküchen entwickelten sich schnell Restaurants. In den 1950er Jahren hatte allerdings auch Soho keinen besonders guten Ruf. Berüchtigt war es vor allem als Drogenumschlagplatz, mit hoher Kriminalität und Prostitution. Allerdings war es auch der Dreh- und Angelpunkt der Film- und Musikszene, mit Jazzclubs, in denen man die Nächte durchtanzte. Die chinesische Kulisse bot hierfür einen exotischen Hintergrund.

*Chinatown ist der richtige Ort, um eine original Pekingente zu probieren*

*Ein Blick nach oben lohnt, es gibt viele Details zu entdecken*

Stetig bauten die Chinesen ihre kleine Gemeinschaft aus. Neben der Gastronomie entwickelte sich eine Kulturszene. So entstanden Kinos, die chinesische Filme zeigten und man feierte im Januar oder Februar das chinesische Neujahr mit farbenfrohen Paraden.

Chinatown ist noch immer eine einzigartige Enklave, eingezwängt zwischen der Shaftesbury Avenue und der Coventry Street, sehr wohlhabenden Innenstadtvierteln des West Ends und den inzwischen heruntergekommenen Gassen Sohos, mit ihren Strip- und Schwulenclubs.

Die gastronomische Auswahl hat sich inzwischen auch auf andere asiatische Küchen ausgeweitet. Es gibt Thai-Restaurants ebenso wie japanische Küche und eine Auswahl an asiatischen Supermärkten. Beliebt ist das »Dim Sum«, das sonntägliche Mittagessen. Hierbei bestellt man ca. 8–12 verschiedene kleinere Häppchen aus der chinesischen Speisekarte, die man dann mit der Familie teilen kann.

**INFO**

**Hinkommen:** U-Bahn Leicester Square, Northern oder Piccadilly Line. U-Bahn Piccadilly Circus, Piccadilly oder Bakerloo Line.

**Essen & Trinken:**

**Dumplings' Legend**
15-16 Gerrard Street,
Tel.: 7494-1200,
www.dumplingslegend.com.
Geöffnet Mo-Do 12-24, Fr & Sa 12-3, So 12-23 Uhr.
In diesem Restaurant mit offener Küche gibt es eine große Speisekarte. Zu den Spezialitäten gehören die chinesischen Dampfklöße, »Dumplings«, die mit verschiedenen Einlagen gefüllt sind, Gerichte von £ 6-10, Menü ab £ 14.50.

**Chuen Cheng Ku**
17 Wardour Street, Tel.: 7437-1398, www.chuenchengku.co.uk. Geöffnet Mo-Sa 11-23.45, So 11-23.15 Uhr. Riesige Dim Sum-Auswahl, ab £ 1,95 je Gericht, tgl. zwischen 11 und 18 Uhr. Die Gerichte werden portioniert auf einem Trolley herumgefahren, von dem man sich etwas aussuchen kann.

# Geschichte erleben

Teile der historischen Stadtmauer am »Museum of London«

# 21 Blaue Plaketten – auf den Spuren der Historie

In London wurde eine inzwischen oft kopierte Idee geboren: die Gedenkplakette oder auch **Blue Plaque**. Wenn man in London unterwegs ist, fallen immer wieder die gut sichtbaren, Frisbee-großen blauen Plaketten auf, die auf historisch, wissenschaftlich oder kulturell bedeutende Bewohner eines Gebäudes hinweisen.

*Blaue Plaketten: leicht zu übersehen – aber immer voller Geschichten*

Offiziell ins Leben gerufen wurde die Initiative von der »Royal Society of Arts«, im Jahr 1866. Seitdem haben sieben verschiedene Institutionen das Projekt koordiniert, heute untersteht es **English Heritage**. »English Heritage«, korrekt »Historic Buildings and Monuments Commission for England«, ist eine staatliche Organisation, die verantwortlich ist für die Erhaltung von historisch wichtigen Stätten. Momentan gibt es **850 Plaketten** im Land. Wer eine Lücke in der Dokumentation entdeckt, oder einen Vorschlag für eine Blaue Plakette, die an einer bestimmten Stelle angebracht werden soll, machen will, kann »English Heritage« kontaktieren. Es müssen allerdings bestimmte Kriterien erfüllt werden: Die geehrte Persönlichkeit muss hinreichend bekannt, entweder mehr als 20 Jahre tot oder vor mindestens 100 Jahren geboren worden sein. Bevor eine Plakette an einem Haus angebracht wird, muss sichergestellt werden, dass die Person für einen längeren Zeitraum dort gelebt hat. Dazu muss die Person einen gesellschaftlichen Beitrag geleistet haben, beispielsweise indem sie in ihrem Berufsleben eine besonders herausragende Leistung erbracht hat. Nicht-Briten werden nur in den Kreis der Auserwählten aufgenommen, wenn sie international bekannt sind.

Die Idee hinter der blauen Plakette ist es, die Verbindung einer berühmten Person mit einem Gebäude zu würdigen. Denn so wird dem Gebäude eine historische Bedeutung verliehen, was unter Umständen zu dessen Erhalt beiträgt. Dies schien besonders wichtig gegen Ende des 19. Jh., als London rapide anwuchs und viele historische Gebäude neuen Bauprojekten weichen mussten. Auch heute ist dies wieder von großer Bedeutung.

Die ersten Personen, die 1867 anhand einer Plakette geehrt wurden, waren Benjamin Franklin, David Garrick und Lord Nelson. Von den 35 Plaketten, die

die »Royal Society of Arts« anbrachte, existiert heute nur noch die Hälfte – unter anderem die für Napoleon III. in der King Street, St. James's Park. Die ersten Plaketten sahen noch anders aus. Sie hatten einen dekorierten Rand, waren dunkelrot und zeigten den Namen der Gesellschaft »Society of Arts« (s. Kap. 24).

*Jimi Hendrix lebte hier und wurde per Plakette verewigt*

In der Brook Street, nahe dem Grosvenor Square in Mayfair (s. Kap. 56), befinden sich zwei Plaketten an den Hausnummern 23 und 25 direkt nebeneinander. Sie erinnern an den Rockgitarristen Jimi Hendrix und den Komponisten Georg Friedrich Händel. In der Hausnummer 25 befindet sich das **Handel House Museum** des deutschen Komponisten, der 1712 nach London kam und von George II. zum Hofkomponisten ernannt wurde. Händel nahm 1727 die britische Staatsbürgerschaft an. In dem Haus in der Brook Street lebte er 36 Jahre bis zu seinem Tod. Hier bekommt man Einblick in sein Leben und seine Kompositionen.

Ganzjährig finden in Händels ehemaligem Übungsraum Musikveranstaltungen auf historischen Instrumenten statt, zum Beispiel Konzerte auf Cembalo und Spinett oder Solistenkonzerte.

Jimi Hendrix lebte 1968–69 mit seiner Freundin Kathy Etchingham in dem Apartment in der Brook Street. Zum Glück hatten die beiden damals keine Nachbarn, sodass Hendrix nach Lust und Laune auf seiner elektrischen Gitarre üben konnte. Das Apartment wurde nach den Anweisungen von Kathy Etchingham restauriert und gehört mit zum Komplex des **Handel House Museums**. Allerdings sind hier Büros untergebracht und es kann momentan nicht besichtigt werden.

### Mehr blaue Plaketten

Zu den anderen Persönlichkeiten, die mit einer blauen Plakette verewigt wurden, gehören z. B.
**Karl Marx**, 28 Dean Street
**W. A. Mozart**, 180 Ebury Street
**John F. Kennedy**, 14 Princes Gate
**Mahatma Gandhi**, Kingsley Hall
**Boris Karloff**, 36 Forest Hill Road.

**INFO**

**Information:**
www.english-heritage.org.uk
**Handel House Museum**:
25 Brook Street, Tel.: 7495-1685, www.handelhouse.org.
Geöffnet Di–Sa 10–18, Do 10–20, So 12–18 Uhr. Eintritt Erwachsene £ 6, ermäßigt £ 5, Kinder 5–16 Jahre £ 2, Sa & So frei. Konzerte: Tickets Erwachsene £ 9, ermäßigt £ 5.

# 22 Houses of Parliament – die Mutter der Parlamente

Das Gebiet um die **Houses of Parliament** und die **Westminster Abbey** war bereits im Mittelalter Regierungssitz. Edward the Confessor verlegte 1065 seine Residenz vom alten Stadtkern im Osten in den neuen Palace of Westminster an der Themse. In den darauffolgenden Jahrhunderten wurden immer wieder Anbauten errichtet.

Hier trat der große Rat, »Great Council«, zusammen, der frühe Vorläufer des Parlaments. 1265 versammelte sich an diesem Ort zum ersten Mal eine Gruppe rebellischer Barone unter Simon de Monfort. Ab 1295 kamen regelmäßig Vertreter der mittleren Stände, Adelige, Kaufleute und Würdenträger zusammen. Nach 1547 fanden diese Treffen im Chorgestühl der ehemaligen Stephanskirche statt. Hieraus entstanden später die beiden Kammern des Parlamentes: **Unterhaus** und **House of Lords**. Heinrich VIII. verlegte sein Domizil nach Whitehall (s. Kap. 2) woraufhin die Palastgebäude nur noch für die Abwicklung von Regierungsgeschäften dienten.

Die **Westminster Hall** (1097) wurde unter anderem zur Rechtsprechung genutzt. Sie ist eines der wenigen noch erhaltene Gebäuden des ehemaligen Palastes. Direkt davor steht die Statue des Lord Protectors Oliver Cromwell, der nach dem Bürgerkrieg für eine kurze Zeit anstelle des hingerichteten Charles I. die republikanische Regierung führte.

Ein großer Brand im Jahr 1834 bot Anlass, über ein neues, zeitgemäßes Parlamentsgebäude nachzudenken. Charles Barry und Augustus Pugin wurden mit dem Neubau beauftragt, der unter Queen Victoria 1840 begann. Es ent-

*Besonderer Anblick: Houses of Parliament, gesehen aus dem »London Eye«*

stand ein Palast der Neogotik, der das Selbstbewusstsein einer starken Nation repräsentierte. Noch heute ist das Parlamentsgebäude an der Themse – zusammen mit dem **Glockenturm Big Ben** – eines der Wahrzeichen der Stadt.

*Der Big Ben: eines der Wahrzeichen von London*

Der Viktoriaturm am Südende brach damals mit 98,3 m alle Höhenrekorde. Der Glockenturm der ehemaligen Stephanskirche am Nordende ist ca. 2 m kürzer. Das Besondere an ihm ist die Glocke Big Ben aus dem Jahr 1858. Big Ben läutet jeweils zur vollen Stunde und spielt eine Melodie, die einer Arie aus Händels »Messias« nachempfunden ist. Vier kleinere Glocken werden zu den Viertelstunden geläutet.

Eine Lobby trennt die beiden Abgeordnetenkammern. Bei Debatten wird die Presse wird nur bis hierhin vorgelassen. In der Stephanskirche saßen die Abgeordneten einst auf Bänken des Chorgestühls. Bis heute hat das Unterhaus diese Sitzordnung beibehalten, in der sich die Regierungsvertreter und die politische Opposition auf langen Bänken gegenübersitzen. Im House of Lords befindet sich der Thron der Königin, von dem aus sie jedes Jahr in einer formellen Staatszeremonie nach der Sommerpause das Parlament wieder eröffnet.

*Jewel Tower: Ausstellung zur Palast-Geschichte*

Außerhalb des Gebäudes, vor dem Sovereign's Entrance, durch den die Königin das Gebäude betritt, steht der **Jewel Tower**. Neben der Westminster Hall ist er der einzige noch erhaltene Teil des mittelalterlichen Palastes. Hier gibt es eine informative Ausstellung über die Geschichte des Palastes.

**INFO**

**Hinkommen:** U-Bahn Westminster, District, Circle oder Jubilee Line.

**Information:**

**Besichtigungen Houses of Parliament und Westminster Hall**: Nur Führungen Sa 9.15–16.30 Uhr, 29. Juli–3. Sept. 2012: tgl. 9.30–12 Uhr. Eintritt: Erwachsene £ 15, ermäßigt £ 10 Kinder £ 6 (5–15 Jahre). Während der Parlamentszeiten kann man als Tourist Debatten beiwohnen, aber an keiner Führung teilnehmen. Reservierung online oder Tel.: 0844-8471672, www.ticketmaster.co.uk/Houses-of-Parliament-tickets-London

**Jewel Tower:** Abingdon Street Tel.: 7222-2219. Geöffnet tgl. April-Nov. 10–17, Nov.–März 10–16 Uhr, Eintritt: Erwachsene £ 3,20, Kinder £ 1,90. Eine gute Alternative, wenn man für die Houses of Parliament keine Tickets mehr bekommt.

# 23 Westminster Abbey – Geschichte durch die Jahrhunderte

Edward the Confessor (1042–1066) begann im Jahr 1042 mit dem Bau der »größten Kirche aller Zeiten« an der Stelle einer ehemaligen Benediktinerabtei. Die **Westminster Abbey** ist sicherlich eine der wichtigsten Kirchen der Nation und vereint viele Jahrhunderte britischer Geschichte. Das heutige Gebäude im französisch-gotischen Stil entstand unter Henry III. im Jahr 1245 und ist das beeindruckendste Beispiel mittelalterlicher Architektur in Großbritannien.

1066 wurde der Normanne William the Conquerer als erster König an diesem Ort gekrönt – er kam zu Pferde in die Kirche. Danach war die Abtei die Krönungsstätte für fast alle englischen und britischen Monarchen, zuletzt am 2. Juni 1953 für die amtierende Queen Elizabeth II. Heute befindet sich unter der riesigen Gewölbedecke ein Mausoleum mit prunkvollen Grabstätten und Gedenksteinen für über 3.300 Persönlichkeiten: Staatsmänner, Gelehrte, Künstler etc. In der Abtei finden auch die Hochzeiten der königlichen Familie statt, wie die von Prinz Charles und Diana 1981 und Kate und William 2011.

*Interessante Ansicht: Innenhof der Westminster Abbey*

Der Rundgang durch die Abtei beginnt am Nordtor. Gleich dahinter befindet sich die **Statesmen's Aisle,** wo wichtige Politiker beigesetzt sind wie z. B. Premierminister William Pitt Benjamin Disraeli (1804–1881), aber auch Sir Robert Peel (1788–1850), der Begründer der britischen Polizei (Bobbys).

Dahinter befindet sich der Schrein für Edward the Confessor. Er war der letzte große angelsächsische Herrscher. Erst mit den nachfolgenden Normannen wurde das Feudalsystem Europas in England eingeführt. Um den Schrein herum befinden sich die Gräber von Henry III., das der angevinischen Könige Edward I. und Edward III. sowie von Richard II. Henry V. aus dem Haus Lancaster besiegte die Franzosen im »Hundertjährigen Krieg« bei Agincourt.

Westlich von hier führen Treppen hinauf zur prachtvollen **Lady's Chapel** (auch »Henry VII. Chapel«) im Perpendikularstil der englischen Gotik aus dem Jahr 1503. An der Nordseite liegen die Gräber der Tudorfamilie. Unter anderem sind hier aufgebahrt: Queen Elizabeth I. (1558–1603) und ihrer Halbschwester Mary I. (Bloody Mary, 1553–1558). Die Familie Stuart mit der von Elizabeth als Verräterin hingerichteten Cousine Mary, Queen of Scots (1542–1567), sind auf der Südseite beigesetzt.

*Sie sollte die größte Kirche aller Zeiten werden*

Im südlichen Querschiff befinden sich Gedenksteine großer Literaten, Poeten und Komponisten, wie John Milton (1608–1674), William Shakespeare (1564–1616), William Blake (1757–1827) ebenso wie die Gräber von Geoffrey Chaucer (1343–1400), Charles Dickens (1812–1870), Thomas Hardy (1840–1928), Rudyard Kipling (1865–1936) und George Friedrich Händel (1685–1759), dem Hofkomponisten des Hannoveranerkönigs George I. Im Kirchenschiff auf der Ostseite, beim Ausgang, passiert man die Gräber von Isaac Newton (1643–1727) und Charles Darwin (1809–1882), zwei der herausragendsten britischen Wissenschaftler.

Das **Museum** der Abtei befindet sich in der Krypta, einer der ältesten Gebäudeteile, der auf das 11. Jh. zurückgeht. Hier gibt es unter anderem ein Korsett von Queen Elizabeth I. zu sehen.

**INFO**

**Hinkommen:** U-Bahn Westminster, District, Circle oder Jubilee Line.
**Besichtigungen Westminster Abbey:** Mo, Di, Do, Fr 9.30-16.30, Mi 9.30-19, Sa 9.30-14.30 Uhr. **Museum** 10.30-16 Uhr. Eintritt Erwachsene £ 16, ermäßigt £ 13, Kinder 11-18 Jahre £ 6, Kinder unter elf Jahren frei. Tel.: 7222-5152, www.westminster-abbey.org.

**Bitte beachten:**
Die Abtei gehört zu den meistbesuchten Sehenswürdigkeiten Londons, und hier muss man am Eingang Schlange stehen. Ein Audioguide in deutscher Sprache ist umsonst erhältlich. Bei Empfängen, Gottesdiensten oder anderen Veranstaltungen gibt es keinen Zugang.

## 24 Temple Church – Kleinod aus dem 12. Jh. im juristischen Zentrum Londons

Die Gegend zwischen Charing Cross Road und Fleet Street ist bereits seit Jahrhunderten als das juristische Zentrum Londons bekannt. Die **Inns of Court** entstanden rund um eine Kirche aus dem 12. Jh., die von den Rittern des Templerordens errichtet wurde. Die Kirche ist eingebettet in ein Ensemble von alten Gebäuden und Innenhöfen, mit zahlreichen Anwaltskammern und Büros. Das Gelände erscheint wie eine Oase inmitten der geschäftigen City von London, und man kann sich auf Steinbänken im Schatten ausruhen.

Früher befand sich hier die **Temple Bar,** eine Grenzschranke zum Bezirk der City of London. Sie bildete die Grenze zwischen den Regierungsbezirken Westminster und London. Wenn der jeweils regierende Monarch von seinem Regierungssitz in Whitehall in die City wollte, musste er sich hier jedes Mal einem Ritual unterziehen: Der Bürgermeister von London überreichte ihm feierlich ein zeremonielles, juwelenverziertes Schwert, erst dann durfte er weiterziehen.

Das große steinerne Tor, das ursprünglich vom Londoner Baumeister Christopher Wren entworfen worden war, wurde im Jahr 1878 bei einer Straßenerweiterung entfernt und nördlich der St. Paul's Kathedrale, am Eingang zum Paternoster Square, wieder aufgestellt. Heute ist die Stelle markiert durch die Statue eines Greifs auf einem Podest, in der Mitte der Straße. Von hier aus entdeckt man südlich ein Fachwerkhaus aus der Tudorzeit, das hier nicht hineinzugehören scheint: Der **Prince Henry's Room**, ein ehemaliger

*Die Temple Church mit dem beeindruckenden Rundbau*

Pub, ist eines der wenigen Gebäude, die den Großen Brand von 1666 überlebten. Es gibt Pläne, es in ein Museum umzuwandeln. Bis dahin bleibt Prince Henry's Room geschlossen.

Der Prince Henry's Room – ein ehemaliger Pub

Die **Tempel Church** selbst besteht aus zwei Teilen, einem Rundbau, »Round Church«, und einer Kanzel, »Chancel«. Der runde Teil entstand in Anlehnung an die heilige Grabstätte in Jerusalem. Innen befinden sich die Gräber und Grabplatten der Ritter des Templerordens, jedes mit einer lebensgroßen Statue des jeweiligen Ritters ausgestattet. Ungeklärt ist, warum die Gräber leer sind und die Ritter nie hier bestattet wurden. Die bis heute genutzte Kirche wird gerne als Filmkulisse genutzt. So war sie zum Beispiel Schauplatz für einige Szenen des Film »Der Da Vinci Code« (2006) nach dem Buch von Dan Brown, das sich um eine mystische Suche nach der illegitimen Nachkommenschaft von Jesus Christus dreht.

Die Verbindung zwischen dem mittelalterlichen Tempel und der Rechtsprechung entstand vor vielen Jahrhunderten. 1307 beschlagnahmte König Edward II. die Kirche. Der Orden hatte den Unbill des Papstes auf sich gezogen und wurde der Ketzerei und der Sodomie angeklagt. Im Jahr 1312 wurde der Orden in einem Schauprozess vom Papst aufgelöst. Eduard ließ in dem Tempelgebäude erstmals eine Rechtsgelehrtenschule einrichten, und der Berufszweig ist hier bis heute ansässig. Inzwischen bestehen die **Inns of Court** aus vier Vereinigungen, den »Honourable Societies«: Lincoln's Inn, Inner Temple, Middle Temple und Gray's Inn. Hier werden Gerichtsanwälte ausgebildet. Jeder, der in Großbritannien diesen Beruf ausüben will, muss einer dieser Vereinigungen angehören.

Der letzte Großmeister des Templerordens, Jacques de Molay, wurde übrigens 1314 auf dem Scheiterhaufen in Paris verbrannt. Interessanterweise wurde der Großteil der Ordensgüter auf den Johanniterorden übertragen, der im 16. Jh. Malta besiedelte und seitdem als Malteserorden bekannt war.

INFO

**Hinkommen:** U-Bahn Temple, Circle oder District Line.

**Information:**

**Temple Church**
Masters House, Temple Place,
Tel.: 7353-3470,
www.templechurch.com.

Geöffnet tgl. 14–16 Uhr, geschlossen bei speziellen Veranstaltungen.
Eintritt £ 3.

**Prince Henry's Room**, 17 Fleet Street. Informationen über die Wiedereröffnung können erfragt werden unter visit@cityoflondon.gov.uk

# 25 Dr. Johnson's House und Ye Olde Cheshire Cheese: das London des 18. Jahrhunderts

Samuel Johnson (1709–1784) lebte von 1748 bis 1759 am **Gough Square Nr. 17.** Hierher gelangt man durch die Seitenstraßen Bolt Court und Hind Court, die von der Fleet Street nördlich abzweigen. Nur wenige Londoner Stadthäuser aus dieser Zeit haben überlebt, daher hat bereits das Gebäude museumswert. 1911 wurde es von dem MP (»Member of Parliament«) Cecil Harmsworth erworben. Damals befand es sich in einem maroden Zustand. Nach Johnsons Tod wurde es unter anderem als Warenhaus und Druckerei genutzt. Harmsworth ließ es restaurieren und für die Nachwelt erhalten.

In seinen ersten Jahren in London bestritt Samuel Johnson seinen Lebensunterhalt als satirischer Essayist für verschiedene Veröffentlichungen. Er stammte aus der Familie eines Buchhändlers und musste sein Studium am Pembroke College in Oxford aus Geldmangel abbrechen. Seine literarischen Verdienste wurden jedoch noch zu seinen Lebzeiten anerkannt, und Johnson erhielt Ehrendoktorwürden von drei verschiedenen Universitäten.

Anfang des 18. Jh. spielte man in den literarischen Zirkeln mit der Idee, ein Wörterbuch der englischen Sprache zu veröffentlichen, da es bisher kein repräsentatives Werk gab. Johnson stellte sein Konzept 1746 vor und bekam den Zuschlag. Aus dem für drei Jahre anvisierten Projekt wurden insgesamt neun Jahre, und das Buch wurde 1755 unter dem Titel **A Dictionary of the English Language** veröffentlicht.

Es war zwar nicht das erste Wörterbuch der englischen Sprache, aber wesentlich umfassender, aktueller und detaillierter als die Vorgänger. Johnson ließ außerdem seiner literarischen Ader freien Lauf, und so sind die An-

### Ye Olde Cheshire Cheese Pub

An der Fleet Street befindet sich dieser historische Pub, der nach dem Feuer im Jahr 1666 entstand. Hier waren nicht nur Dr. Johnson, sondern auch andere Literaten Stammgäste. Einige Jahrzehnte später frequentierte auch Charles Dickens den Pub und verewigte den Namen des Etablissements in seinem Roman »Tale of two Cities«. In den mit dunklen Holzpanelen verkleideten Räumen kann man am Kamin sitzen und sich in vergangene Zeiten zurückversetzt fühlen. Um die historische Illusion aufrecht zu erhalten, streut man noch heute Sägespäne auf den Boden, wie früher üblich. Hiermit wurde am Ende des Abends der Dreck einfach hinausgekehrt.

merkungen zu den einzelnen Begriffen oft humorvoll und unterhaltsam zu lesen. Das Buch enthielt zahlreiche angewandte Beispiele, ähnlich wie moderne Wörterbücher. 114.000 Zitate wurden bearbeitet, und Johnson beschäftigte sechs Schreiber, die ihm bei den Aufzeichnungen halfen. Erst das **Oxford English Dictionary** löste im Jahr 1884 »A Dictionary of the English Language« als Standardwerk ab. Bis dahin wurde es weltweit als Referenzbuch benutzt. Neben William Shakespeare gehört Johnson zu den am häufigsten zitierten englischen Autoren.

Das Haus hat noch die originalen, steilen Treppen und ist eingerichtet mit Mobiliar und Kunstgegenständen aus dem 18. Jh. Besonders interessant ist die Bibliothek, die zwei Originalausgaben von Dr. Johnsons Dictionary enthält. Johnson arbeitete in der Dachkammer. Als er im Jahr 1784 verstarb, wurde er in der Westminster Abbey beigesetzt. Der mit Johnson befreundete Autor James Boswell schrieb eine sehr lesenswerte Biographie über Johnson, »The Life of Samuel Johnson« (1791). Er verbrachte außergewöhnlich viel Zeit mit dem Literaten, daher entstand ein sehr lebensnahes Bild. Vor dem Haus am Gough Square steht eine Statue, die Johnsons Katze **Hodge** darstellt. Sogar sie wird in Boswells Biographie von Johnson erwähnt. Das Denkmal selbst wurde 1997 von der Stadt London gestiftet.

*Dr. Johnsons treue Katze »Hodge«*

**INFO**

**Hinkommen:** U-Bahn Temple, District oder Circle Line. Holborn, Central oder Piccadilly Line oder Chancery Lane, Central Line.

**Information:**

**Dr. Johnsons House**
17 Gough Square,
Tel.: 7353-3745,
www.drjohnsonshouse.org.
Geöffnet Mai-Sept. Mo-Sa 11-17.30 Uhr, Okt.-April, 11-17 Uhr, Eintritt: Erwachsene £ 4,50, ermäßigt £ 3,50, Kinder £ 1,50

**Ye Olde Cheshire Cheese Pub**, Wine Office Court, 145 Fleet Street. Geöffnet Mo-Fr 11-23, Sa 12-23 Uhr.

# 26 Das Monument – Erinnerung an den Großen Brand von 1666

Am 2. September 1666, nach einem langen trockenen Sommer, brach in einer Bäckerei in der **Pudding Lane** im Herzen der City von London ein Feuer aus. Es griff schnell auf die benachbarten Häuser über und geriet außer Kontrolle. Der vorherrschende Wind kam aus Osten und blies die Flammen in die Stadt, wo mittelalterliche Fachwerkhäuser und reetgedeckte Cottages im Nu Feuer fingen. Die Häuser standen so nah beieinander, dass sich das Feuer schnell über die Dächer ausbreitete. Die Löschversuche der Bewohner blieben angesichts der Ausmaße des Feuers erfolglos. Diese Ereignisse wurden durch verschiedene Augenzeugen überliefert, nicht zuletzt durch den Chronisten Samuel Pepys, der von einem Aussichtspunkt im Tower of London auf die Stadt blickte.

*61 m hoch – das Monument sticht ins Auge*

Den Berichten zufolge wurde das Feuer so heiß, dass es eiserne Beschläge schmolz, Ziegel und Pflastersteine zerbrach und das Wasser in den Brunnen zum Kochen brachte. Ein Feuersturm sandte brennende Asche und Funken in die Luft. Später hörte man, dass die riesige Rauchwolke, die über London schwebte, sogar noch in Oxford gesehen werden konnte. Es wird berichtet, dass sich selbst der amtierende König Charles II. in die City begab und daran beteiligt war, eine Bürgerwehr zu organisieren, die als Feuerwehr eingesetzt werden konnte.

Schnell suchte ein Mob die Schuldigen in den Einwanderergemeinden aus den Niederlanden und Frankreich, denn mit den Ländern lag England zu dieser Zeit gerade aufgrund von Religionsstreitigkeiten im Zwist.

Charles II. verteidigt London gegen die Flammen

Als das Feuer am 5. September dann heruntergebrannt war und nur noch schwelte, wurde das Ausmaß der Zerstörung durch das **Great Fire of London** ersichtlich: Fast die ganze mittelalterliche Altstadt war niedergemäht worden. Zum Glück kamen nur wenige Menschen zu Schaden. Große Pläne wurden für den Wiederaufbau gemacht. Man hoffte auf große Paradeboulevards nach Pariser Muster und einen ganz neuen Straßenplan. Letztendlich siegte jedoch die konservative Fraktion, und man blieb bei dem bestehenden mittelalterlichen Straßenmuster. Aus diesem Grund ist die Londoner City heute an einigen Stellen recht unübersichtlich geblieben. Dem Architekten Christopher Wren kam die Aufgabe zu, die Kirchen der Stadt zu restaurieren (s. Kap. 49). Zusammen mit Robert Hooke entwarf er das Monument, eine Gedenkstätte, die noch heute an den großen Brand erinnert. Das Monument steht westlich der Pudding Lane und besteht aus einer 61 m hohen dorischen Säule auf einem großen Sockel.

In der Säule führt eine steinerne Treppe hinauf zu einer Aussichtsplattform. Oben befindet sich eine vergoldete Urne. Das Panel am Fuß der Säule zeigt eine Allegorie von Charles II. als römischer Kaiser, der London gegen die Flammen verteidigt. Die Stadt London selbst wird als vom Unglück gezeichnete Frau dargestellt, die auf einem Berg von Ruinen sitzt.

Ursprünglich gab es eine lateinische Inschrift am Nordpanel, die das Feuer und das Ausmaß des angerichteten Schadens beschrieb. Der letzte Satz gab den Katholiken die Schuld am Ausbruch des Feuers und sprach davon, dass der »päpstlichen Wahnsinn, der solche Schrecken hervorruft«, noch nicht ausgelöscht sei. 1830 wurde diese Zeile entfernt. Zur Zeit des Baus war das Monument das höchste Bauwerk in der City, bis es nach und nach von Bürogebäuden und Hochhäusern überragt wurde. Dennoch ist der Ausblick von oben noch immer sehenswert – allerdings muss man 311 Stufen erklimmen.

**INFO**

**Hinkommen:** U-Bahn Monument, District oder Circle Line, London Bridge, Northern und Jubilee Line

**Information:**
**Monument**, Tel.: 7626-2717, www.themonument.info.

Geöffnet tgl. 9.30–17.30 Uhr (letzter Einlass 17 Uhr). Eintritt: Erwachsene £ 3, ermäßigt £ 2, Kinder £ 1,50. Kinder unter 13 Jahren nur in Begleitung eines Erwachsenen.

# 27 Museum of London und Postman's Park – Zeitdokumente aus mehreren Epochen

Das **Museum of London**, mitten im mittelalterlichen Straßengewirr der wenig touristischen City von London nördlich von St. Paul's, steht etwas im Schatten größerer Einrichtungen, wie dem British Museum und dem Natural History Museum. Aber das Museum of London ist ganz der Geschichte der Stadt London gewidmet und sehr sehenswert. In dieser Stadt, in der ständig irgendwo gebaut wurde und wird, stieß man über die Jahrhunderte hinweg immer wieder auf Überreste vergangener Zivilisationen. Was immer Archäologen an verschiedenen Stellen ausgegraben haben, ist hier im Museum of London ausgestellt.

Der Eingang des Museums liegt nicht auf Straßenebene, sondern man muss eine Treppe hinaufgehen. Oben gibt es eine Aussichtsplattform, von der man einen großen Teil der mittelalterlichen Stadtmauer mit römischen Fundamenten sehen kann, ein Teil der Mauer wurde in das Gebäude des Museums integriert.

Das Museum ist chronologisch angeordnet, sodass man der Reihe nach die verschiedenen Zeitabschnitte durchwandert. Zu sehen gibt es außerdem Drucke und Modelle der Stadt aus den verschiedenen Epochen. Der Rundgang beginnt mit **prähistorischen Funden**, wie den 6.000 Jahre alten Überresten einer Frau, der »Shepperton Woman«, deren Gesicht man anhand der Knochen rekonstruieren konnte. Im römischen Abschnitt gibt es

*Das Museum of London – ein wenig versteckt im Straßengewirr nördlich von St. Paul's*

**Mosaike** aus Stadtvillen und **Marmorskulpturen**. Die Zeiten überlebt hat auch ein Lederslip, wie man ihn unter der Toga trug. Er erinnert an ein Bikiniunterteil. Die Spannbreite reicht von Wikingerschmuck und Seidenwaren, die im East End gewebt wurden, Gemälden, Dokumentationen und Kurzfilmen über Ereignisse wie den Großen Brand, bis zu Fotografien aus der neueren Zeit – beispielsweise London im Zweiten Weltkrieg und die »Swinging Sixties«. Das **Docklands Museum** (s. Kap. 6) gehört ebenfalls zum Museum of London. Dort werden, wie in anderen Teilen Londons, auch weiterhin Ausgrabungen vorgenommen.

*Erinnerung an Menschen, die für andere das Leben gaben*

Ein kurzer Spaziergang über die Aldersgate Street in südlicher Richtung führt vom Museum zum **Postman's Park**, eingegrenzt von der King Edwards Street, Little Britain und Angel Street. Der hübsch angelegte Park, von hohen Gebäuden umgeben, ist eine ruhige Oase inmitten des Verkehrs und gehörte früher zu dem Gelände verschiedener Kirchen. Hier befindet sich das **Memorial to Heroic Self Sacrifice** – eine Wand mit Plaketten, die an Menschen erinnert, die selbstlos für andere ihr Leben gaben. Die Wand wurde im Jahr 1887 von George Frederic Watts anlässlich des Goldenen Jubiläums von Queen Victoria angelegt. Das Denkmal besteht aus Keramikplatten, die den Namen der jeweiligen Person zeigen und kurz erklären, welche selbstlose Tat vollbracht wurde. Hierbei handelt es sich nicht um große Generäle oder Kriegshelden.

Es finden sich die Namen einfacher Leute, die in alltäglichen Situationen ihr Leben ließen und die normalerweise in Vergessenheit geraten wären. So zum Beispiel ein Lokführer, der ein Zugunglück verhinderte, eine Frau, die bei einem Schiffsunglück ihre Schwimmweste hergab oder eine Frau, die drei Kinder aus einem brennenden Haus rettete. Watts war ein radikaler Sozialist, der sich für die Belange der weniger begünstigten Mitbürger einsetzte und aus Protest gegen seinen eigenen Stand zweimal die Verleihung eines Ehrentitels ablehnte.

**INFO**

**Hinkommen:** Moorgate oder Barbican, District Line, Hammersmith & City Line oder Metropolitan Line.

**Information:**
**Museum of London,** 150 London Wall, Tel.: 7001-9844, www.museumoflondon.org.uk. Geöffnet tgl. 10–18 Uhr, Eintritt frei. Täglich kostenlose Führungen.

**Essen & Trinken:**
Im Museum gibt es ein Café und ein Restaurant: **benugo** Entrance Hall Café, Tel.: 7600-2352. Geöffnet Mo–So 10–17.30 Uhr.
**London Wall Bar & Kitchen**
Tel.: 7600-7340.
Geöffnet Mo–Fr 11–23 Uhr.

# 28 St. Bartholomew's – das älteste Krankenhaus Englands

**St. Bartholomew's** oder **St. Barts**, wie es auch genannt wird, ist eine einzigartige Institution. Es ist das älteste Krankenhaus Englands. Es entstand bereits im Jahr 1123 unter der Herrschaft von Henry I. Teile der Originalgebäude sind bis heute erhalten, sie überstanden den Großen Brand und den Zweiten Weltkrieg – bereits seit 900 Jahren werden hier kranke Patienten versorgt. Auch diente das St. Bartholomew's schon früh als Lehrkrankenhaus.

Der Kreuzritter Raher gründete die Abtei und Kirche St. Bartholomew's, deren Mönche ein Hospital für die Kranken und Armen führten. Das Krankenhaus wurde zu einer eigenständigen Organisation, aber von der Abtei finanziert. Nach der Auflösung der Abteien durch Henry VIII. gingen die Geldmittel aus. Aufgrund von Protesten und Bitten aber gab der Monarch 1546 schließlich seine Einwilligung zur Finanzierung von vier Krankenhäusern in der Stadt. **St. Thomas Bartholomew** wurde zum königlichen Hospital. Als Erinnerung an seine Großzügigkeit steht Henrys Statue über dem Haupteingangstor. Der erste Hofarzt war 1567 der Portugiese Roderigo Lopez. Er wurde jedoch der versuchten Vergiftung von Elizabeth I. angeklagt, erhängt und gevierteilt.

Das Tor führt in den Hof, der von James Gibbs (s. Kap. 51) im Jahr 1730 mit vier Hauptflügeln angelegt wurde. Der nördliche Block enthält die große Halle, **Great Hall**, im Barockstil mit hohen Decken. Der große Treppenaufgang wurde von dem Künstler William Hogarth mit zwei Wandgemälden verziert: »The Good Samaritan« (»Der gute Samariter«) und »Christ at the Pool of Bethseda« (»Christus am See von Bethseda«).

*Das Eingangstor des St. Bartholomew's*

William Hogarth (1697–1764) wurde später vor allem als satirischer Maler bekannt, der die Laster und die Trunksucht des einfachen Volkes in Gemälden mit Namen wie »Beer Street« and »Gin Lane« karikierte. Die Gemälde in St. Bartholomew's betonen den karitativen Charakter der Institution. Hogarth war, ebenso wie Gibbs, unentgeltlich tätig.

*Heinrich VIII. schaut herab vom Portal*

James Gibbs ließ die mittelalterlichen Gebäude auf dem Gelände abreißen, daher ist hiervon heute nur noch die Kirche St. Bartholomew's erhalten, die einstige Kapelle der Abtei. Der Ostflügel (1758–1768) und der Westflügel (1743–1753) des Krankenhauses entsprechen noch den Entwürfen von Gibbs. Der Südflügel (1735–1740) wurde 1937 abgerissen.

St. Bartholomew's profitierte von der Nähe des **Newgate Prison** (s. Kap. 30) und des gegenüberliegenden Hinrichtungsfeldes in **Smithfield** (s. Kap. 29). Viele der Leichname endeten für medizinische Studien im Lehrkrankenhaus. Eine ordentlich Beerdigung war den Verurteilten versagt, dies war Teil der Bestrafung. Es wurden jedoch auch weniger legale Methoden angewandt, um an Studienobjekte zu gelangen. So grub eine Reihe von Grabräubern beim benachbarten Friedhof der Kirche **St. Sepulchre** Leichen aus und verkaufte diese dann für gutes Geld im Pub in der Cock Lane. Um dieses Unwesen zu unterbinden, wurde schließlich ein Wachhaus auf dem Friedhof errichtet.

In den letzten Jahren war das Krankenhaus wegen Überalterung mehrfach von der Schließung bedroht. Nun werden jedoch bis 2015 Modernisierungsarbeiten vorgenommen.

## Das Museum

Im Nordflügel befindet sich ein Museum, das Einblick in die medizinische Entwicklungen der letzten 900 Jahre gibt. Unter anderem gibt es historische chirurgische Instrumente zu sehen sowie einen etwas altmodischen Kurzfilm, in dem eine mittelalterliche Krankenschwester, ein Lehrarzt und eine moderne Krankenschwester ihren Beitrag leisten. Interessant sind die Gründungsdokumente des Krankenhauses, unterzeichnet von Henry VIII. und mit seinem königlichen Siegel versehen. Einer der herausragenden Chirurgen, die von 1609-1643 hier arbeiteten, war William Harvey. Er gelangte zu revolutionären Erkenntnissen über den Blutkreislauf. Interessant ist auch die Dokumentation über das Krankenhausessen, das die Patienten früher hier erleiden mussten. Freitags kann man die zwei Gemälde von Hogarth besichtigen.

INFO

**Hinkommen:** U-Bahn St. Paul's, Central Line. Entlang der Newgate und Giltspur Street, bis zum Eingangstor mit der Statue von Henry VIII.

**Information:** **St. Bartholomew's Hospital Museum**, West Smithfield, Tel.: 346-55798, www.bartsandthelondon.nhs.uk. Geöffnet Di–Fr 10–16 Uhr, Eintritt frei. Um Spende wird gebeten.

# 29 Smithfield Market und die Pest 1348

**Smithfield**, eine Ableitung aus »Smooth Field«, war ein Feld außerhalb der Stadtgrenzen der City und eignete sich perfekt für Veranstaltungen aller Art. Hier fanden mittelalterliche Ritterturniere statt, die teilweise eine Woche dauerten und an denen bis zu 60 Ritter teilnahmen. Später wurde der offene Platz für Hinrichtungen genutzt. Im 18 Jh. dann verlegte man den Galgen nach Tyburn (s. Kap. 66). Verurteilten, die des Verrats angeklagt waren, wurden in Smithfield die Eingeweide bei lebendigem Leib herausgenommen. Münzfälscher wurden mit heißem Öl übergossen. Wat Tyler, der Führer des Bauernaufstandes von 1381 (s. Kap. 61) wurde hier hingerichtet. Während der Reformation richtete sich die Aggression besonders gegen die sogenannten »Häretiker« (Protestanten). Queen Mary I. (1553–1558), auch bekannt als »Bloody Mary«, ließ Hunderte von Protestanten hier auf dem Scheiterhaufen verbrennen.

Im Jahr 1348 kam es zu einer Pestepidemie in London, dem »Black Death«, der fast ein Drittel der Bevölkerung zum Opfer fiel. Die Kirchenfriedhöfe reichten nicht mehr aus, um die große Anzahl der Opfer zu beerdigen. Das Feld in Smithfield, außerhalb der Stadt, bot sich an. Man begann nördlich der heutigen Long Lane, Massengräber auszuheben. 1545 wurde auf dem Gelände das **London Charter House** errichtet, das später ein Armenhaus und eine Schule wurde. Heute beherbergt es das Sutton's Hospital in Charterhouse, das Teil des Lehrkrankenhauses des nahegelegenen **St. Bartholomew's** Krankenhauses ist. Es steht nordöstlich des Marktgebäudes.

Smithfield wurde aber nicht nur mit schrecklichen Begebenheiten in Verbindung gebracht. Denn ab 1133 wurde hier die alljährliche **Bartholomew's Fair** gefeiert, eines der größten und beliebtesten Marktfeste in London.

*Smithfield Market – der älteste noch existierende Markt in London*

Angeblich geht das Fest auf den Kreuzritter Raher zurück, der die Einnahmen des Marktes zur Finanzierung des gegenüberliegenden Krankenhauses St. Bartholomew's nutzte. Das Fest wurde zum Inbegriff der Trunksucht und Ausschweifung, sodass die Viktorianer diesem Treiben schließlich ein Ende setzten. Übrig blieb jedoch der angegliederte Fleischmarkt. Das Feld eignete sich für Bauern aus der Umgebung, die ihre Kühe und Schafe hierhertreiben und grasen lassen konnten, bevor sie geschlachtet wurden. Die umliegenden Straßennamen, wie »Cock Lane«, »Hahnenweg« oder »Duck Lane«, »Entenstraße«, weisen noch darauf hin, dass einst Tiere zum **Smithfield Market** zur Schlachtung geführt wurden.

Zunächst bestand der Markt nur aus dem Feld, das mit einem einfachen Holzzaun eingegrenzt war. Als die Stadt London sich ausdehnte, entstanden im Umland Gebäude und Straßen. Dies führte dazu, dass die Tiere auf einer sehr kleinen Fläche zusammengepfercht werden mussten. Man fürchtete die Ausbreitung von Krankheiten und entschloss sich daher zum Bau des großen Marktgebäudes, das heute noch hier steht. Das Gebäude wurde von Sir Horace Jones 1868 fertiggestellt. Er hatte bereits die Arkade des Leadenhallmarktes gestaltet. Das große Gebäude erinnert an die italienische Architektur. Die zentrale Straße, Grand Avenue, führt durch das Hauptgebäude. Sie hat ein gewölbtes Dach aus schmiedeeisernen Streben und wird östlich und westlich von zwei Markthallen flankiert. Viele heraldischen Dekorationen zieren die vier Ecktürme. Seit 800 Jahren in Betrieb, ist der Smithfield Market der älteste noch existierende Markt in London. Ein angegliederter Wochenmarkt, Geflügelmarkt und Fischmarkt wurde allerdings eingestellt, und die Gebäude sind heute vom Abriss bedroht. Unter Denkmalschutz steht jedoch das **Red House** aus dem Jahr 1898. Das Haus mit rot-weißen Säulen an der Außenwand war das erste Kühlhaus in Großbritannien.

*Dekoration auf einem der Ecktürme*

**INFO**

**Hinkommen:** U-Bahn Barbican oder Farringdon, Metropolitan, Circle und Hammersmith & City Line.

**Information:**
**Smithfield Market**, Smithfield Market Tenants' Association, 225 Central Markets, Tel.: 7248-3151, www.smithfieldmarket.com. Fleischmarkt geöffnet Mo–Fr 3–14 Uhr.

**Führungen:**
**City of London Tourist Guides**
www.cityoflondontouristguides.com
Die Tour »Monuments to Murder« beginnt tgl. 14 Uhr am »City of London Visitor Information Centre« nahe St. Paul's Cathedral.

**Essen & Trinken:** **Carluccios**, 12 West Smithfield, Tel.: 7329-5904, www.carluccios.com/restaurants/smithfield. Geöffnet Mo–Fr 7.30–23, Sa 9–23, So 9–22.30 Uhr. Filiale der Restaurantkette des italienischen Fernsehkochs Carluccio. Es gibt sehr guten Cappuccino und erschwingliche italienische Klassiker wie Risotto ab £ 9.95, Fischgerichte ab £ 15, Menü 3-Gänge ab £ 12.75

# 30 Old Bailey und Newgate Prison – moderne Rechtsprechung und berüchtigtes Gefängnis

*Imposant: Die Fassade des Central Criminal Court, genannt »Old Bailey«*

Im Volksmund wird der **Central Criminal Court**, also der »Zentrale Strafgerichtshof«, als **Old Bailey** bezeichnet. Die Straße Old Bailey verläuft entlang der einstigen römischen Stadtmauer.

Der Gebäudekomplex befand sich unweit vom ehemaligen **Newgate Prison**, eine der berüchtigtsten Strafanstalten Londons vom Mittelalter bis zur viktorianischen Zeit. Es war zunächst in einem Torhaus an der Ecke zur Newgate Street untergebracht. Nachdem das Gebäude beim Großen Brand von London abgebrannt war, entstand ein neuer unansehnlicher Bau. Es war weithin bekannt, dass die Zustände, in denen die Gefangenen hier lebten, unmenschlich waren. Im Gefängnis mangelte es an der Hygiene, es war ungeheizt, von Ungeziefer verseucht, und viele Insassen starben an Krankheiten. Das Newgate Prison fand in der englischen Literatur häufige Erwähnung, vor allem in den Romanen von Charles Dickens (s. Kap. 31). Dickens besuchte das Gefängnis oft und war erschüttert über die Ausweglosigkeit der Schicksale, die er hier beobachtete.

In Newgate befanden sich auch die Zellen, in denen zum Tode Verurteilte auf ihre Hinrichtung warteten. Bis 1783 fanden die Exekutionen zuerst in Smithfield (s. Kap. 29) und dann an dem öffentlichen Galgen in Tyburn statt, von 1783 bis 1858 jedoch direkt außerhalb von Newgate. Diese Ereignisse zogen eine große Menschenmenge an. Es gab Gasthäuser, die ausschließlich von dem so erzeugten »Tourismus« lebten. Die Viktorianer aber fanden diese Spektakel nicht mehr zeitgemäß. Anstatt die Todesstrafe abzuschaffen, verlegten sie die Exekutionen jedoch lediglich in den Innenhof. Im Jahr 1902 schließlich wurde das Gefängnis geschlossen.

*Hehres Ziel: das Motto über dem Eingang des Old Bailey*

Zwischen 1904 und 1907 entstand auf dem Gelände des Newgate Prison und des ehemaligen Old Bailey das neue Gebäude, das man heute sieht. Aus dem Innenhof erhebt sich ein Turm mit einer runden Kuppel. Auf ihr steht eine vergoldete Justitia, in der einen Hand ein Schwert, in der anderen eine Waage. Über dem Eingang befindet sich das Motto »Beschütze die Kinder der Armen und bestrafe den Übeltäter«.

Als einer der wichtigsten Gerichtshöfe im Land hat der Old Bailey medienwirksame Prozesse gesehen, beispielsweise den des Mörders Dr. Crippen im Jahr 1910, ebenso die Verurteilung der Kray Twins (s. Kap. 8) und 1981 die des als »Yorkshire Ripper« bekannten Serienmörders Peter Sutcliffe.

Die Gerichtsverhandlungen sind für die Öffentlichkeit zugänglich, was heutzutage aufgrund des begleitenden Medienspektakels Kritik hervorruft. Im Erdgeschoss befindet sich eine Ausstellung über die Geschichte von Newgate und Old Bailey. Auch einen Teil der alten Stadtmauer kann man im Untergeschoss unter den Zellen besichtigen. Im Ersten Stock gibt es eine Dokumentation über Ereignisse der neueren Geschichte, als der Old Bailey im Jahr 1973 Ziel eines Terroranschlags der IRA wurde: Eine Autobombe explodierte vor dem Gebäude und richtete großen Schaden an. Ein Stück Glas, das von der Explosion zurückblieb, steckt noch in der Wand. Viele IRA-Mitglieder wurden hier im Laufe der Jahre verurteilt.

INFO

**Hinkommen:** U-Bahn St. Paul's, Central Line.

**Information:**

**The Old Bailey**
Newgate Street & Old Bailey, Tel.: 7248-32777, www.oldbaileyonline.org. Zuschauergalerie geöffnet Mo–Fr 10–13, 14–16.30 Uhr. Kinder unter 14 Jahre nicht erlaubt.

**Essen & Trinken:** **Viaduct Tavern**, 126 Newgate Street, Tel.: 7600-1863. Geöffnet Mo–Fr 11–23 Uhr. Dieser luxuriös mit Spiegeln und Gemälden ausgestattete viktorianische Pub aus dem Jahr 1870 grenzt an das Gelände, das einst vom Newgate Prison eingenommen wurde. Im Keller soll sich noch eine Kerkerzelle befinden, die man auf Anfrage besichtigen kann.

# 31 Chronist der viktorianischen Zeit: Charles Dickens

**Charles Dickens** (1812–1870) ist einer der beliebtesten und meistgelesenen Schriftsteller Großbritanniens. Seine Lebensgeschichte und seine Literatur sind eng mit der Stadt London verbunden. Sein besonderer Verdienst ist, dass er die Lebensumstände im viktorianischen London in vielen Romanen plastisch zu Papier brachte. Denn durch die Industrialisierung im 18. Jh. entstanden viele soziale Probleme, die durch den rapiden Bevölkerungszuwachs in der Stadt hervorgerufen wurden.

Auch Charles Dickens hatte keinen einfachen Start im Leben. Aufgrund finanzieller Schwierigkeiten verbrachte sein Vater mehrere Jahre im Marshalsea Gefängnis (Southwark), und Charles musste bereits als zehnjähriger Junge in einer Schuhfabrik arbeiten. Diese Erfahrungen verhalfen ihm zu Verständnis und Sympathie gegenüber den Menschen, die in den Londoner Slums des East Ends lebten. Er besuchte die Orte des Geschehens, wie beispielsweise das **Newgate Prison** und beschrieb als politischer Journalist aus erster Hand, wie es dort zuging. Sein Mitgefühl mit den benachteiligten Klassen zeigt sich in allen seinen Schriften, vor allem auch in den Protagonisten seiner Romane, die immer ein hartes Schicksal erleiden müssen und denen oft bereits als Kindern oder Jugendlichen ein schier untragbares Los aufgebürdet wird – wie beispielsweise in den Romanen **Oliver Twist**, **Little Dorrit** und **The Old Curiosity Shop**. Der wohlhabende Mittelstand wurde erst gegen Ende des 18. Jh. auf die wachsende Armut und die unhaltbaren Lebensumstände in den Arbeitervierteln aufmerksam, woraufhin zahlreiche Wohltätigkeitsorganisationen entstanden.

*Ein Plakette für Charles Dickens*

Es gibt viele Stellen in London, die Dickens in seinen Romanen verewigt hat. Einen guten Einstieg in das Leben und Werk des Schriftstellers erhält man im **Charles Dickens Museum** in der Doughty Street Nr. 48 in Bloomsbury. Hier lebte der Dichter von 1837–1839, und hier entstanden viele seiner bekanntesten Werke, wie **Nicholas Nickleby** und **Oliver Twist**. Pünktlich zum 200. Geburtstag des Schriftstellers im Jahr 2012 wurde das Museum komplett renoviert. Die Zimmer in dem Haus sind wieder in ihren ursprünglichen Zustand versetzt und das Museum ausgeweitet worden. Außerdem gibt es Zusatzausstellungen mit Themen zu viktorianischen Besonderheiten, wie z. B.

»Viktorianische Bartmode«. Man sieht einige Originalmanuskripte und viele seiner persönlichen Gebrauchsgegenstände. Wer mittwochs kommt, kann sich die Gegenstände auch ohne Glasvitrine anschauen und sie anfassen. Unter anderem darf man auch mit Dickens' eigener Feder schreiben. Ein 30-minütiger Film gibt einen guten Überblick über das Leben des Nationalhelden.

*Doughty Street Nr. 48: der Besuch im Charles Dickens Museum lohnt*

Zu den historischen Pubs, die Dickens in seinen Romanen erwähnte, gehören zum Beispiel **Ye Olde Cheshire Cheese** (s. Kap. 25) und **The George Inn Yard** aus dem Buch »Little Dorrit«. Der George Inn Yard liegt im Viertel Southwark auf der Borough High Street. Er ist die einzige noch überlebende Kutschenstation mit Gasthaus in London. Der Pub bestand bereits im Jahr 1598, wurde aber nach einem Feuer 1676 neu aufgebaut. Hier hielten etwa 80 Kutschen pro Woche. Als die Eisenbahn kam, war dies das Ende für die Kutschen, und 1889 wurden Teile des Pubs abgerissen. Heute steht er unter dem Schutz des »National Trust« (Nationale Organisation zur Erhaltung historischer Bauwerke).

**INFO**

**Hinkommen:** U-Bahn Russell Square, Piccadilly Line.

**Information:**

**The Charles Dickens Museum**
48 Doughty Street, Tel.: 7405-2127, www.dickensmuseum.com.
Geöffnet Mo–So 10–17 Uhr, Eintritt Erwachsene £ 7, ermäßigt £ 5, Kinder £ 3

**Essen & Trinken:**

**The George Inn Yard**, 77 Borough High Street, Southwark, Tel.: 74072056, geöffnet Mo–Sa 11–23, So 12–22.30 Uhr. U-Bahn London Bridge, Jubilee oder Northern Line.

**Literatur-Tipp:**

Pünktlich zu Charles Dickens' 200. Geburtstag, dem 7. Februar 2012, erschien »Charles Dickens: Reisender ohne Gewerbe. Nachtstücke« bei C. H. Beck. Darin zum ersten Mal in deutscher Sprache die Reportage »Nächtliche Straßenszene in London«.

# 32 Die London Bridge – Nabelschnur des historischen London

Die **London Bridge** verbindet die beiden ältesten Stadtteile Londons miteinander – **City** und **Southwark**. Der heutigen Brücke, die sich nicht durch besondere Merkmale auszeichnet, würde man ihre Bedeutung nicht ansehen.

An dieser Stelle gab es jedoch bereits um 50 n. Chr. unter den Römern eine Brücke. Sie bestand schon, bevor die Stadt London existierte. Jahrhundertelang war dies die einzige Stelle, an der man die Themse überqueren konnte. Sogar ein Kinderlied erzählt von der Brücke, die erst aus Lehm und Holz gebaut wird, dann aus Ziegeln, dann aus Eisen und Stahl. Dies entspricht ungefähr den verschiedenen Stationen im Leben der London Bridge, die immer wieder durch Stürme, Feuer und Fluten zerstört wurde.

Die erste Brücke war nicht mehr als eine Behelfsbrücke, auf der die römischen Truppen den Fluss überqueren konnten. Auf der Nordseite gab es eine kleine Siedlung, die nach und nach ausgebaut wurde. Eine Mauer entstand, die später den Kern der **Londoner City** (s. Kap. 5) umgab. Auf die Römer folgten die Wikinger, dann die Angelsachsen und dann die Normannen. Sie bauten die erste Steinkonstruktion im Jahr 1173. Die Grundstruktur dieser **Old London Bridge** hielt bis 1833, obwohl immer wieder Änderungen und Umbauten vorgenommen wurden.

Die mittelalterliche Brücke hatte 19 kleine Bögen und eine Zugbrücke. Nur sehr kleine Boote passten unter den Bögen hindurch, und der Sog durch die Gezeiten der Themse stellte ein weiteres Hindernis dar. Daher war für die meisten Boote der Weg hier zu Ende. Am Torhaus am Südende der Brücke wurden die Köpfe von hingerichteten Staatsfeinden als Warnung ausgestellt. Über die Borough High Street, die von Süden in die Stadt führte, kamen landwirtschaftliche Erzeugnisse von den Bauernhöfen der südlichen Grafschaften wie Kent in die Stadt. Auch Kutschen aus dem Süden benutzten diese Straße. Von den ehemals 30 Kutschenstationen ist heute nur noch der Pub **The George Inn Yard** (s. Kap. 31) geblieben. Hinzu kamen die Händler und Fußgänger auf der Brücke, sodass diese meist völlig überfüllt war. Im Mittelalter befanden sich auf der Brücke, wie damals üblich, Fachwerkhäuschen, in denen Geschäfte untergebracht waren. Sie waren leider sehr feueranfällig. Im Jahr 1212 wurden durch ein solches Feuer 3.000 Menschen vom Feuer eingeschlossen und verunglückten.

Die viktorianische Version der Brücke aus dem Jahr 1831 hatte fünf breite Bögen, die den Schiffsverkehr erleichterten. Allerdings passten große Segel- oder Dampfschiffe dennoch nicht darunter hindurch und mussten ihre Waren in den Docks im East End abladen. 1967 beschloss man also den Neubau der Brücke. Dabei kamen die Verantwortlichen auf die ungewöhnliche Idee, das bisherige viktorianische Bauwerk zu verkaufen. Ein Geschäftsmann aus Arizona erwarb die Brücke für einen englischen Themenpark in den USA.

Von der Südseite der Brücke gelangt man in östlicher Richtung über die Tooley Street in wenigen Minuten zur **London Bridge Experience**. Im Wesentlichen ist dies eine Art Gruselkabinett, wo die unschöneren Aspek-

*Historisches Foto: die London Bridge um 1900 – viel Verkehr zwischen City und Southwark*

te der Londoner Geschichte aus verschiedenen Jahrhunderten nachgespielt und mit der Brücke in Zusammenhang gebracht werden. Interessant sind die Modelle der Brücke aus den verschiedenen Jahrhunderten, die man bei der Tour besichtigen kann. Die umfangreichen Bauarbeiten am Bahnhof London Bridge (s. Kap. 58) am Südufer werden wohl noch eine Weile dauern.

**INFO**

**Hinkommen:** U-Bahn London Bridge, Northern Line, Jubilee Line oder London Bridge Railway.

**Information:**

**The London Bridge Experience**
2-4 Tooley Street, Tel.: 0844-8472287, www.thelondonbridgeexperience.com. Geöffnet Mo–Fr 10–17, Sa & So 10–18 Uhr. Eintritt: Erwachsene £ 23, ermäßigt £ 21, Kinder £ 17.

# 33 The Globe – Zeitreise in das England der Tudors

Zu Zeiten der Tudors im 16. Jh. gab es verschiedene Gründe, warum ein Gentleman – oder eine Lady – die kurze Reise über die London Bridge nach **Southwark** unternahm. Zum einen war dies das derbe Amüsement in den Bordellen und Kneipen, wie Hahnenkämpfe, Fechtpartien, die gehaltvolle Küche der Pubs – und der Alkohol floss in Strömen. Zum anderen war das Südufer der Themse in der elisabethanischen Zeit (1558–1603) auch die Hochburg der Theaterhäuser. Diese Art der Volksunterhaltung fand großen Anklang. Sie hatte jedoch wenig mit dem zu tun, was man heute unter einem Theaterbesuch versteht.

Die ersten Theater entstanden in dem Gebiet um Shoreditch, wie zum Beispiel **The Theatre** und **The Curtain Theatre** in Finsbury Fields (s. Kap. 10). Sie waren Freilufttheater aus Holz, denn für solide Gebäude fehlte das Geld. Von 1596–1597 wurden allerdings alle Theateraktivitäten, von ihren Feinden als »Keimzellen des Lasters« bezeichnet, in den Mauern der Innenstadt von London verboten. Daher zog man auf die andere Flussseite um, die dem Bischof von Winchester unterstand.

**The Rose** war eines der ersten Theater in Southwark. Christopher Marlowe und William Shakespeare führten beide ihre Stücke hier auf. Shakespeare hatte seine eigene Theaterkompagnie, »Lord Chamberlain's Men«, er stand auch selbst auf der Bühne und spielte viele Hauptrollen. 1599 begann man mit dem Bau des **Globe Theatre.** Das Design orientierte sich an einem

*The Globe Theatre heute – bereits 1599 wurde mit dem Bau des »Originals« begonnen*

römischen Amphitheater, von dem die Zuschauer den bestmöglichen Blick auf die Bühne hatten. In den billigen Rängen im Innenraum musste man damals allerdings stehen. Dafür kostete der Eintritt nur einen Penny. Wer genug Kleingeld hatte, konnte in den oberen Rängen auf dem Balkon einen Sitzplatz ergattern. Insgesamt boten die Theater ca. 1.500–3.000 Menschen Platz. Genutzt wurde ausschließlich Tageslicht, daher fanden die Vorstellungen am Nachmittag oder frühen Abend statt. Auch heute dauert daher die Saison im nachgebauten Theater nur von Mai bis September. Bei den Vorstellungen ging es lautstark zu, denn das Publikum kommentierte das Geschehen auf der Bühne. Es wurde auch gegessen und getrunken.

Obwohl Frauen als Zuschauer zugelassen waren, durften sie nicht auf der Bühne auftreten. Alle Frauenrollen wurden daher von Männern gespielt. Die asketischen Puritaner aber, die 1642 während des Bürgerkrieges an die Macht kamen, verboten jegliche Form von Theateraktivitäten. So wurde 1644 das **Globe Theater** demoliert, bis 1648 hatte man auch alle anderen Bühnen und Theatergebäude zerstört. Erst nach der Wiederherstellung der Monarchie durch Charles II. wurden wieder Theater zugelassen. Während einer Veranstaltung im Jahr 1613 war das Globe Theatre niedergebrannt, da sich das reetgedeckte Dach entzündete. Glücklicherweise konnten die Überreste dieses ursprünglichen Theaters bei der Rekonstruktion genutzt werden.

Der Anstoß für das Neubauprojekt kam vom US-Schauspieler Sam Wanamaker, der 1972 eine Stiftung ins Leben rief. Sponsoren und private Spender brachten die nötigen Millionen für das Bauprojekt auf, das 1993 vollendet wurde. Mehr über das Leben zu Zeiten Shakespeares gibt es in der interessanten Ausstellung des Theaters. Sehr zu empfehlen sind auch die Führungen, die einen Einblick hinter die Kulissen des Theaters ermöglichen.

*Danach eine kleine Pause in der Brasserie »Swan at the Globe«*

INFO

**Hinkommen:** U-Bahn London Bridge, Northern Line oder Jubilee Line. Mansion House, District oder Circle Line. (jeweils 10 Min. zu Fuß).

**Information:**

**The Globe Theatre**

21 New Globe Walk, Bankside, Tel.: 7401-9919, www.shakespearesglobe.com. Geöffnet Mo-So, 9-17 Uhr, Führungen durch die Ausstellung gibt es ab 9.30 Uhr alle 15-30 Min. Eintritt Erwachsene £ 13,50, Kinder (5-15 Jahre) £ 8. Für Theatervorstellungen muss man lange im Voraus reservieren.

**Essen & Trinken:**

**Swan at the Globe** 21 New Globe Walk, Tel.: 7928-9444. Bar geöffnet 7.30-23.30 Uhr, Fr & Sa bis 0.30 Uhr. Restaurant: Mo-Fr 12-14.30, 18-22, Sa 11-15.30 & 18-22, So 11-17 Uhr. Hauptgericht ab £15.

# 34 New Scotland Yard: Londons Gesetzeshüter

Genau genommen gibt es drei verschiedene Polizeieinheiten in London: Die **City of London Police**, die für alle Belange innerhalb des Bezirks der City of London zuständig ist, die **Transportpolizei**, die für die Sicherheit der öffentlichen Verkehrsmittel sorgt und die übergeordnete Einheit der **Metropolitan Police**, allgemein bekannt als **Met**.

*Ein bekannter Name aus zahlreichen Krimis und Filmen*

Die Met gibt es seit 1829, als Sir Robert Peel die erste Polizeitruppe im Vereinigten Königreich gründete. Die Polizisten wurden daher lange Zeit auch in Anspielung auf seinen Namen »Bobbies« genannt.

Das erste Hauptquartier der Met war im Whitehall Place, dann wuchs die Organisation und dehnte sich auf benachbarte Gebäude aus. Unter anderem bezog man auch ein Gebäude im Great Scotland Yard, südlich des Trafalgar Square, das früher einmal das Wohnhaus des schottischen Botschafters (d. h. der schottische Hof) gewesen war. Sehr bald wurde die Bezeichnung **Scotland Yard** zum Synonym für die städtische Polizei. Als man 1890 umzog, entstand daher die Bezeichnung **New Scotland Yard**. So wird die Einheit auch heute noch genannt. Vor dem Eingang des Hauses steht ein großes Schild, das darauf hinweist. In einem Teil der ehemaligen Gebäude im Great Scotland Yard sind heute die Ställe für die berittene Truppe der Polizei untergebracht. Der Hauptsitz ist am Broadway nahe St. James's Park.

In Kriminalromanen und Verfilmungen wurde der Name Scotland Yard zu einem vertrauten Begriff und ist heute aus der Geschichte der Met nicht mehr wegzudenken. The Yard, wie er auch abgekürzt wird, dankte dem Schriftsteller Conan Doyle für die kostenlose Öffentlichkeitsarbeit, indem die Institution ihre Kriminaldatenbank »Home Office Large Major Enquiry System« nannte. Die Initialen lesen sich als »Holmes«, eine Anspielung auf den berühmten Detektiv – der ja angeblich für Scotland Yard tätig war (s. Kap. 91). Das Trainingsprogramm für neue Rekruten trägt den Namen »Elementary«, eines von Holmes Schlagworten: »Elementary, my dear Watson.«

Im **Kriminal-Archiv** der Met befinden sich interessante historische Dokumente und Beweisstücke. Erst ab 1869 war es per Gesetz möglich, Gegenstände aus dem Eigentum von Gefangenen aufzubewahren. Diese wurden ab 1874 im »Central Prisoners Property Store« aufbewahrt. Bereits im selben Jahr kam man auf die Idee, die Gegenstände und ihre Geschichte für Lehrzwecke in der Kriminalabteilung »Criminal Investigation Department«, CID, zu nutzen, und man begann mit der Zusammenstellung eines Kriminalmuseums, dem **Crime Museum**.

1877 wurde das Museum auch dem Publikum zugänglich gemacht. In späteren Jahren allerdings war das Museum nur noch ausgesuchten Gästen zugänglich, wie beispielsweise der königlichen Familie oder bekannten Persönlichkeiten. Sir Arthur Conan Doyle war einer der wenigen, die es besuchen durften.

Das Museum beherbergt heute mehrere hundert Gegenstände, die an Tatorten gefunden wurden und als Beweisstücke dienten. Zudem gibt es hier Waffen, noch aus der Zeit vor den »Rippermorden« und Totenmasken von Verurteilten aus dem Newgate-Gefängnis.

Die Sammlung enthält einen gesonderten Bereich für berühmte Morde. Hier befinden sich beispielsweise die Briefe, die »Jack the Ripper« an Scotland Yard schrieb. Eine andere Abteilung wieder ist Mördern gewidmet, die ihre Opfer vergifteten. Wieder eine andere dokumentiert Banküberfälle, Spionageverbrechen oder Geiselnahmen.

Momentan ist das Museum nur für besondere Gäste geöffnet. So wird es beispielsweise von Kriminologen für Vorlesungen über Forensik, Pathologie und Untersuchungstechniken genutzt. Inzwischen gibt es jedoch Überlegungen, das Museum in Zukunft wieder der Öffentlichkeit zugänglich zu machen.

INFO

**Hinkommen:** U-Bahn St. James's Park, District und Circle Line.

**Information:** **Metropolitan Police Service**, New Scotland Yard, Broadway, www.met.police.uk.

**Essen & Trinken:**

**The Vincent Rooms**
Westminster Kingsway College, 76 Vincent Square, Tel.: 7802-8391, www.thevincentrooms.com.
Dieses Restaurant ist an das Westminster Kingsway College angeschlossen. Hier kochen die Studenten der renommierten Kochschule, die im Jahr 1908 von Isidore Salmon, Auguste Escoffier und César Ritz ins Leben gerufen wurde. Ein bekannter Schüler war beispielsweise Jamie Oliver. Es gibt zwei verschiedene Restaurants:

**The Escoffier Room**, geöffnet Mo–Fr 12–14 Uhr, »Tasting Menu« £ 25, 7-Gänge.

**The Brasserie**, geöffnet Mo–Fr 12–14, an bestimmten Tagen auch 18–21 Uhr, Hauptgericht ab £ 9. Küche vom Feinsten, sehr preiswert.

# Kunst und Kultur

*Millennium Bridge und Tate Modern*

DON'T MISS - FUTURISM - A CENTENARY CELE

# 35 Wahrhaft königlich: die Kunstsammlung in der Queen's Gallery

Die Sammlung (Royal Collection)der Kunstwerke, die sich heute im Besitz der königlichen Familie befinden, wurde in über 500 Jahre zusammengetragen. Die Objekte kamen auf den unterschiedlichsten Wegen nach Großbritannien: Teils wurden sie gekauft, teils geschenkt oder auch von den Monarchen selbst in Auftrag gegeben. Unter dem Protektorat Cromwells wurden die meisten Wertstücke aus vorherigen Jahrhunderten entwendet und gingen für immer verloren. Seit der Wiedereinführung der Monarchie im Jahr 1660 sammelte sich jedoch eine große Kollektion aus Gemälden, Zeichnungen, Aquarellen, Mobiliar, Keramik, Uhren, Silberwaren und Skulpturen an. Teilweise wurden verkaufte Werke auch wieder zurückerworben, wie beispielsweise wertvolle Miniaturportraits aus der Zeit des Tudorkönigs Henry VIII.

Erwähnenswert sind auch die Philatelie-Sammlung, das königliche Archiv mit vielen historischen Dokumenten sowie historischen Fotografien und die **Kronjuwelen** – die im Tower of London aufbewahrt werden.

Die Sammlung selbst gehört nicht zum persönlichen Besitz der Queen, sondern wird von einer Treuhandgesellschaft in ihrem Namen für nachfolgende Monarchen und die Nation Großbritannien verwaltet. So wird unter anderem garantiert, dass sie nicht aufgelöst oder verkauft werden kann. Viele Werke sind in den königlichen Palästen Großbritanniens ausgestellt und können

*In über 500 Jahren zusammengetragen – Blick in die Kunstsammlung der Queen's Gallery*

»Inn the Park« – guter Ort für einen stilvollen Afternoon-Tea

hier besichtigt werden. Allerdings kann aus Platzgründen nur ein kleiner Teil der Sammlung permanent gezeigt werden. Die **Queen's Gallery** im Buckingham Palace dient daher – genauso wie ihre Namensvetterin in Edinburgh im Palace of Holyroodhouse – für Wechselausstellungen. Oft haben diese ein bestimmtes Thema, im Jahr 2012 ist es das Leben und Werk Leonardo da Vincis. Für Besucher hat dies den Vorteil, dass man die Queen's Gallery immer wieder besuchen kann und jedes Mal neue Werke zu Gesicht bekommt. Leihgaben aus der Sammlung befinden sich außerdem im **British Museum**, der **National Gallery** (s. Kap. 44) und dem **Victoria and Albert Museum**.

Nach der Restauration begann Charles II. mit der systematischen Erfassung der von ihm erworbenen Werke. Der lebenslustige König, der auch den Beinamen »The Merry Monarch«, »fröhlicher Monarch«, trug, galt als besonders kunst- und kulturinteressiert. Auch die nachfolgenden Hannoveraner-Herrscher sowie Queen Victoria mit ihrem Mann Albert bauten die Sammlung aus.

Die Miniaturensammlung aus 3.000 Stücken beinhaltet unter anderem Werke von Hans Holbein, Van Dyck und Gainsborough. Unter den 7.000 Gemälden befinden sich Werke aus der italienischen Renaissance, von Michelangelo, Bellini, Tizian und anderen. Es gibt eine Sammlung flämischer Meister, in der auch Rembrandt vertreten ist, aber auch Portraits aus neuerer Zeit, wie vom Künstler Lucien Freud. Unter den Skulpturen findet man viele Büsten vergangener Monarchen.

**Hinkommen:** U-Bahn Victoria oder Green Park, Victoria Line.
**Information:** **The Queen's Gallery**, Buckingham Palace, Tel.: 7766-7301, www.royalcollection.org.uk, Eingang Südseite Buckingham Palace Road. Geöffnet tgl. 10–17.30 Uhr; 30. Juli–30. Sept. 9.30–17.30 Uhr (letzter Einlass jeweils 16.30 Uhr). Geschlossen 16. Apr.–3. Mai 2012, 8. Okt.–1 Nov. 2012, 25–26 Dez. 2012. Eintritt Erwachsene £ 7,50, ermäßigt £ 6,75, Kinder 5–17 Jahre £ 3,75.
**Essen & Trinken:** Das Café/Restaurant **Inn the Park** des Gastronomen Oliver Peyton befindet sich im östlich vom Palast gelegenen St. James's Park, am See, Tel.: 7451-9999, www.innthepark.com. Geöffnet Mo–Fr 8–18, Sa & So 9–18 Uhr. Ein stilvoller Afternoon Tea wird hier z. B. von 15–16.30 Uhr gereicht.

# 36 Filmarchiv und Treffpunkt – das British Film Institute (BFI)

*Das London Film Museum hat prominente Nachbarschaft: das »London Eye«*

Die **britische Filmindustrie** ist für das Land eine bedeutende Einnahmequelle und floriert seit einem Jahrhundert. Allein 2009 trug sie mit rund £ 4,5 Mrd. zum Bruttosozialprodukt Großbritanniens bei, und der Marktanteil liegt weltweit bei ca. 7 %. Zwischen Großbritannien und Hollywood gibt es eine rege Kooperation, viele Projekte entstehen mit britischen Schauspielern, oder die Geschichten basieren auf einer britischen Vorlage. Britische Regisseure wie Charlie Chaplin, Alfred Hitchcock und Ridley Scott schrieben Filmgeschichte. Besonders in den letzten Jahren gewannen britische Regisseure wieder mehr Einfluss in den USA und wurden hierfür auch mit Oscars geehrt, unter anderem Danny Boyle mit »Slumdog Millionaire« 2009 und Tom Hooper mit »The King's Speech« von 2011. Das britische Gegenstück zum Oscar sind die **British Academy Film Awards** (BAFTA). Auch Fernsehproduktionen werden in einer separaten Veranstaltung geehrt.

In der Nähe von London gibt es zahlreiche Filmstudios, in denen britische und internationale Filme gedreht werden. So gehören die **Ealing Studios** zu den ältesten Studios Londons. Seit 1902 werden hier Filme gemacht, und die »Metropolitan Film School of London« hat hier ihren Sitz. In den 1990er Jahren waren auch kleinere Produktionen wie »The Full Monty«, sogenannte »Brit-Flicks« oder die Komödien von Richard Curtis wie »Notting Hill« oder die »Bridget-Jones-Diaries« ein internationaler Erfolg für die Filmemacher.

## Die bekanntesten Studios

Zu den bekanntesten Studios gehören die **Pinewood Studios**, in denen der erste James Bond-Film gedreht wurde. Viele Bond-Film werden noch immer zum großen Teil hier gedreht, wie »Quantum of Solace« (2008), auch viele Szenen des Hit-Films »Mamma Mia« (2008) entstanden hier. In den 1960er und 1970er Jahren feierten die **Hammer Studios** mit Horror-B-Movies wie »Dracula« und anderen Schauergeschichten große Erfolge. Nach dem Verkauf der Studios wurde das Genre nun wiederbelebt, und der erste neue – auf alt getrimmte – Horrorschinken »Woman in Black« 2012 veröffentlicht. Hauptdarsteller ist Daniel Radcliffe, alias Harry Potter. Die Harry Potter-Filme entstanden in den **Leavesden Studios** in Nordwestlondon. Das gesamte Studioset ist nun von »Warner Brothers« aufgekauft worden, und ab April 2012 kann man dort die Ausstellung **The Making of Harry Potter** besuchen – ganz im Stil von Hollywood.

**Leavesden Studios:**
**The Making of Harry Potter**, Studio Tour Drive, Leavesden, Tel.: 08450-840900, www.wbstudiotour.co.uk. Abfahrt vom Bahnhof Euston nach Watford Junction, von dort mit Shuttlebus (£ 2) alle 30 min zum Studio. Eintritt Erwachsene £ 28, Kinder (5-15 Jahre) £ 21.

Das **British Film Institute** (BFI) löste im Jahr 2011 das »UK Film Council« als Regulierungsbehörde der britischen Filmindustrie ab. Die Verteilung von Geldern für Neuproduktionen und der Vertrieb von Filmen liegt nun beim BFI. Das BFI in der Stephen Street, nahe dem British Museum (s. Kap. 11), hat eines der **größten Filmarchive der Welt**. Wie in der Nationalbibliothek versucht man hier, eine möglichst umfassende Sammlung an britischen Veröffentlichungen für die Nachwelt aufzubewahren. Interessierte können online und vor Ort die Archive durchstöbern, und es finden auch thematische Veranstaltungen und Ausstellungen statt. Das BFI hat zwei Kinos: das **BFI Southbank,** unterhalb der Waterloo Bridge beim Southbank Centre und, ganz in der Nähe vom Charlie Chaplin Walk, das **BFI IMAX-Kino** für 3D-Filme – dieses Kino hat die größte Kinoleinwand in ganz Großbritannien. Das BFI veranstaltet alljährlich das »London Film Festival« und das »Lesbian & Gay Film Festival«, bei denen internationale Filme gezeigt werden. Ursprünglich betrieb das BFI auch ein Filmmuseum, das »Museum of the Moving Image«. Dieses wurde jedoch geschlossen. Stattdessen befindet sich nun an der Southbank unterhalb des London Eye das **London Film Museum**. Hier kann man Filmkulissen und Kostüme besichtigen, unter anderem aus »Star Wars« und »Batman«.

INFO

**Hinkommen:** U-Bahn Waterloo, Northern Line.

**Information:**
**British Film Institute BFI,** 21 Stephen Street, www.bfi.org.uk. Bücherei geöffnet Mo, Di, Fr 10.30–17.30, Mi 13–20, Do 10.30–20 Uhr.
**BFI Southbank**, Tel.: 7928-3232.
**BFI IMAX**, Charlie Chaplin Walk, Southbank, Waterloo, Tel.: 7199-6000.
**London Film Museum**, County Hall, Riverside Building, Tel.: 7202-7040, www.londonfilmmuseum.com. Geöffnet Mo–Fr 10–17, Do 11–17, Sa 10–18, So 11–18 Uhr. Eintritt: Erwachsene £ 13,50, ermäßigt £ 11,50, Kinder £ 9,50.
Weitere Infos: **BAFTA**, www.bafta.org.

# 37 Britische und Moderne Kunst in den Tate Galleries I – Tate Britain

Die erfolgreichen Unternehmer der viktorianischen Zeit zeichnen verantwortlich für viele Kunst- und Architekturprojekte in Großbritannien. Einer von ihnen war Henry Tate, der durch den Zuckerrohrhandel mit den karibischen Kolonien immense Reichtümer erwirtschaftet hatte. Die von ihm gegründete Firma »Tate & Lyle« ist noch heute eine der bekanntesten Zuckermarken in Großbritannien. Unter anderem darf man ihr für die Erfindung des Würfelzuckers danken. Henry Tate war ein begeisterter Kunstsammler und, wie viele seiner wohlhabenden Zeitgenossen, Philantrop – ein ausgewiesener Menschenfreund. Er setzte Teile seines Vermögens für Projekte ein, die dem Wohle und der Bildung des Volkes dienen sollten. Im Jahr 1897 ließ er am Nordufer der Themse an der Stelle des alten Millbank Gefängnisses eine Galerie erbauen. In dem eleganten weißen Gebäude von Sidney R. J. Smith sollte die beste britische Kunst ausgestellt werden.

Am besten gelangt man entlang des Themseufers von den Houses of Parliament nach Millbank. Von hier eröffnen sich schöne Ausblicke auf die Themse und die Vauxhall Bridge. Auf der anderen Flussseite steht das Gebäude des britischen Geheimdienst MI6 (s. Kap. 62).

*Tate Britain – Heimat einer Sammlung von Gemälden des Landschaftsmalers J. W. Turner*

Ursprünglich als »National Gallery of British Art« bekannt, verkürzte sich der Name der Galerie im Sprachgebrauch in Tate Gallery und später in **Tate Britain**. Zunächst wurden hier Werke aus Tates eigener Sammlung ausgestellt, später begann man mit der Sammlung von internationaler zeitgenössischer Kunst. Bereits im Jahr 1970 musste das Gebäude ausgebaut werden.

In der angeschlossenen **Clore Gallery** werden heute ausschließlich Gemälde, Aquarelle und Zeichnungen des Landschaftsmalers J. W. Turner (1775–1851) ausgestellt.

1988 entstand die Tate Liverpool und 1993 eine weitere Filiale in Cornwall, Tate St. Ives. Auch diese konnte sich schnell einen Ruf erarbeiten. In den 1990er Jahren beschloss man, Teile der Sammlung in ein neues Museum auszulagern, heute bekannt als die **Tate Modern** (s. Kap. 38).

In der Tate Gallery verblieb die britische Kunst. Neben der Turnersammlung gibt es hier u. a. Werke von Hogarth, Gainsborough, Rosetti sowie Skulpturen von Henry Moore und Barbara Hepworth zu sehen. Wenn Sonderausstellungen gezeigt werden, können sich an der Kasse schon einmal lange Schlangen bilden. Es lohnt sich also, frühzeitig da zu sein.

## Der Turner Prize

1984 wurde von den »Patrons of New Art«, die neue Kunst für die Galerie einkauften, der »Turner Prize« – in Anlehnung an den Maler William Turner – ins Leben gerufen. Der Preis wird an einen herausragenden Künstler (unter 50 Jahre) vergeben, der im vorherigen Jahr durch eine innovative Ausstellung oder ein besonderes Werk von sich Reden gemacht hat. Vier Künstler kommen in die Vorauswahl und stellen dann ihre Werke entweder in der **Tate Britain** oder in einer der assoziierten Galerien aus. Danach wird der Gewinner bekannt gegeben. Das Preisgeld stammt von Sponsoren. Die ausgewählten Künstler zeichnen sich meist durch unorthodoxe Werke aus, die oft in den Medien kritisiert werden. Fast immer werden Installationen von Konzeptkünstlern ausgewählt. In der Vergangenheit wurde der Preis z. B. von Damien Hirst und Tracey Emin, den Bildhauern Anish Kapoor und Anthony Gormley gewonnen und von Grayson Perry, der sich selbst als Kunstwerk in Szene setzt. Ende 2011 gewann der Schotte Martin Boyce den Preis, der mit £ 25.000 dotiert ist. Seine Rauminstallation eines verzerrten Mülleimers »Do Words have Voices« überzeugte die Jury durch ihr »poetisches Gespür«.

## INFO

**Hinkommen:** U-Bahn Pimlico, Victoria Line. Zwischen dem **Tate Britain** und dem **Tate Modern** gibt es außerdem eine regelmäßige Bootsverbindung mit dem **Tate Boot**, Abfahrt alle 40 Min., www.thamesclippers.com. Kosten £ 5,50 von Tate zu Tate. Mit dem Ticket »River Roamer« (£ 13,60) kann man auch andere Themseboote benutzen (s. a. Ausflüge).

**Information:** **Tate Britain**, Millbank, Tel.: 7887-8888, www.tate.org.uk. Eintritt frei (außer Sonderausstellungen). Geöffnet tgl. 10–18 Uhr, jeden ersten Freitag im Monat bis 22 Uhr.

**Essen & Trinken:** Im Museum gibt es ein kleines Café mit Snacks und ein Restaurant, das **Tate Britain Café**, geöffnet Mo–So 10–17.30 Uhr.

**Rex Whistler Restaurant**, Frühstück Sa & So 10–11.30 Uhr, Lunch Mo–So 11.30–15 Uhr, Afternoon Tea Mo–So 15.15–17 Uhr. Das Restaurant serviert moderne britische Küche.

# 38 Britische und Moderne Kunst in den Tate Galleries II – Tate Modern

In den späten 1990er Jahren suchte die **Tate Gallery** nach einem neuen Ausstellungsraum für ihre internationale Sammlung, die inzwischen den Rahmen der älteren Galerie in Millbank sprengte. Am Südufer der Themse stand der verlassene Backsteinbau eines alten Ölkraftwerks, das im Jahr 1947 von dem Architekten George Gilbert Scott gebaut worden war. Er zeichnet auch verantwortlich für den außergewöhnlichen Bau der **Battersea Power Station** am Themseufer im Westen. Beide Kraftwerke wurden bereits in den 1980er Jahren geschlossen. Seitdem diskutierte man, wie man die unter Denkmalschutz stehenden Gebäude zu neuem Leben erwecken könnte. 1992 begann man mit dem Umbau des hiesigen Kraftwerks in eine mehrstöckige Galerie, die erst im Jahr 2000 eingeweiht wurde. Die ehemalige Turbinenhalle im Atrium des **Tate Modern** ist eine außergewöhnliche Ausstellungsfläche und kann selbst monumentalsten Kunstwerken Raum bieten. Rundherum verlaufen die verschiedenen Galerien. Die Sammlung ist nach Kunststilen geordnet. Es gibt Abteilungen für Impressionisten mit Cézanne und Matisse, für Dadaisten und Surrealisten wie Kurt Schwitters und Dali, Vertreter der Pop Art wie Jackson Pollock und Andy Warhol und Konzeptkunst, unter anderem von Joseph Beuys. Eine große Sammlung gibt es von Mark Rothko, einige Werke auch von Picasso sowie von Yves Klein u. v. m. Ein neuer Anbau für die stetig wachsende Sammlung feiert zur Olympiade 2012 seine Eröffnung.

*Beeindruckend I: die Tate Modern*

Die Dauerausstellungen befinden sich auf der 3. und 5. Ebene. Sonderausstellungen von großen Kunstwerken finden auf der Ebene 4 statt. Den besten Eindruck von der Turbinenhalle gewinnt man von Ebene 1, in die man durch den Westeingang über eine Rampe gelangt. Die Galerie gibt oft Werke in Auftrag, die sich für diesen hohen Raum eignen. So gab es bisher z. B. eine Installation einer langen Rutschbahn von Carsten Höller, ein Labyrinth von Rachel Whiteread sowie die Installation »Sunflower Seeds« des chinesischen Künstlers Ai Weiwei zu sehen,

*Beeindruckend II: die ehemalige Turbinenhalle*

*Beeindruckend III: Blick aus der Tate Modern Richtung St. Paul's über die Millennium Bridge*

bei der Millionen von nachgebildeten Sonnenblumensamen auf dem Boden verstreut wurden. Mit dem Lift oder über die Treppen gelangt man von hier auf die Ebenen 3 und 5.

Vom Nordeingang auf Ebene 2 gelangt man zum South Bank-Ufer mit der **Millennium Bridge**. Sie ist die einzige Themsebrücke nur für Fußgänger und wurde für die Millenniumsfeierlichkeiten 2000 von den Architekten Anthony Caro, Sir Norman Foster und Ove Arup entworfen. Von der Brücke hat man einen guten Blick auf die City von London, mit **St. Paul's** im Hintergrund. Entlang des Ufers befinden sich in beide Richtungen viele Möglichkeiten für eine Rast. Über die Millennium Bridge kommt ein stetiger Fluss von Fußgängern, besonders im Sommer ist es hier sehr belebt.

INFO

**Hinkommen:** U-Bahn Southwark oder London Bridge, Jubilee Line. U-Bahn Mansion House, District oder Circle Line – diese Station liegt am nördlichen Themseufer, und von hier gelangt man über die **Millennium Bridge** zum Museum.

**Information:**
**Tate Modern**, Bankside,
Tel.: 7887-8888, www.tate.org.uk.
Eintritt frei, außer bei Sonderausstellungen. Geöffnet So–Do 10–18, Fr & Sa 10–22 Uhr.

**Erfrischung:** In der Tate Modern selbst gibt es ein Restaurant mit Aussicht auf der Ebene 7, das **Tate Modern Restaurant**. Geöffnet So–Do 10–17.30, Fr & Sa 10–21.30 Uhr sowie das **Café 2** auf Ebene 2, ebenfalls mit Aussicht. Geöffnet So–Do 10–17.30, Fr 10–21.30, Sa 10–19.30 Uhr.
Am Themseufer befindet sich ganz in der Nähe außerdem auch der historische **Anchor Pub**, 34 Part Street, Bank End, Tel.: 7407-1577. Geöffnet Mo–Mi 11–23, Do–Sa 11–24, So 12–23 Uhr.

# 39 Whitechapel Gallery – internationale Kunst und Kulturzentrum für das East End

Die **Whitechapel Gallery** im Süden der Whitechapel Road, an der Grenze zu Spitalfields, ist ein Magnet für die junge Künstlerszene in London. Hier kommen Kunststudenten, Filmemacher und Anwohner aus der Gegend zusammen, um Ausstellungen anzusehen oder an Events oder Workshops teilzunehmen. Die kleine Galerie in dem Gebäude von Charles Townsend hat eine Jugendstil-Fassade mit einem bogenförmigen Eingang. Innen betritt man einen Altbau mit mehreren Stockwerken, die man über knarzige Treppen erreicht. Der Unterschied zu den weiträumigen, sterilen Sälen moderner Museen könnte nicht größer sein. Die unterschiedlichsten Kunstwerke sind auf kleinstem Raum untergebracht, und Besucher drängen sich durch die Ausstellungsräume. Dem Kunstgenuss tut dies jedoch keinen Abbruch, im Gegenteil, es herrscht eine sehr freundliche, soziale Atmosphäre.

*Hierher kommen künstlerisch Interessierte aus nah und fern*

Wie viele andere private Initiativen zu viktorianischen Zeiten, die der Verbesserung der Lebensumstände benachteiligter Mitbürger dienten, wurde die **Whitechapel Gallery** im Jahr 1901 aus Geldern des privaten Spenders Samuel Barnett finanziert. Dem damaligen Sendungsauftrag, den ärmeren Bevölkerungsgruppen des East Ends Kultur und Bildung zu bringen, ist man weitgehend treu geblieben. Das Museum kostet keinen Eintritt, sondern wird aus öffentlichen Geldern finanziert. Ein breites Spektrum an moderner Kunst wird so der Öffentlichkeit zugänglich gemacht. Die Mischung aus moderner Kunst und Retrospektiven versucht, lokale Künstler mit einzubeziehen und so die Bindung an das Viertel beizubehalten. Seit der ersten Ausstellung, in der man unter anderem Werke des Sozialkritikers William Hogarth (1697–1764, s. Kap. 28) zeigte, thematisierte die Galerie aktuelle Belange des East Ends.

*Es gibt viel zu sehen und zu erleben in den Räumen der Whitechapel Gallery*

Als Antwort auf die Konflikte zwischen den Schwarzhemden der faschistischen Bewegung unter Oswald Mosley und den jüdischen Einwohnern des East Ends in den 1930er Jahren wurde 1939 Picassos »Guernica« ausgestellt.

Ende der 1950er und zu Beginn der 1960er Jahre brachte die Galerie als erste Kunsthalle der britischen Bevölkerung die »Pop Art« nahe, 1961 fand hier die britische Premiere von Mark Rothko statt. Während des kulturellen Umbruchs in den 1960er Jahren war die Galerie ein Treffpunkt der Avantgarde und eine Plattform für aufstrebende Künstler. 1982 zeigte man zum ersten Mal eine Frida Kahlo-Ausstellung in Großbritannien und 1993 wurden die Werke des Briten Lucien Freud vorgestellt. In neuerer Zeit gab man der »Street Art« eine Plattform.

In Zusammenarbeit mit der Universität von London finden Kurse für Studenten statt, Ausstellungen von studentischen Werken sowie Workshops für Familien und Kinder. Außerdem ist hier ein umfangreiches Kunstarchiv untergebracht. 2009 wurde das Gebäude restauriert, ausgebaut und die Räume einer angrenzenden Bücherei integriert. Im Keller wurde ein Restaurant eingerichtet, sodass man sich hier nun gut und gerne mehrere Stunden aufhalten kann.

**INFO**

**Hinkommen:** U-Bahn Aldgate East, District Line oder Hammersmith & City Line; U-Bahn Liverpool Street, Hammersmith & City Line, Circle Line oder Metropolitan Line.
**Information:** **Whitechapel Gallery**, 77–82 Whitechapel High Street, Tel.: 7522-7888, www.whitechapelgallery.org. Geöffnet Di–So 11–18 Uhr, Do bis 21 Uhr, Eintritt frei.

**Erfrischung:** **Whitechapel Gallery Dining Room**, Tel.: 7522-7896. Geöffnet Di 12–15, Mi–Fr 12–15 und 18–23, Sa 12–23, So 12–16 Uhr. Das Restaurant bietet italienisch inspirierte Küche mit britischem Einschlag. Es gibt Pastagerichte, Snacks, traditionelle Pies und Shortbread aus eigener Fertigung. Gerichte von £ 5 bis £ 15. Die **Café-Bar** ist Di–So von 11–17.30 und Do von 11–20.45 Uhr geöffnet.

# 40 »Very British« – Alltagskunst im Design Museum

Design spielt eine wichtige Rolle im Leben der Briten. Man legt Wert auf Stil, sei dieser nun antik oder hypermodern. Design umfasst alle Lebensbereiche – vom Wohnumfeld bis zu Kleidung und Haaren. Einer der herausragendsten zeitgenössischen britischen Designer ist **Terence Conran** (geb. 1931), Gründer des **Design Museums**.

Conran war fasziniert von der Bauhausbewegung und arbeitete nach der Maxime, dass gutes Design für alle da sein sollte und nicht nur für eine kleine Elite. Er war einer der Pioniere in Großbritannien, der originell gestaltete Gegenstände einer Masse von Menschen für den täglichen Gebrauch zugänglich machte – und Design damit auch kommerzialisierte. Nach seinem Studium fand er zum ersten Mal ein Publikum beim »Festival of Britain« 1951. 1956 gründete er seine erste eigene Firma in einer Werkstatt in Bethnal Green, die vor allem Möbel und Einrichtungsgegenstände herstellte.

Während der sogenannten »Swinging Sixties« arbeitete er mit anderen Kreativen der Zeit zusammen. So stattete er beispielsweise die Boutiquen von Mary Quant, der Erfinderin des Minirocks, aus, und im Gegenzug trugen die Verkäuferinnen in seinen Shops Outfits von Mary Quant. 1964 öffnete Conran das erste Geschäft der späteren Kette **Habitat** im Stadtteil Chelsea. Dem lag ein ähnliches Konzept zugrunde wie dem von **IKEA**. Hier gab es, was man im englischen Jargon »flat-pack furniture« nennt, also Möbel,

*Selbst das Café im Design Museum birgt so manche Überraschung*

die man selbst zusammenbauen muss. Die Habitat-Kreationen waren jedoch immer einen Schritt gewagter und ausgefallener.

Bereits 1981 eröffnete Conran das Design-Ausstellungszentrum »Boilerhouse« im **Victoria and Albert Museum**. 1989 wurde das heutige Museum eingeweiht. Die Londoner Docks und Werften waren damals meist noch in einem sehr maroden Nachkriegszustand, und Conran war aktiv am Wiederaufbau des Shad Thames-Gebietes in Bermondsey (s. Kap. 76) beteiligt. Heute sind die Lofts in den alten Warenhäuser sehr begehrt und so gut wie unbezahlbar.

Das **Design Museum** an der Butler's Wharf sticht aus den roten Backsteinbauten als weiße, kubische Form heraus. Die Wechselausstellungen des Museums zeigen brandneues Design ebenso wie Retrospektiven aus der eigenen Sammlung. Diese beinhaltet Originale, die ganze Trends kreiert haben. Von der Entwicklung von Lampen, Wasserkesseln, Filzstiften und Straßenschildern bis hin zu digitaler Technik soll gezeigt werden, wie industrielles Design unser alltägliches Leben beeinflusst. Faszinierend ist oft der Einblick in die Entstehungsgeschichte und den Designprozess – von der ursprünglichen Zeichnung über den Prototypen bis hin zur Ausführung. Oft starteten Produkte auf dem Reißbrett in einer völlig anderen Form in ihr späteres Leben. Im Museumshop erhält man ausführliche Literatur zum Thema und witzige Designobjekte. Das Museumscafé hat eine schöne Außenterrasse mit Blick auf die Themse.

*In einem Shop von Conran geht es immer »stylish« zu*

2014 wird das Design Museum in das **Commonwealth Institute** in Kensington umziehen, das zu diesem Zweck momentan umgebaut wird.

Terence Conran, der 2011 seinen 80. Geburtstag feierte, eröffnete auch zahlreiche Restaurants in der ganzen Welt. Nach dem Niedergang der Habitat-Kette, die nach dem Verkauf leider heruntergewirtschaftet wurde, hat der Designer nun eine Zusammenarbeit mit der Kaufhauskette »Marks & Spencer« gestartet, für die er eine Möbel- und Einrichtungsreihe entwirft, die sich an Normalverbraucher »mit Stil« richtet. Daneben werden im Conran Shop ausgefallenere und teurere Designstücke verkauft. Conran leitet außerdem die Architektur- und Designfirma »Conran and Partners«.

**INFO**

**Hinkommen:** U-Bahn: London Bridge, Northern Line oder Jubilee Line.
**Information:** **Design Museum**, 28 Shad Thames, Tel.: 7403-6933, www.designmuseum.org.

Geöffnet tgl. 10–17.45 Uhr. Eintritt Erwachsene £ 8, ermäßigt £ 7, Kinder unter 12 Jahre frei.
Weitere Infos: www.conranshop.co.uk.

# 41 Londoner Modewelten im Fashion and Textile Museum (FTM)

Unweit des Design Museums, zwischen Warenhäusern und Lofts, befindet sich das Modemuseum Londons, das **Fashion and Textile Museum**. Der Stadtteil Bermondsey befindet sich momentan im Auf- und Umbruch. So entstand hier am Themseufer 2002 das Londoner **City Hall Building** (s. Kap. 59) und das Hochhaus **The Shard** (s. Kap. 59). Rundherum wurde der Stadtteil erneuert, und die Apartments hier sind längst unerschwinglich geworden.

*Das Modemuseum ist mehr als nur ein Farbklecks in der Architekturlandschaft*

Von der U-Bahnstation London Bridge gelangt man über die St. Thomas Street, südlich in die Bermondsey Street mit dem Mode- und Textilmuseum.

Das Gebäude wurde von dem Ende 2011 verstorbenen und mehrfach preisgekrönten mexikanischen Architekten Ricardo Legorreta entworfen und ist kaum zu übersehen. Es wurde in den Lieblingsfarben der Designerin und Museumsgründerin Zandra Rhodes, Orange und Pink, gestaltet und sticht wie ein Farbklecks aus den umliegenden Backsteinbauten und neueren Wohnblocks heraus.

Zandra Rhodes ist eine der bekanntesten und international erfolgreichsten britischen Modedesignerinnen. Sie wurde 1940 geboren und studierte am »Royal College of Art.« Ihre Karriere begann sie als Textildesignerin, allerdings waren ihre Entwürfe zu extravagant für die meisten Modehäuser, sodass sie schließlich begann, diese in einer eigenen Kollektion zu verarbeiten. Außerdem entwarf sie Modeschmuck. In den 1960er Jahren eröffnete sie ihren ersten Shop in Fulham und gelangte in die Schlagzeilen. Bis heute setzt sich die Designerin gerne selbst in Szene, und ihr Markenzeichen ist ihr pinkfarbener Bob-Haarschnitt. Ende der 1970er Jahre gestaltete sie wie ihre Kollegin Vivienne Westwood »Punkmode«. Ihre durch Sicherheitsnadeln zusammengehaltenen schwarzen Jerseys wurden zum Modeartikel für diejenigen, die zwar keine Punks waren, aber gerne so aussehen wollten. Inzwischen zeigt Rhodes ihre Kollektionen weltweit und entwirft Premieren-Garderobe für Film- und Musikstars, ebenso wie Ausstattungen für Opernproduktionen.

*Großer Bahnhof bei der »London Fashion Week«*

Das von ihr gegründete **Mode- und Textilmuseum** zeigt viele thematische Ausstellungen zu ausgewählten britischen Mode- und Textildesignern, Hintergründe zur Entwicklung neuer Materialien in der Textilbranche oder auch ganz ungewöhnliche Themen wie die Entwicklung von Unterwäschestilen durch die Jahrzehnte. Gleichzeitig beherbergt es eine **Modeakademie**, die Teil des »Newham College of Further Education« ist und in der Lernwillige im Bereich des Modedesigns gefördert werden. Es werden die unterschiedlichsten Kurse angeboten, vom Maschinensticken bis zum computerisierten Textildesign. Zudem vergrößert das Museum ständig seine Sammlung an Mode aus den verschiedenen Jahrzehnten (ab 1947). Da London wie New York, Paris und Mailand eine Modestadt ist, wo zweimal jährlich Designer ihre Kollektionen zeigen, nimmt das Museum zusammen mit dem »London College of Fashion« eine besondere Stellung ein und an der »London Fashion Week« teil (s. Kap. 42).

**INFO**

**Hinkommen:** U-Bahn London Bridge, Jubilee Line oder Northern Line.

**Information:**

**The Fashion and Textile Museum FTM,** 83 Bermondsey Street, Tel.: 7407-8664, www.ftmlondon.org. Geöffnet Di–Sa 11–18 Uhr, So & Mo geschlossen.

Eintritt: Erwachsene £ 7, ermäßigt £ 5. Kinder unter 12 Jahren frei.

**Erfrischung:**

**Museumscafé teapod@FTM.** Geöffnet Mo–Fr 8–17.30 Uhr, Sa & So 10–17 Uhr.

# 42 Impressionistische Eindrücke – Courtauld Institute of Art

*Das Courtauld Institute ist untergebracht im Nordflügel des Somerset House*

Genau genommen ist das **Courtauld Institute of Art** Teil der Universität von London. Es hat jedoch den Status eines unabhängigen College und wurde 1931 gegründet. Die drei Gründerväter Viscount Lee of Fareham (Politiker), Samuel Courtauld (Erbe eines Textilfabrikanten) und Sir Robert Witt (Anwalt) waren alle begeisterte Kunstsammler. Sie entwickelten das Konzept einer Akademie, die Studenten auf die Arbeit in Institutionen der Bildenden Kunst vorbereitete. Heute sitzt das Institut im Nordflügel des **Somerset House**, einem monumentalen klassizistischen Bau aus dem Jahr 1771, gebaut von William Chambers, an der Straße The Strand.

Einst stand hier der Palast der Earls of Somerset direkt am Ufer der Themse. Er war einer von vielen Palästen, die im 16. Jh. von den Bürgern gebaut wurden, die regelmäßig am Hofe verkehrten. Im Mittelalter befanden sich grüne Wiesen und Parkanlagen zwischen dem Palast und dem Fluss. Davor legten Boote an, die den Transport nach Westminster vereinfachten. Später reichten die Gebäude bis zum Fluss, und man stieg direkt von den Treppen ins Boot ein.

In dem großen Innenhof des heutigen Gebäudes sprudelt im Sommer ein **Springbrunnen mit 55 Fontänen**, die Abkühlung bieten. Im Winter wird eine Eisbahn zum Schlittschuhlaufen aufgebaut. Unregelmäßig finden kulturelle Veranstaltungen statt, wie Open-Air-Kino. Im Februar und September wird das Somerset House zum Gastgeber der **London Fashion Week**.

Das College im Nordflügel hat sich zu einer führenden Institution für das Studium der Kunstgeschichte und -restaurierung entwickelt, viele bekannte britische Kunstkritiker und Museumsdirektoren haben hier studiert. Es finden auch Vorlesungen und Studienkurse für die Öffentlichkeit statt.

In der kleinen, aber feinen angeschlossenen Galerie, die von den Verantwortlichen nicht ganz unbescheiden »home to one of the finest small art museums in the world« genannt wird, kann man Werke aus der Sammlung der Gründer des Instituts besichtigen. 2011 erst wurden die Ausstellungsräume im ersten Stock renoviert und neu gehängt. Doch nicht erst seitdem ist das Museum ein absoluter **Geheimtipp** für Liebhaber von Werken des Impressionismus und Postimpressionismus, die vom Sammler Courtauld zusammengetragen wurden. Monet, Manet, Renoir, Cézanne und Degas sind alle mit einschlägigen Werken vertreten. Auch Van Goghs »Selbstportrait mit verbundenem Ohr und Pfeife« ist zu sehen. Ebenfalls gibt es Werke aus der florentinischen Renaissance, dem Barock, darunter einige bedeutende Werke von Rubens und Brueghel, Portraitmalereien aus dem 18. Jh. sowie Malerei des 20. Jh. mit Werken von Matisse, Derain, Kokoschka und Kandinsky. Auf Anfrage besichtigen kann man eine wertvolle Sammlung von Zeichnungen und Aquarellen mit Handzeichnung von Dürer, Michelangelo, Rembrandt und Turner.

*Klein, aber fein, allein die Räumlichkeiten sind einen Besuch wert*

Ansonsten sind diese Werke nur in thematischen Ausstellungen zu sehen. Wer freitags kommt, kann an einer der geführten Touren teilnehmen. Mittags gibt es oft Informationsveranstaltungen zur Galerie und den Sammlungen. Jeden Montag von 10–14 Uhr ist der Eintritt frei.

**INFO**

**Hinkommen:** U-Bahn Charing Cross, Embankment, Bakerloo Line.

**Information:**

**The Courtauld Institute of Art**
Somerset House, Strand,
Tel.: 7848-2526, www.courtauld.ac.uk.
Die Courtauld Gallery ist tgl. 10–18 Uhr geöffnet. Eintritt: Erwachsene £ 6, ermäßigt £ 4,50.

**Essen & Trinken:** **Courtauld Café**
Tel: 7848-2527. Geöffnet tgl. 10–17.30 Uhr. Hier kann man drinnen oder draußen sitzen und Süßes sowie Snacks genießen.

# 43 Freiluftmuseum – der vierte Sockel (Fourth Plinth) am Trafalgar Square

Bis 1760 befanden sich auf dem Gelände des heutigen **Trafalgar Square** noch die Great Mews, die Stallungen des königlichen Hofes Whitehall Palace. Erst zu Beginn des 19. Jh. wurden sie nach Pimlico verlegt. Man beauftragte den Meisterarchitekten der Regency-Periode John Nash (s. Kap. 53) mit dem Entwurf eines öffentlichen Platzes für das große freigewordene Gelände.

Seine heutige Form erhielt der gesamte Platz jedoch erst Mitte und Ende des 19. Jh. 1843 wurde die Säule mit der Statue für Admiral Horatio Nelson, **Nelson's Column**, errichtet. 1868 wurden die vier Bronzelöwen von Edwin Landseer hinzugefügt, die unterhalb der Säule den Platz überschauen. 1880 entstand die National Gallery. Der Platz wird gesäumt von vier Podesten, drei davon mit Denkmälern. Im Nordosten steht eine Statue von König George IV. zu Pferde. Im Südosten und Südwesten stehen die Statuen der Generäle Charles Napier und Henry Havelock, die beide in Indien für das britische Empire kämpften. Für die Nordwestecke des Platzes war eine Statue für William IV. vorgesehen, der wie sein Bruder George zu Pferde sitzen sollte. Der Entwurf aus dem Jahr 1841 stammte von Charles Barry. Leider gingen hierfür die Gelder aus und es kam nur bis zur Aufstellung des Podestes.

Der Sockel blieb bis zum Jahr 1999 leer, da man keine zufriedenstellende Lösung finden konnte. Schließlich wurde vorgeschlagen, das Podest mit abwechselnden Kunstwerken zu besetzen, die jedes Jahr erneuert werden. Hierfür erfolgt eine Ausschreibung, bei der Künstler Vorschläge einreichen, aus denen dann ein Komitee den Sieger auswählt. Unter der Schirmherrschaft

*Nelson's Column wurde 1843 errichtet und ist heute weithin zu sehen*

der »Royal Society for the Encouragement of Arts, Manufactures and Commerce« (RSA) wurden 1998 zum ersten Mal Skulpturen bei den Künstlern Mark Wallinger, Bill Woodrow und Rachel Whiteread in Auftrag gegeben. Dies stieß bei der Öffentlichkeit auf großes Interesse, sodass das Konzept beibehalten wurde.

*Auf dem »Fourth Plinth« gibt es Raum für Kunst*

Die Werke der Künstler selbst lösen oft Kontroversen aus. So zum Beispiel die Skulptur der »Alison Lapper Pregnant« von Marc Quinn (2005), die den schwangeren Körper der schwerbehinderten Künstlerin Alison Lapper zeigte. Großes Aufsehen erregte auch das Projekt des Jahres 2009. Hier initiierte der Bildhauer Anthony Gormley das Projekt »One and Other«. Er hatte Normalbürger eingeladen, Vorschläge für einen Kurzauftritt auf dem Sockel einzureichen. Aus 35.000 Bewerbern wurden 2.400 auf diese Weise ausgewählt. Sie konnten jeweils für eine Stunde als menschliche Skulptur ihre Ideen oder sich selbst auf dem Sockel, **The Fourth Plinth**, vorstellen. Das Spektrum reichte von Akrobatikdarbietungen, Vorträgen, Nackten und Verkleideten, bis hin zu Aktionskunst und Wohltätigkeitsprojekten.

2012 wird der Sockel von der goldenen Skulptur eines Kindes auf einem Schaukelpferd geziert (»Powerless Structures«, Fig. 101, Elmgreen & Dragset). Für das Jahr 2013 wurde die Skulptur eines großen blauen Huhns ausgewählt – »Hahn/Cock« von Katharina Fritsch.

## St. Martin-in-the-Fields

Die Modelle für die Plinth-Kunstwerke werden in der Kirche St. Martin-in-the-Fields (s. auch James Gibbs, Kap. 41) auf der Ostseite des Trafalgar Squares ausgestellt. Dort kann die Normalbevölkerung ihre Meinungen kundtun, die in die endgültige Auswahl mit einfließen.

**INFO**

**Hinkommen:** U-Bahn Charing Cross, Northern Line oder Bakerloo Line.
**Information:** www.london.gov.uk/fourthplinth

**Essen & Trinken:** **Vista at the Trafalgar**, Tel.: 7870-2900, www.thetrafalgar.com/vista-homepage. Die Rooftop-Bar des Trafalgar Hotels bietet ganz neue Blicke auf den Platz und die Stadt. Geöffnet bei schönem Wetter.

# 44 Kunstschatz mit internationaler Anziehungskraft – die National Gallery

Unter den vielen Museen Londons nimmt die **National Gallery** national und international eine herausragende Stellung ein, sowohl durch ihre Größe als auch durch die Vielfalt der Sammlung.

*»Eintritt frei« in der National Gallery*

Die Geschichte des Museums nahm ihren Anfang, als das britische Parlament im Jahr 1824 die private Sammlung des Bankiers John Julius Angerstein aufkaufte. Sie bestand aus 38 Gemälden italienischer, flämischer und englischer Meister. Hierfür zahlte man die damals sehr stolze Summe von £ 57.000. Durch Vermächtnisse, Spenden und neue Einkäufe wurde die Sammlung im 19. Jh. erweitert, und man baute ein neues Heim am Trafalgar Square, wo man diese ausstellen konnte.

Von William Wilkins 1838 im neo-klassizistischen Stil entworfen, wird der Eingang der Gallery von Säulen und einem Portiko gesäumt. Eine terrassenartige Treppe führt hinauf in das palastähnliche Gebäude, in dem man gut und gerne einige Stunden verbringen kann. Einige der Säulen stammen von dem alten Stallungsgebäude der Great Mews. Wilkins hatte beschlossen, diese weiter zu verwenden. Von 1869–1871 wurden Erweiterungen angebaut und der Kuppelbau in der Mitte angefügt. 1975 und 1991 wurde noch einmal erweitert. In dem angeschlossenen **Sainsbury Wing**, gesponsort von Lord Sainsbury, ist heute die Renaissancesammlung untergebracht.

Zu Anfang wurden Bedenken laut, dass die Sammlung keine klare Struktur von Kunststilen habe und dass für den Kauf meist der persönliche Geschmack der Einkäufer entscheidend sei. Ab 1855 bereiste der Direktor Charles Eastlake ausgiebig Europa und brachte insbesondere aus Italien viele Werke mit zurück. Sir Robert Peel, der Gründer der Polizei (s. Kap. 34), steuerte im Jahr 1871 seine Kollektion holländischer Meister bei. Der Maler J.W. Turner vermachte dem Museum im Jahr 1856 seine große Sammlung, die später in das von Henry Tate gestiftete Museum ausgelagert wurde. Inzwischen ist die Sammlung der National Gallery auf 2.300 Ausstellungsstücke angewachsen, darunter befinden sich einige der bedeutendsten Werke internationaler Kunst.

In der Kollektion aus dem 13–15 Jh. findet sich z. B. das berühmte »Arnolfini Portrait« von Jan van Eyck aus dem Jahr 1434, Botticellis »Venus und Mars« von 1485, aus der Hochrenaissance Leonardo da Vincis »Anna selbdritt« (1491/2–1499 und 1506–1508) und »Bacchus und Ariadne« von Tizian (1523–1524). Aus dem 16. Jh. gibt es Werke von Holbein, Michelangelo, Raphael, Brueghel und Hieronymus Bosch. In der Sammlung aus dem 17. Jh. sind allein zwei Räume Rembrandt gewidmet, weiterhin sieht man Werke von Vermeer, Van Dyck, Caravaggio und von Velasquez die »Venus vor dem Spiegel« (1647–1651). Auch eine umfassende Sammlung aus dem 18. bis frühen 20. Jh. ist vorhanden. Neben Canaletto, Goya, Degas, Cézanne und Monet findet man hier auch die »Sonnenblumen« von Van Gogh (1888).

Es wird gerne darüber gescherzt, dass die National Gallery in Wirklichkeit ein großes Café-Restaurant sei, dem eine Galerie angeschlossen ist. Tatsächlich zieht das Museum aufgrund des freien Eintritts und aufgrund der zentralen Lage am Trafalgar Square Unmengen von nationalen und internationalen Besuchern an. Die drei Cafés im Gebäude sind daher auch ständig gut besucht.

*Auf den Treppen ist immer etwas los*

Die Treppenstufen vor der Galerie, die auf den Trafalgar Square führen, sind immer bevölkert von Touristen, die sich nach langer Besichtigung die Beine ausruhen.

**INFO**

**Hinkommen:** U-Bahn Charing Cross, Northern Line oder Bakerloo Line.
**Information: National Gallery**
Trafalgar Square, Tel.: 7747-2885, www.nationalgallery.org.uk.
Geöffnet tgl. 10-18, Fr 10-21 Uhr, Eintritt frei.

**Erfrischung:**
**National Café**
Tel.: 7747-5942.
Geöffnet Mo-Fr 8-23, Sa 9-23, So 9-18 Uhr. Hier gibt es britische und internationale Bistroküche.

# 45 Klassische Musik für das Volk in der Royal Albert Hall

*Die Royal Albert Hall ähnelt dem Rundbau des Kolosseums in Rom*

Der deutsche Gemahl von Königin Victoria, Prinz Albert, hatte die Idee zu einem Kulturzentrum in London, in dem dem Volk Kunst und Wissenschaft nahe gebracht werden sollte. So fand im Jahr 1851 die »Great Exhibition« im Hyde Park statt, und auf dem Veranstaltungsgelände in South Kensington entstand 1852 der Gebäudekomplex des **Victoria and Albert Museums**. Erst nach Alberts Tod im Jahr 1861 begann man mit dem Bau der **Royal Albert Hall**, die 1871 fertiggestellt wurde. Das Gebäude des Architekten Henry Cole lehnt sich an die klassische italienische Architektur an, die dem Rundbau des Kolosseums in Rom ähnelt. Es hat eine markante Glaskuppel, die von Eisenstreben gestützt wird. Erbaut wurde es aus dem zu viktorianischen Zeiten so beliebten roten Backstein. Auf der Außenseite erstrecken sich Terracottadekorationen, die Szenen aus Kunst und Wissenschaft darstellen.

*Blick ins Auditorium*

## Die BBC Proms – Sir Henry Wood Promenade Concerts

1941 fanden die ersten Proms (Promenadenkonzerte) in der Royal Albert Hall statt. Die Idee für eine Konzertveranstaltung, die dem Normalbürger klassische Musik schmackhaft machen sollte, entstand bereits gegen Ende des 19. Jh. Die ersten Konzerte mit dem »BBC Orchestra« fanden unter der Leitung von Robert Newman in der Queen's Hall statt, die jedoch durch Luftangriffe 1941 zerstört wurde. Den Anstrengungen des Musikers, Komponisten und Dirigenten Sir Henry Wood ist es zu verdanken, dass die Konzerte danach wieder aufgenommen und die Reihe am Leben erhalten wurde. Das Anliegen war und ist, ein sehr breites Spektrum von Musik zu bieten. So gibt es Klavier- oder Violinkonzerte, Darbietungen von Opernarien, Musicalnummern, Filmmusik etc. Inzwischen treten jedes Jahr andere internationale Solisten oder Sänger auf, die jeweils vom »BBC Symphony Orchestra« begleitet werden. Dabei blickt die Büste von Sir Henry Wood, der das Spektakel bis 1944 dirigierte, von oben auf das Auditorium herab. Die Proms beginnen Mitte Juli und enden mit der bekannten »Last Night of the Proms« im September. Hier bringen Zuhörer Fahnen und Luftballons mit und begleiten die Veranstaltung auch durch Mitsingen. Es werden natürlich britische Favoriten wie Elgars »Land of Hope and Glory« gespielt. Wer keine Karten bekommt, kann das Event auch Open Air im Hyde Park mitverfolgen, wo die Konzerte auf großen Leinwänden übertragen werden. Während aller Veranstaltungen ist die Atmosphäre sehr entspannt, und man muss sich auf keinen Fall ins Abendkleid oder den Smoking zwängen.

Innen befindet sich ein rundes Auditorium, das 56 m breit und 67 m lang ist. Albert hatte eine noch wesentlich größere Halle geplant, die 30.000 Besuchern Platz bieten sollte. Leider aber waren nach seinem Tod die nötigen Gelder für ein solches Projekt nicht mehr vorhanden. Königin Victoria ließ außerdem große Summen für die Errichtung des **Albert Memorials** ausgeben – als Erinnerung an ihren verstorbenen Gatten.

Fast sofort nach ihrem Bau wurde die Halle regelmäßig für die unterschiedlichsten Ausstellungen, Konzerte und andere Veranstaltungen genutzt. Die 7.000 Besucher fassende Halle ist noch heute eine der beliebtesten Veranstaltungsorte in London. Viele bekannte Bands geben hier Konzerte, eine Tradition, die in den 1960er Jahren bereits durch Bob Dylan und die Beatles begonnen wurde.

**INFO**

**Hinkommen:** U-Bahn South Kensington, District, Circle oder Piccadilly Line. High Street Kensington, District oder Circle Line.

**Information:** **Royal Albert Hall**
Veranstaltungs-Tel.: 0845-4015045, www.royalalberthall.com.
**BBC Proms**, Tel.: 0845-4015045, www.bbc.co.uk/proms. Es gibt ca. 1.400 Stehplätze in der Haupthalle, für £ 5 pro Person, die noch am selben Tag gebucht werden können. Die populären Veranstaltungen, wie z. B. die »Last Night of the Proms« oder Konzerte mit internationalen Stars bucht man jedoch **am besten im Vorverkauf**, der im Mai beginnt.

**Erfrischung:** Es gibt drei Café-Restaurants, die während der Veranstaltungen geöffnet sind: **Café Consort**, **Coda** (A la Carte Restaurant) und **The Elgar Room** (moderne britische Küche).

# 46 Institute of Contemporary Art (ICA) – interdisziplinäre Avantgardekunst

Zwischen dem St. James Park und der Geschäftigkeit des Trafalgar Square verläuft die ruhige Edelchaussee **The Mall.** Die Prachtstraße wurde 1910 angelegt und führt an ihrem westlichen Ende direkt zum Buckingham Palace – vorbei an der königlichen Residenz **Clarence House.** Am Ostende, in der Nähe des Admiralty Arch und unweit von Nelson's Column, steht der Gebäudekomplex **Carlton House Terrace.** Er war eines der letzten Projekte des Regency-Architekten John Nash (s. Kap. 53) im Jahr 1835. 1968 zog hier eine der bedeutendsten Institutionen für moderne Kunst in London ein, das **Institute of Contemporary Art (ICA).**

Das Institut wurde bereits 1947 von Künstlern gegründet mit dem Ziel, zeitgenössischer britischer Kunst ein Forum zu geben. Man wollte sich von dem klassischen Kunstverständnis der Royal Academy absetzen und den Rahmen festgelegter Abgrenzungen in den Kunstformen sprengen. Der Poet und Kunstkritiker Herbert Read konzipierte zusammen mit Künstlern wie Richard Hamilton, Eduardo Paolozzi, Roland Penrose und Peter Watson einen Diskussionsraum im Keller des alten Academy Kinos in der Oxford Street. Dort konnten Künstler unterschiedlichster Richtungen zusammenkommen und sich untereinander austauschen. Noch heute ist das ICA sehr interdisziplinär und gibt unter anderem auch nationalen und internationalen Künstlern eine Plattform, die sich kritisch mit aktuellen politischen Themen auseinandersetzen.

*Das ICA – untergebracht im Carlton Terrace House – gibt zeitgenössischer britischer Kunst ein Forum*

Das Gebäude beinhaltet zwei Galerien, zwei Programmkinos, ein Theater, Raum für Workshops und Kurse sowie einen Buchladen. Neben wechselnden Ausstellungen, internationalen Filmen und Performancedarbietungen organisiert das ICA auch Konzerte und Open-Air-Veranstaltungen. Das Institut trägt sich durch Spenden, und Interessierte können Mitglied werden.

Zu den Förderern des Projektes und Künstlern, die die Geschichte des Instituts mitgeprägt haben, gehören klangvolle Namen, wie beispielsweise Yoko Ono, die Witwe von John Lennon, der Philosoph Jacques Derrida, der Künstler Ives Klein, der Schriftsteller T. S. Elliot, die Maler Jackson Pollock und Keith Haring und die Performancekünstlerin Cindy Sherman.

*Das ICA ist bekannt für seine zahlreichen Events*

Oft bot das ICA neuen Bands eine erste Plattform. So fand hier das erste Konzert der Punkband »The Clash« statt. Noch heute ist das ICA eine beliebte Konzerthalle, und fast jedes Wochenende gibt es hier Veranstaltungen der unterschiedlichsten Musikrichtungen.

In den 1990er Jahren bewegte sich das ICA in Richtung Mainstream, und andere Institutionen übernahmen seine Vorreiterfunktion. Heute versucht man sich wieder umzuorientieren und dem Institut durch neue, außergewöhnliche Projekte neues Leben einzuhauchen. Unter dem früheren Kurator der Tate Modern (s. Kap. 38), Georg Muir, fördert man eine Kollaboration von Musikern und bildenden Künstlern. Im Jahr 2007 fand das erste **iTunes Festival** unter der Organisation des ICA statt, ebenso wie das **Beck's Fusion Festival** am Trafalgar Square mit Darbietungen von Musikern unter Einbeziehung visueller Kunst.

**INFO**

**Hinkommen:** U-Bahn Charing Cross and Piccadilly Circus, Bakerloo Line.
**Information:**
**Institute of Contemporary Arts (ICA)**
The Mall, Tel.: 7930-3647, www.ica.org.uk.
**Essen & Trinken: ICA Café Bar**
Tel.: 7930-8619. Café- und Barbetrieb geöffnet Mi 12–23, Do–Sa 12–1, So 12–21 Uhr. Mahlzeiten tgl. 12–14.30 und 17–22, So 17–20 Uhr.
In der Bar finden bis spätabends Konzerte und eine Disco statt. Es gibt Gerichte wie Karotten-Koriandersuppe, Thai-Curries oder britische Klassiker wie Pies.

# 47 Ein Londoner Unikum – die Pearly Kings & Queens und das Costermongers Harvest Festival

**Pearly Kings** und **Pearly Queens** bezeichnen sich als »alternative königliche Paare Londons«, die sich aus der Arbeiterklasse rekrutieren. Die »Pearlies« tragen schwarze Anzüge bzw. Kostüme, die mit weißen Perlmuttknöpfen reich verziert sind. Das Ganze hat einen karitativen Hintergrund und geht auf Henry Croft (1875–1930) zurück. Henry Croft wuchs im Waisenhaus auf und arbeitete später als Straßenfeger auf dem Somers Town Market bei St. Pancras. Die dortigen Gemüsehändler, **Costermongers**, verzierten ihre Kleidung mit schimmernden Knöpfen, um Kunden auf sich aufmerksam zu machen. Dabei hatten die Markthändler ganz bestimmte Hierarchien, man bildete eine Gemeinschaft und half sich gegenseitig aus, wenn jemand krank oder arbeitslos war. Die ganze Familie wurde hier einbezogen. Der »Costermonger King« war der Vorstand der Gemeinschaft. Jede Costermonger-Familie hatte außerdem ihre eigene »Uniform« mit ganz bestimmten Mustern.

*Pearly Kings und Pearly Queens in ihrem Element*

Croft war bestrebt, benachteiligten Mitbürgern zu helfen und Waisen und Armen ein besseres Leben zu ermöglichen. Er sammelte Perlmuttknöpfe auf, die sich von der Kleidung der Costermonger abgelöst hatten und am Boden lagen. Damit verzierte er nach und nach seine Kleider, bis diese völlig von Perlen bedeckt waren. In dieser Aufmachung ging er auf Spendensammlung und gab die Einkünfte weiter an Waisenhäuser und andere Bedürftige in den ärmeren Vierteln. Schnell wurde man auf ihn aufmerksam, und viele Institutionen wollten seine Dienste in Anspruch nehmen.

Henry Croft nahm die Costermonger-Familien mit ins Boot, da er mehr Arbeit hatte, als er selbst bewältigen konnte. Dies führte zur Bildung verschiedener karitativer Einrichtungen unter der Leitung der ersten »Pearly Dynastien«, deren Familien bei der Spendensammlung halfen. Zu Crofts Beerdigung im Jahr 1930 fanden sich 400 Pearlies in voller Kluft ein, und dies brachte die Organisation in die Medien. Heute steht eine Statue von Henry Croft in der Krypta der Kirche **St. Martin-in-the-Fields**.

*Gruppenbild mit Damen am »Australia Day«*

Der Titel der King und Queen wurde und wird auf die nachfolgenden Generationen vererbt. Söhne und Töchter tragen den Titel Prinz und Prinzessin. Henry Crofts Großnichte trägt heute den von ihm weitervererbten Titel der »Somers Town Pearly Queen«. Heute haben die meisten Boroughs in London ihre eigene Pearly Familie. Insgesamt gibt es davon etwa 30, die insgesamt drei verschiedenen Pearly Societies angehören. Alle Pearlies entwickeln ihr eigenes Design, und die Motive haben immer eine Bedeutung: Ein Anker bedeutet Hoffnung, ein Hufeisen Glück, ein Rad den Lebenskreislauf etc. Der Tradition nach muss der Pearly sein Kostüm selbst entwerfen und die Knöpfe höchstpersönlich annähen. Man spricht vom »Smother Suit« wenn das Kostüm gänzlich bedeckt ist – dies kann dann bis zu 30 kg wiegen. Beim »Skeleton Suit« sind nur Teile des Stoffs bedeckt.

Die Pearlies nehmen das ganze Jahr über an Veranstaltungen teil und sammeln Spenden. Traditionell sind die Pearly Societies mit einer bestimmten Kirche verbunden, die auch in die karitative Arbeit eingebunden ist. Die Pearly Society arbeitet beispielsweise zusammen mit der St. Paul's Church in Covent Garden, und jeden Sonntag finden Kollekten auch im **Prince of Wales Pub** in Covent Garden statt. Mit den Geldern werden die unterschiedlichsten Wohltätigkeitsorganisationen unterstützt.

Das größte Event ist das alljährliche **Harvest Festival** im September/Oktober im Hof der **Londoner Guildhall**, das eine sehr eigene Atmosphäre hat. Neben Maibaumtänzen und Umzügen gehört das sogenannte »Cockney Knees-Up« zum Programm. Hier werden traditionelle Ostlondoner Trinklieder gesungen, bei denen jeder mitmacht und man die Polonaise tanzt. Das Ganze erinnert an den deutschen Karneval. Informationen über die Veranstaltungen und genaue Termine findet man auf der Webseite der Society (s. Festivals und Events).

**INFO**

**Information: The Pearly Society**
Tel.: 8778-8670,
www.pearlysociety.co.uk.
**Essen & Trinken:**
**Prince of Wales Pub**
150-151 Drury Lane, Covent Garden, U-Bahn Covent Garden, Tel.: 0871-9511000. Geöffnet: Mo–Do 11–23, Fr 10–23.30, Sa 11–23.30, So 12–23.30 Uhr.

# 48 Nostalgische Jugendkultur – das Ace Café

*Nicht zu verfehlen zu fast jeder Tages- und Nachtzeit: das »Ace Café«*

Das **Ace Café** befindet sich an der North Circular Road, einer Umgehungsstraße im Norden Londons. Es entstand 1938 ursprünglich als Raststätte auf der Schnellstraße, die zu den Autobahnen nach Norden und Westen führt. In den 1950er Jahren entdeckten die Rocker »Teddy Boys« das Café für sich, da es rund um die Uhr geöffnet war und genug Platz für große Gruppen von Motorradfahrern bot. Treffpunkt war weniger das Innere des Cafés als vielmehr der Parkplatz, auf dem die Elvis-Look-a-Likes sich mit ihren Motorrädern präsentierten.

In den 1960er Jahren entwickelte sich die »Mod«-Szene (Modernisten), deren Mode mit den von Mary Quant inspirierten Miniröcken, kurzen Haarschnitten, Drainpipe-Hosen und Fred Perry-Hemden im Wesentlichen den Stil der Londoner »Swinging Sixties« symbolisierte. Das Fortbewegungsmittel der Wahl für die Mods waren Roller wie Vespas oder Lambrettas, die mit Spiegeln und Lampen aufgemotzt wurden. Das Auto der Wahl war der Mini. Am Wochenende brachen die rivalisierenden Gruppen der Rocker und Mods im Convoy zu den Urlaubsorten an der Südküste auf, unter anderem nach Brighton oder Margate. Dort kam es dann öfter zu Zusammenstößen und teilweise recht brutalen Schlägereien.

Ende der 1970er und Anfang der 1980er Jahre gab es ein Mod-Revival in der Musikszene mit Ska-Bands wie »Madness«, »The Specials« und dem Northern Soul, einer britischen Form des amerikanischen Soul und R&B.

*Große Auswahl an Speisen und Getränken, auch für Nicht-Mods*

Der Film »Quadrophenia« von 1979, der die Zusammenstöße der Mods und Rocker zum Thema hat, wurde zum Kultfilm des Mod-Revival. Der Musiker Paul Weller (»The Jam«, »The Style Council«) gilt als wichtige Figur des Mod-Revivals und wird im allgemeinen Sprachgebrauch auch als »Modfather«, also Vater der Revival-Bewegung bezeichnet. In den 1990er Jahren nahmen Bands wie »Oasis« und »Blur« die Einflüsse der Mod-Kultur mit ihrem Brit-Pop wieder auf. Der ehemalige Oasis-Sänger Liam Gallagher startete sogar sein eigenes Modelabel, »Pretty Green«, das die langen, grünen Parkas verkauft, die durch Quadrophenia zum Wahrzeichen der Mod-Kluft wurden.

Heute gibt es in London eine sehr **solide Mod-Szene**, mit Clubnächten in vielen Musikclubs, in denen Northern Soul, Acid Jazz und Klassiker der 1960er Jahre gespielt werden. Aufgrund der Nachfrage gibt es zudem unzählige Läden, in denen man sich nostalgisch einkleiden kann.

1997 wurde das Ace Café wiederbelebt. Es finden nun regelmäßig Veranstaltungen für Rocker und Mods statt. Hier treffen sich Motorradclubs mit alten und jungen Rockern zur »Biker Reunion«. Einmal im Monat gibt es außerdem einen Mod-Event, die **Mod'n Mini Night**, wo Mini- und Roller-Fahrer anwesend sind.

### Tipp

Wer beim Thema Nostalgie bleiben will, gelangt von hier aus mit der U-Bahn nach Notting Hill, wo im **Museum of Brands, Packaging and Advertising** Werbung, Verpackungen und andere interessante Gegenstände aus verschiedenen Jahrzehnten ausgestellt sind.
**Infos:** U-Bahn Notting Hill Gate, District, Circle oder Central Line. 2 Colville Mews, Lonsdale Road/ Portobello Road, Tel.: 7908-0880, www.museumofbrands.com. Geöffnet Di–Sa 10–18, So 11–17 Uhr. Eintritt: Erwachsene £ 6,50, ermäßigt £ 4, Kinder (7–16) £ 2,25.

### INFO

**Hinkommen:** U-Bahn Stonebridge Park, Bakerloo Line oder London Overground.
**Information: Ace Café**
Ace Corner, North Circular Road, Stonebridge, Tel.: 8961-1000, www.ace-cafe-london.com. Geöffnet Mo–Sa 7–23 Uhr, So und feiertags 7–22.30 Uhr. Bei Veranstaltungen 7–2 Uhr. »Mod'n Mini Night«: jeden ersten Donnerstag im Monat, 19–23 Uhr.

**Mod-Info:**
www.modculture.co.uk.
Soul-Clubnächte:
**The 100 Club**, www.the100club.co.uk.
**The Buffalo Bar**, www.buffalobar.co.uk.
**Mod-Mode:**
**Sherry's of London**, 24 Ganton Street, off Carnaby Street 1, Tel.: 7734-5868, www.sherrys.co.uk.
**Twinkled**, 1.5 Kingly Court, Carnaby Street, Tel.: 7734-1978.

# Architektur

*Das futuristische Gebäude von Lloyd's of London in der »Blue Hour« – und seine Nachbarschaft*

# 49 Meisterkirchen Londons I: Sir Christopher Wren

**Sir Christopher Wren** (1632–1723) gehört zu den herausragendsten Architekten Großbritanniens und des englischen Barock. Nach dem Großen Brand von 1666 wurde er mit der Planung des Wiederaufbaus der Londoner City beauftragt und drückte der Stadt seinen Stempel auf. Durch das Feuer waren unzählige Kirchen zerstört worden. Insgesamt 51 Gotteshäuser wurden von ihm neu aufgebaut, heute sind davon noch 23 vorhanden.

Wrens Vater war Dekan der königlichen Kapelle im Schloss von Windsor. Wren war jedoch eher wissenschaftlich interessiert, bereits in frühester Jugend zeigte er Interesse an Design und Mechanik. Nach einem Studium der Mathematik und Astronomie wurde er Professor für Astronomie an den Universitäten in London und Oxford und war unter anderem befreundet mit Isaac Newton. Er war Mitbegründer der Royal Society, einer staatlich geförderten Wissenschaftsakademie, die noch heute besteht.

Wren arbeitete bei der Verwirklichung der Baupläne für London eng mit dem Königshaus zusammen, denn Charles II. förderte Kunst und Wissenschaften.

Ursprünglich hatte Wren sehr ambitionierte Pläne für die Umgestaltung der City. Er war insbesondere von der französischen Architektur inspiriert worden und schlug eine großflächige Umgestaltung nach europäischem Muster vor. Dies fand jedoch bei den Geldgebern keinen Anklang, da es zu teuer erschien. Man blieb bei dem mittelalterlichen Straßenraster.

Wren konzentrierte seine Anstrengungen daher auf einzelne Bauwerke wie die **St. Paul's Cathedral** (s. Kap. 50) und das **Monument** (s. Kap. 26). Seine Kirchen sind heute noch das sichtbarste Erbe seiner Architektur, denn im Zweiten Weltkrieg wurden große Tei-

*St. Brides – die Brautkirche*

le der alten City dem Erdboden gleichgemacht. Einige der Kirchen wurden komplett zerstört, einige wieder aufgebaut, zwei sind als Ruinen verblieben. Zwei wurden abgetragen und in den USA wieder aufgebaut. Andere wiederum wurden umgebaut oder in andere Gebäude integriert. Nur zwölf Kirchen befinden sich noch weitgehend im Originalzustand.

Bei einem Spaziergang durch die Londoner City stößt man unweigerlich immer wieder auf seine Kirchen, die aus dem Häuserwust herausragen. Bemerkenswert ist beispielsweise **St. Brides**, die Brautkirche, deren Turmaufbau die Inspiration für die traditionelle Hochzeitstorte gewesen sein soll. Die Hörweite der Glocken der Kirche **St. Mary le Bow** bestimmt den Radius, innerhalb dessen echte Londoner, »Cockneys«, geboren werden (s. Kap. 5). Im verwunschenen Park der Kirchenruine **St. Dunstan-in-the-East** kann man gut eine Rast einlegen.

*St. Dunstan-in-the-East: hier lässt es sich gut rasten*

## Wrens Kirchen

**Noch im Originalzustand**

- St. Benet, Paul's Wharf, Queen Victoria Street
- St. Clement Danes, Eastcheap/ Clement's Lane/King William Street
- St. James Garlickhythe, Upper Thames Street
- St. Margaret Lothbury, Lothbury
- St. Margaret Pattens, Rood Lane, Eastcheap
- St. Martin Ludgate, Ludgate Hill
- St. Mary Abchurch, Abchurch Lane
- St. Mary Aldermary, Queen Victoria Street
- St. Michael, Cornhill, St. Michael's Alley, Cornhill
- St. Peter upon Cornhill, Cornhill/ Gracechurch Street
- St. Stephen Walbrook, Walbrook
- St. Magnus-the-Martyr, Lower Thames Street
- St. Paul's Cathedral

**Wieder aufgebaut**

- St. Andrew-by-the-Wardrobe, St. Andrew's Hill
- St. Andrew Holborn, Holborn
- St. Anne and St. Agnes, Gresham Street
- St. Bride's Church, Bride Lane
- St. Lawrence Jewry, Gresham Street
- St. Mary-le-Bow, Bow Lane
- St. Michael Paternoster Royal, College Hill
- St. Nicholas Cole Abbey, Queen Victoria Street
- St. Vedast, Foster Lane

**Ruinen**

- Christ Church Greyfriars, Newgate Street
- St. Dunstan-in-the-East, Mincing Lane

**INFO**

**Hinkommen:** Ein Rundgang beginnt beispielsweise bei St. Bride's, U-Bahn Blackfriars. Route siehe Kap. 50

**Weiterführende Literatur:**
Lisa Jardine: On a Grander Scale. The Outstanding Life of Sir Christopher Wren. New York 2003.
(nur auf Englisch).

# 50 Meisterkirchen Londons II: St. Paul's Cathedral

**Tipp**

**Rundgang zu Wrens Kirchen:** Beginnend bei der U-Bahnstation Blackfriars, dann nördlich über die New Bridge Street und westlich in die Bride Lane. Von dort nach Osten über Ludgate Hill, zu St. Martin Ludgate, dann östlich zu St. Paul's. Von hier südlich zur Queen Victoria Street und St. Andrew-by-the-Wardrobe sowie St. Benet. Dann nach Norden zu St. Mary-le-Bow, nach Osten über Cheapside und Cornhill zu St. Michael, dann südlich über die Gracechurch Street zu St. Margaret Pattens. Von hier südöstlich über die Great Tower Street zu St. Dunstan-in-the-East. Hier kann man im Park eine Rast einlegen.

**St. Paul's Cathedral**, erbaut von Sir Christopher Wren, ist sicher die bekannteste Kirche Englands und eines der markanten Symbole der Stadt. Sie überlebte als eines der wenigen Gebäude den »Blitz«, den Luftangriff der Deutschen im Zweiten Weltkrieg. Der Bau im Stil des englischen Barock ist Sitz des Bischofs von London. Für die 53,4 m große Kuppel diente der Petersdom in Rom als Inspiration. Sie ist damit die zweitgrößte Kuppel dieser Art in der Welt.

An der Stelle der St. Paul's Cathedral errichteten die Angelsachsen bereits im Jahr 604 eine Kapelle. Um 1087 begannen die Normannen mit dem Bau der Old St. Paul's Cathedral. Erst 200 Jahre später fertiggestellt, blieb sie das Zentrum des religiösen Lebens bis zur Zerstörung beim Großen Brand 1666. Auf dem Kirchenvorplatz fanden Märkte und allerlei Treiben statt, allerdings verfiel das Gebäude unter Cromwell und den Puritanern.

*Bei St. Paul's ist nicht nur das weithin sichtbare Portal beeindruckend*

Die Kuppel von St. Paul's – ein beliebtes Fotomotiv

Wrens erster Entwurf stammt aus dem Jahr 1672 und kann in der Krypta besichtigt werden. Es waren mehrere Entwürfe nötig, bis man sich auf eine »abgespeckte« Version einigen konnte. So wird die Westfassade flankiert von zwei Glockentürmen und die Kuppel selbst besteht als Ziegelkuppel aus mehreren Schichten, die das Gewicht des Holzrahmens für die Außenkuppel tragen. Oben aufgesetzt ist die Laterne. Im Innern befindet sich eine Balustrade, die aufgrund ihrer Akustik auch **Whispering Gallery**, »Flüstergalerie«, genannt wird. Von hier hat man einen guten Blick in die Kuppel. 257 Stufen führen hier hinauf. Wenn einem danach die Ohren klingeln, liegt das nicht am Aufstieg, sondern an der Tatsache, dass man dort sogar den kleinsten Laut deutlich hört. Nach insgesamt 376 Stufen gelangt man zur **Stone Gallery**, der »Steingalerie«. Sie führt rund um die Außenseite der Kuppel und ermöglicht einen fantastischen Ausblick auf die Stadt, ebenso wie die noch weiter oben gelegene **Golden Gallery** mit insgesamt 528 Stufen.

Der grandiose Innenraum wird seit 300 Jahren für festliche Gelegenheiten und Gedenkfeiern genutzt. Unter anderem wurden hier die Beerdigungszeremonien für **Admiral Nelson** und **Winston Churchill** abgehalten. 1981 heiratete Prince Charles hier seine erste Ehefrau Diana Spencer. Im Südflügel steht ein Admiral Nelson-Denkmal und im Nordflügel ein Wellington-Denkmal, in Erinnerung an den Admiral, der Napoleon in der Schlacht bei Waterloo 1805 besiegte. Er wurde hier auch beerdigt und sein Grab kann in der Krypta zusammen mit dem von Nelson besichtigt werden. Der Architekt Christopher Wren selbst starb im Jahr 1723 und wurde ebenfalls hier beigelegt. Sein Grab trägt die Inschrift: »Wenn Du ein Denkmal suchst, blicke um Dich.«

**INFO**

**Hinkommen:** U-Bahn St. Paul's, Central Line.
**Information:** **St. Paul's Cathedral** Ludgate Hill, Tel.: 7236-4128, Online-Tickets: www.stpauls.co.uk/tickets, www.stpauls.co.uk.
Geöffnet: Mo–Sa 8.30–16 Uhr (So Gottesdienste, keine Besichtigung).
Eintritt: (im Preis sind Führungen und ein Audioguide mit eingeschlossen) Erwachsene £ 14,50, ermäßigt £ 13,50, Kinder 6–18 Jahre £ 5,50.
**Essen & Trinken:** **The Café at St. Paul's** Geöffnet Mo–Sa 9–17, So 12–16 Uhr.
**The Restaurant at St. Paul's** Tel.: 7248-1574, www.restaurantatst pauls.co.uk. Geöffnet für Lunch Mo–So 12–15 Uhr, Afternoon Tea: Mo–Sa 15-16.30 Uhr. Moderne britische Küche.

# 51 Meisterkirchen Londons III: James Gibbs

Der Architekt **James Gibbs** (1682–1754) wurde in Schottland geboren, studierte in Rom und bereiste intensiv Europa. Von dort brachte er vor allem Einflüsse aus der italienischen Architektur mit nach London. Hier galt er zunächst als Außenseiter. Gibbs, der Tory und Katholik war, sympathisierte mit der Jakobiterbewegung, die den schottischen Stuart-Monarchen wieder auf den britischen Thron verhelfen wollte. Dies machte ihn in den einflussreichen Kreisen der liberalen Whigs, die unter George I. 1714 an die Macht kamen, nicht gerade beliebt. Zudem waren seine Entwürfe vom italienischen Manierismus (Spätbarock) beeinflusst und wichen vom populären palladianischen Stil ab. Gibbs fand jedoch Gönner unter reichen Tory-Familien, was ihm einige Bauaufträge sicherte. Er studierte den Baustil von Christopher Wren, und im Gegenzug erkannte dieser Gibbs Talent und unterstützte seine Entwürfe. Später flossen viele Stilelemente Wrens auch in Gibbs Arbeiten ein.

*St. Mary le Strand – Insel der Ruhe in verkehrsreicher Umgebung*

Nachdem Wren die niedergebrannten 51 Gotteshäuser wiederhergestellt hatte (s. Kap. 49), beschloss die Regierung im Jahr 1711, weitere 50 Kirchen im Stadtgebiet zu bauen. Unter den Architekten Nicholas Hawksmoor, John James, Thomas Archer und James Gibbs entstand etwa die Hälfte der geplanten Bauwerke. Diese sind auch als **Queen Anne-Kirchen** bekannt (Queen Anne 1702–1714). Von Gibbs stammt die Kirche **St. Mary le Strand** im Stadtteil Westminster, die 1717 fertiggestellt und 1724 geweiht wurde. Gibbs plante eine quadratische Kirche, die statt eines Kirchturms von einer Säule nach antikem römischem Vorbild mit einer Statue von Queen Anne überragt werden sollte. Der Entwurf zeigte Ähnlichkeiten mit Raphaels Palazzo Branconio in Rom.

Auffallend am belebten Trafalgar Square – St. Martin-in-the-Fields

Diesen Entwurf konnte er jedoch nicht durchsetzen und es entstand stattdessen ein graziler Turm. Der Innenraum mit den aufwändigen barocken Verzierungen trägt noch die Handschrift des Architekten, obwohl das Gebäude im 19. Jh. restauriert und umgestaltet wurde. Der Rundbogen, der die Kanzel umgibt, basiert auf der Innengestaltung der Santa Maria del Carmine in Florenz. Heute liegt die Kirche auf einer Verkehrsinsel des geschäftigen Strand Boulevards. Bereits zur damaligen Zeit war dies ein verkehrsreicher Ort: Um den Lärm fernzuhalten, wurden keine Fenster im Erdgeschoss eingebaut.

1720 erhielt Gibbs den Auftrag für die Neugestaltung der Kirche **St. Martin-in-the-Fields**, lange bevor der heute vorgelagerte Trafalgar Square entstand. Wieder wurde der erste Plan, der einen Rundbau vorsah, verworfen. Auch der neue Entwurf mit korinthischen Säulen am Eingangsportal, an die sich der Kirchturm direkt anschließt, wurde kontrovers diskutiert. Dieser Baustil wurde jedoch später, vor allem in Nordamerika, oft kopiert. Henry III. ließ im übrigen im Jahr 1542 die ursprüngliche Kirche aus dem 13. Jh. ausbauen, da Pestopfer nicht mehr innerhalb der Ländereien des Whitehall Palastes bestattet werden sollten.

Gibbs war außerdem Mitglied im Vorstand des Krankenhauses **St. Bartholomew's** (s. Kap. 28). Die Neugestaltung des Krankenhauses, mit einer Anordnung von vier Bauten um einen Innenhof, nahm er unentgeltlich vor.

INFO

**Information:**

**St. Martin-in-the-Fields**
Trafalgar Square, U-Bahn Charing Cross, Bakerloo Line, Northern Line. In der Krypta der Kirche gibt es ein **Café** mit gutem Essen, außerdem finden Mo, Di & Fr um 13 Uhr Mittagskonzerte statt, Eintritt frei. Mi gibt es ab 19 Uhr Jazzkonzerte.
**Café in the Crypt**, Trafalgar Square, www.smitf.org. Geöffnet Mo & Di 8-20, Mi 8-22.30, Do-Sa 8-21, So 11-18 Uhr. Mi ab 19 Uhr Eintritt nur noch für Besucher der Jazzkonzerte.
**St. Mary le Strand**, Tel.: 7836-3126. Geöffnet Di-Do 11-16, So 10-13 Uhr. U-Bahn Temple, Circle und District Line. Sonntags: U-Bahn Embankment oder Charing Cross, Bakerloo Line oder Northern Line.

# 52 Das Banqueting House von Inigo Jones – italienische Renaissance in Westminster

Als der Whitehall Palace aus der Tudorzeit im Jahr 1698 in Flammen aufging, überlebte nur das **Banqueting House** das Feuer. Der Architekt **Inigo Jones** (1573–1652) hatte das palastartige Renaissance-Gebäude für den Stuart König James I. (1603–25) im Jahr 1622 erbaut. Inigo Jones zeichnete sich unter anderem auch durch den Bau des Covent Garden und des Queens House in Greenwich aus (s. Kap. 95).

*Das Banqueting House, ein palastartiges Renaissancegebäude*

Whitehall Palace erstreckte sich zwischen den heutigen **Horse Guards** und dem St. James's Park bis zur Downing Street und dem **Cenotaph** (s. Kap. 2). Es war eine unstrukturierte Ansammlung von Bauten und stellte sich für den Betrachter eher konfus als majestätisch dar. Inigo Jones hatte weitreichende Pläne für einen eleganteren Palast, das Banqueting House war nur ein Teil der geplanten Anlage. Aus finanziellen Gründen kam es allerdings nie zur Verwirklichung. Dennoch schrieb Jones Architekturgeschichte, denn das Haus war das erste Gebäude Londons im palladianischen Stil. Es übernahm die Funktion eines Ballsaales, in dem große Staatsempfänge und Bankette stattfanden.

Auch das »einfache Volk« erhielt Audienzen, beispielsweise zur Almosengabe während des »Royal Maundy«-Gottesdienstes am Gründonnerstag oder zur Handauflegung des Königs bei Kranken und Gebrechlichen. Bis zum Beginn des 18. Jh. hielt sich nämlich der Glaube, dass die Hand des Königs das sogenannte »King's Evil«, eine durch Tuberkulose ausgelöste Hautkrankheit, heilen konnte.

Unter **James I.** und seinem Sohn **Charles I.** (1625–1649) wurden die sogenannten »Masques« populär, höfische Maskenspiele und Allegorien, bei denen Personen am Hof als Schauspieler auftraten und selbst der König oft in die Rolle der »Ehre«, »Wahrheit« und »Gerechtigkeit« schlüpfte. Die Kulissen hierfür wurden vielfach von Inigo Jones geschaffen, während der Dramatiker Ben Johnson (1573–1637) das Rahmenprogramm für das Theater schrieb.

Charles I. beauftragte nach dem Tod seines Vaters im Jahr 1630 den flämischen Maler **Peter Paul Rubens** (1577–1640) mit der Erstellung von verschiedenen Deckengemälden für das Banqueting House, die ihn und seinen

*Das Deckengemälde von Peter Paul Rubens allein lohnt schon den Besuch im Banqueting House*

Vater verherrlichten, denn der absolutistische Charles glaubte an sein gottgegebenes Recht als Herrscher. Die von ihm in Auftrag gegebenen Gemälde zeigen unter anderem die Inthronisierung von Charles durch die Göttin Minerva oder seinen Vater mit Krone und Zepter und mit einem Fuß auf der Weltkugel.

Auf einer anderen Darstellung erhält James I. von geflügelten Wesen einen Siegerkranz und eine Krone. Die Gemälde wurden in Rubens' Werkstatt fertiggestellt und dann Stück für Stück nach London transportiert. Wenige Jahre vorher hatte Charles I. das Parlament aufgelöst, um absolutistisch zu regieren. Aus dieser sogenannten »Terrorherrschaft« entstand eine Revolte, die im neunjährigen Bürgerkrieg gipfelte. 1649 wurde Charles I. vor dem Banqueting House von den Republikanern unter **Oliver Cromwell** wegen Hochverrats hingerichtet. Zu diesem Zweck hatte man eines der mittleren Fenster aus dem Saal entfernt und der König trat von hier direkt auf das Schafott, wo ihm der Kopf abgeschlagen wurde.

Das Banqueting House wurde dann zum Audienzsaal für den Lord Protector Cromwell und seine parlamentarische Regierung. Royalisten hoben Charles I. später in den Stand eines Märtyrers und nach der Restauration wurde ihm eine Statue auf dem Trafalgar Square gewidmet.

**INFO**

**Hinkommen:** U-Bahn Charing Cross, Northern Line, Bakerloo Line. Westminster, Jubilee, District und Circle Line.

**Information:** **Banqueting House** Whitehall, Tel.: 3166-6154/5, www.hrp.org.uk/banquetinghouse. Geöffnet Mo–Sa 10–17 Uhr, geschlossen So und feiertags. Eintritt: Erwachsene £ 5, ermäßigt und Kinder bis 16 Jahre £ 4. Bei Veranstaltungen kann der Saal kurzfristig geschlossen werden, daher sollte man vorher auf die Webseite schauen oder anrufen.

# 53 Die schönsten Bauten aus der Epoche des Regency – John Nash

Der Waliser **John Nash** (1752–1835) war der herausragende Architekt der **Regency-Periode** während des britischen Klassizismus. Die Bezeichnung der Stilrichtung bezieht sich auf den Zeitraum, in dem der Prinzregent George IV. an Stelle seines Vater George III. von 1811 bis 1820 die Regierungsgeschäfte übernahm. Dieser litt aufgrund der Stoffwechselkrankheit »Porphyrie« unter geistiger Umnachtung und war regierungsunfähig.

Nash gehörte zu den politisch liberalen Whigs und war befreundet mit dem damaligen Premierminister Charles James Fox. Auf diesem Weg lernte er George IV. kennen, der ihn mehr oder weniger zum offiziellen Hofarchitekten machte. Nash verwirklichte viele ambitionierte Bauprojekte von George IV. und gab der Innenstadt ein neues, klassizistisches Gesicht.

Leider gerieten seine späteren Projekte, insbesondere der Umbau des Buckingham Palace (s. Kap. 55) unter George IV. zum Streitpunkt mit der Regierung, da die Kosten ausuferten. Nach dem Tod von George IV. im Jahr 1830 endete daher auch bald Nashs Karriere. Er zog sich auf die Isle of Wight zurück, wo er im Alter von 83 Jahren verstarb.

Nashs Regency-Stil zeichnete sich aus durch elegant angeordnete Terrassen von Reihenhäusern. Aus dem Ei gepellte weißgetünchte Bauten mit mehreren Stockwerken reihen sich aneinander, verziert mit klassizistischen Säulen und Statuen. Details, wie beispielsweise gusseiserne Balkongitter und Türen, sind traditionell schwarz lackiert. Heute gehören diese Häuser zu den begehrtesten und teuersten Immobilien Londons. Einen guten Eindruck vom Leben zur Zeit des Regency vermitteln die Romanverfilmungen von **Jane Austen**.

*Auch die bekannte Regent Street stammt vom Zeichenbrett des John Nash*

Clarence House

Um einen Eindruck von Nashs Architektur zu erhalten, beginnt man einen Rundgang am besten am **Trafalgar Square** (s. Kap 43). Für dieses letzte seiner Werke entwarf Nash zwar die Pläne, erlebte jedoch die Vollendung nicht mehr. Von hier gelangt man durch den Admiralty Arch zum **St. James's Park** (s. Kap. 65). Entlang der Edelchaussee The Mall, der Prachtstraße aus dem Jahr 1910, die zum **Buckingham Palast** (1825–1830) mit den Royal Mews (1822–1824) führt, passiert man zwei von Nashs Gebäuden: die **Carlton House Terrace** (1827–1833) (s. a. »ICA«, Kap. 46) und das **Clarence House** (1825–1827), Residenz von Prince Charles und der Duchess of Cornwall, Camilla. Das Gebäude entstand ursprünglich für William IV., der Vater von Königin Viktoria. Im Sommer kann man hier einige Räume besichtigen. George IV. wohnte damals im Carlton House, das jedoch 1825 der obigen Carlton House Terrace weichen musste. Der St. James's Park (1814–1827), von Nash angelegt, erstreckte sich damals direkt bis an die Häuser auf der Ostseite. Nördlich des Parks und der Pall Mall verläuft durch den Stadtteil Marylebone die **Regent Street** (1809–1826) über die Straße Portland Place bis zum **Regent's Park** (1809–1832, s. Kap. 68). Dies war das erste vom Prinzregenten an Nash in Auftrag gegebene Projekt und ist daher auch nach dem Regenten benannt. Gedacht war er für feierliche Umzüge. Auch die Pläne für den **Regent's Canal** (1811–1820, s. Kap. 69) gehen auf Nash zurück.

Die Gegend um den Park wurde in die Gestaltung mit einbezogen. Wo die Regent Street in den Portland Place mündet, steht die Kirche **All Souls Langham Place** (1822–1825) mit ungewöhnlichem Rundbau und schlankem, spitz zulaufendem Kirchturm. Die Portland Street mündet in den Park Crescent (1819–1821), dem Paradebeispiel einer Rundterrasse. Auf der Ostseite des Parks verläuft die **Cumberland Terrace** (1826), bei der griechische Statuen die Giebel schmücken.

Nash hatte viele Mitarbeiter, die seine Schüler und später teils selbst renommierte Architekten wurden, wie James Pennethorne und Decimus Burton, John und George Repton und Augustus Pugin, der später für die **Houses of Parliament** (s. Kap. 22) verantwortlich zeichnete.

**INFO**

**Hinkommen:** U-Bahn St. James's Park, District und Circle Line.
**Regent's Park**: U-Bahn Baker Street oder Regent's Park, Bakerloo Line.
**Clarence House**: www.royalcollection.org.uk. Während des olympischen Sommers 2012 ist das Clarence House für Besucher geschlossen und öffnet erst wieder im Sommer 2013.

**Essen & Trinken:**
**Golden Hind**,
73 Marylebone Lane, Tel.: 7486-3644, U-Bahn Bond Street. Geöffnet Mo–Fr 12–15, Mo–Sa 18–22 Uhr. Historisches Fish & Chip-Restaurant unter griechischer Leitung, mit britischen und griechischen Spezialitäten.

# 54 Medienarchitektur in British Telecom Tower und BBC Broadcasting House

Im Stadtteil Fitzrovia kann man sich auf die Spuren der britischen Mediengeschichte begeben. Am besten beginnt man bei der U-Bahn Station Goodge Street aus dem Jahr 1907, die etwa auf halber Höhe der Tottenham Court Road liegt. Sie ist eine von acht U-Bahn Stationen Londons, unter der sich noch ein Luftschutzkeller aus dem Zweiten Weltkrieg befindet. Von hier aus verkündete **General Eisenhower** 1944 die Invasion der Alliierten in Frankreich. Das Innere der Station wirkt altmodisch, es gibt sogar eine Wendeltreppe.

Von hier in Richtung Norden gelangt man zum British Telecom Tower, genannt **BT Tower**. Er entstand als Funk- und Fernsehturm in den 1960er Jahren. Der 191 m hohe Turm des Architekten Eric Bedford war bis 1981 das höchste Gebäude Londons. Er ist mit getönten Glasplatten verkleidet. Oben gab es früher ein Drehrestaurant, das durch einen Anschlag der IRA 1971 zerstört wurde. Im Jahr 1980 wurde der Turm gänzlich für die Öffentlichkeit geschlossen. Die ehemaligen Richtfunkantennen sind nun seit der Umstellung auf Glasfaserkabel fast vollständig demontiert. Der Turm strahlt Fernseh- und Radioprogramme aus und überträgt Telefon- und andere Daten. Abends sieht man auf Höhe des 36. und 37. Stockwerks ein Lichtspiel aus 177 farbigen Streifen.

*Im Broadcasting House der BBC werden Nachrichten gemacht*

## Die Anfänge der BBC

*Kriegsreporter bei der BBC: George Orwell*

Die **BBC**, »British Broadcasting Corporation«, wurde durch einen königlichen Erlass gegründet und ging 1936 auf Sendung. Der Ausbruch des Zweiten Weltkriegs war eine große Herausforderung, die die BBC aber hervorragend meisterte. In der Folge wurde BBC zu einem international anerkannten Sender. Der **BBC World Service** wurde in acht Sprachen ausgestrahlt und erreichte nicht nur die Soldaten an der Front, sondern auch die Zivilisten in den von den Nazis besetzten Ländern. Vielfach hörten die Menschen heimlich zu, bei verdunkelten Fenstern, denn die Informationen in den eigenen Medien waren wenig verlässlich. Die BBC hatte es sich auch zum Auftrag gemacht, über die Ereignisse des Krieges so wahrheitsgemäß wie möglich zu berichten und setzte Reporter direkt am Kriegsschauplatz ein. Der Schriftsteller George Orwell, der von 1941 bis 1943 für den BBC Eastern Service arbeitete, prägte den Satz: »I heard it on the BBC, I know it must be true.« (»Ich habe es bei der BBC gehört, dann muss es stimmen«). Angeblich schaltete sogar Hitlers Oberkommando die BBC ein, wenn man genau wissen wollte, was passierte. Dies führte dann schließlich dazu, dass die BBC-Mitarbeiter anfingen, wichtige Daten und Plätze bewusst wegzulassen, um dem Feind nicht in die Hände zu spielen. So wurde beispielsweise der Wetterbericht gestrichen – ein Thema, das den Briten sonst sehr am Herzen liegt –, denn dieser hätte der deutschen Luftwaffe zur Angriffsplanung ihrer Flugbomber gedient. Mehr über die Arbeit der BBC erfährt man bei einem Besuch der Radio- und Fernsehstudios am Portland Place und in der Wood Lane, White City, im Nordwesten Londons.

Von hier in Richtung Südwesten gelangt man über die St. Foley Street zum **Broadcasting House der BBC**, Sitz des staatlichen Rundfunksenders. Das Haus mit den klaren Linien entstand im Jahr 1932 im »Art Deco«-Stil. Seine ovale Form ähnelt einem Schiffsbug. Über dem Eingang thronen Statuen des Bildhauers Eric Gill, die die Figuren Prospero und Ariel aus Shakespeares Stück »Der Sturm« verkörpern.

Hinter der Fassade verbirgt sich ein riesiges Areal mit 80.000 m² Büro- und Studiofläche, das 2011 neu ausgebaut wurde. Hier sitzen die BBC-Radio- und Nachrichtenstationen sowie der BBC World Service mit 36 Radiostudios, sechs Fernsehstudios und 60 Schneide- und Produktionsräumen.

INFO

**Information:**

**BBC Broadcasting House**
Portland Place, www.bbc.co.uk/broadcastinghouse. Führungen jeden Sonntag. Voranmeldung unter Tel.: 0370-9011227 oder online unter www.bbc.co.uk/showsandtours/tickets/. Eintritt: Erwachsene £ 9,95, ermäßigt £ 9,25, Kinder (Mindestalter 12 Jahre) £ 7,75.

**BBC Television Centre**
Wood Lane, U-Bahn White City, Central Line. Führungen Mo–Sa (So ab April 2012). Kinder Mindestalter 9 Jahre. Anmeldung und Preise wie oben. Hier kann man sich auch als Studiogast für eine der Sendungen bewerben: www.bbc.co.uk/showsandtours/beonashow

# 55 Königspalast mit Tradition – Buckingham Palace und Royal Mews

*Wenn die Queen zu Hause ist, wird die Standarte im Buckingham Palace gehisst*

**George VI.** ging als verschwenderischer König, der umfassende Bauprojekte von seinem Hofarchitekten John Nash (s. Kap. 53) verwirklichen ließ, in die Geschichte ein. Eine seiner größten Extravaganzen war der **Buckingham Palace**. Als die Kosten für den Bau sich verdreifacht hatten, wurde Nash nach Georges Tod als Architekt aus dem Projekt entlassen.

Seit 1702 stand die Residenz des Duke of Buckingham auf dem Gelände, dessen Familie von jeher eng mit dem Königshaus verbunden war. 1762 kaufte George III. das Haus für seine Frau Charlotte von Mecklenburg-Strelitz. Die königliche Familie residierte jedoch auch weiterhin im **St. James's Palace** an der Mall. Dieser war ursprünglich von Henry VIII. errichtet worden, aber erst Charles II. machte ihn 1698 zum Hauptwohnsitz. Heute wird er weiterhin von Mitgliedern der königlichen Familie genutzt. Nachdem George IV. die Thronfolge angetreten hatte, beschloss er 1826, Buckingham House zum Palast umzubauen. Auch die Stallungen, Royal Mews, wurden vom Trafalgar Square hierher verlegt.

Aufgrund der ausufernden Kosten für Nashs Umbaupläne beauftragte Georges Bruder und Nachfolger William IV. den Architekten Edward Blore mit der Endgestaltung. Das Ergebnis war ein wenig spektakuläres Gebäude, das heute vor allem deshalb Besucher anzieht, weil sie einmal einen Blick auf die königliche Familie erhaschen oder die Wachablösung der Garde beobachten wollen. Auf dem Balkon an der Fassade des Palastes zeigen sich die Queen und ihre Familie aber nur bei besonderen Anlässen. Die Queen winkt dabei den Menschenmassen zu, die sich vor dem schmiedeeisernen Tor versammelt haben. Obwohl die Queen in Großbritannien Respekt genießt, richten sich solche PR-Auftritte vor allem an die vielen Touristen, für die ein

Besuch beim königlichen Palast eben dazugehört. Im Sprachgebrauch der Briten heißt der Palast einfach nur »Bucks House«.

Erst **Königin Victoria** zog 1837 dauerhaft in den Palast ein und ließ nach ihrer Heirat mit Prinz Albert von Sachsen-Coburg und Gotha den unbequemen Palast für die rasch wachsende Familie angemessen umbauen. Seitdem ist er der **Hauptwohnsitz der königlichen Familie**. Nur in den Sommermonaten, wenn die Familie in den schottischen Sitz Balmoral umzieht, können Besucher die 19 Staatsräume besichtigen (einen Bruchteil der insgesamt 775 Räume), in denen Queen Elizabeth II. Politiker, Botschafter und andere wichtige Persönlichkeiten empfängt. Einmal pro Woche ist übrigens der Premierminister bei ihr zu Gast und informiert die Queen über den Gang der Staatsgeschäfte. Wenn die Queen anwesend ist, wird die königliche Standarte gehisst und es stehen vier Guards vor dem Tor. Ist sie abwesend, weht stattdessen die britische Flagge und es stehen nur zwei Guards vor dem Eingang.

*Begegnung in den »Royal Mews«, den königlichen Stallungen*

Besucher betreten den Palast durch den Botschaftereingang, durch ein von Nash entworfenes Portiko. In den Staatsräumen befinden sich wertvolle Kunstwerke aus der Sammlung der Queen. Der Ballsaal ist der größte Raum im Palast, hier werden beispielsweise die Ehrentitel verliehen. Der Rundgang endet im Garten, wo die Queen ihre alljährliche Gartenparty veranstaltet. Im Jahr 2012 feiert die Queen ihr **diamantenes Jubiläum** – 60 Jahre im Amt – und es finden im ganzen Land viele Veranstaltungen statt. Unter anderem wird im Palast eine Ausstellung der königlichen Juwelen gezeigt.

Auf der Buckingham Palace Road befinden sich auch die Stallungen, **Royal Mews**. Die amtierende Queen gilt als Pferdeliebhaberin, sie besitzt auch selbst einige Rennpferde. Besonders sehenswert sind vor allem die historischen Pferdekutschen – aber auch die Limousinen, die bei offiziellen Anlässen benutzt werden. So zum letzten Mal 2011 bei der Hochzeit von Katherine, Duchess of Cambridge, und Prince William, Duke of Cambridge.

**INFO**

**Hinkommen:** U-Bahn Victoria Station, Victoria, District und Circle Line. Green Park, Victoria, Jubilee and Piccadilly Line. Hyde Park Corner, Piccadilly Line.

**Information: Buckingham Palace**
Tel.: 7766-7300,
www.royalcollection.org.uk.
Geöffnet 2012: 31. Juli-30. Sept., tgl. 9.45-18.30 Uhr. Eintritt State Rooms: Erwachsene £ 18, ermäßigt £ 16,50, Kinder 5-16 Jahre £ 10,25. Sammelticket 2012 State Rooms, Royal Mews und Queen's Gallery: Erwachsene £ 31,95, ermäßigt £ 29,25, Kinder bis 17 Jahre £ 18,20.

**Changing the Guard**: Jeden Tag um 11.30 Uhr findet vor dem Palast die Wachablösung der königlichen Leibgarde statt.

# 56 Klassizistisches Flair in Mayfair und im Botschaftsviertel Belgravia

Der britische Klassizismus fiel in die Georgianische Periode (1714–1830), die nach den Hannoveraner Regenten mit den Königsnamen »George« benannt wurde. Zwischen Hyde Park und Green Park flankieren die zwei wohlhabendsten Bezirke Londons den Buckingham Palace: **Mayfair** mit dem Grosvenor Square im Norden und **Belgravia** im Süden. Hier finden sich noch ganze Straßenzüge homogener georgianischer Architektur, die immer gleichförmig und wie aus dem Ei gepellt wirkt. Die hellen Fassaden täuschen jedoch – die Gebäude wurden aus rotem Backstein gebaut und später entweder mit Steinplatten oder Stuck verblendet.

## Grosvenor Square, Mayfair

Der Platz entstand um 1720, als Sir Richard Grosvenor das bis dahin als Schafsweide genutzte Gelände erwarb. Nach klassizistischem Muster ließ Grosvenor nach einem symmetrischen Rastersystem ein Wohnviertel mit begrünten Plätzen und großen Stadthäusern angelegen. Die wohlhabenden Familien residierten hier mit ihren Bediensteten. Diese mussten mit dem Souterrain oder der Dachkammer Vorlieb nehmen. Traditionell gab es hier ein zweiwöchiges Maifest, das »May Fair«, das jedoch nach dem Einzug der gehobenen Schichten 1764 abgeschafft wurde. Mayfair ist eines der teuersten Wohnviertel Londons und beherbergt die großen Auktionshäuser **Sotheby's** und **Christie's**, teure Hotels und noble Einkaufsadressen wie die Bond Street und die **Savile Row** (s. Kap. 78). Von Königin Victoria wurde der Familie Grosvenor der erbliche Titel »Duke of Westminster« verliehen. Der heutige Duke, Gerald Grosvenor, gilt als das reichste Mitglied des alten englischen Adels – nicht zuletzt deshalb, weil ihm ein Großteil der teuersten Immobilien Londons gehört.

*Die berühmte Savile Row gehört zum Stadtteil Mayfair*

Seit dem Zweiten Weltkrieg hat die US-amerikanische Botschaft ihren Sitz an der Westseite des Grosvenor Square. Im Bau ist allerdings ein Neubau an der Themse, in den die Botschaft bis 2017 umziehen will. Am Ostende des Grosvenor Parks erinnert ein Denkmal an die Opfer des Terroranschlags in New York vom 11. September 2001.

### Gut Einkaufen und fein Essen in Belgravia

**Harvey Nichols**, 109–125 Knightsbridge, Tel.: 7235-5000, www.harveynichols.com/stores/london. Geöffnet Mo–Sa 10–20, So 12–18 Uhr. Im fünften Stock gibt es ein angesagtes Café und ein Restaurant:
**Fifth Floor Café and Terrace**, Tel.: 7823-1839. Geöffnet Mo–Sa 8–23, So 11–17 Uhr.
**Fifth Floor Restaurant**, Tel.: 7235-5250. Geöffnet Mo–Do 12–17.30, Fr & Sa 12–17.30, So 12–17 Uhr.
**Harrods**, 87–135 Brompton Road, Tel.: 7730-1234, www.harrods.com. Geöffnet Mo–Sa 10–20, So 12–18 Uhr. Harrods hat mehrere sehr schicke Restaurants (Reservierung nötig), Cafés und Snackbars, wie z. B. die **Terrace Bar** mit leichtem Mittagessen, Salaten und köstlichem Sushi. Tel.: 7730-1234. Geöffnet Mo–Sa 10–20 Uhr, So 11.30–18 Uhr.

## Belgrave Square und Eaton Square, Belgravia

*Typische Terrassenarchitektur in Belgravia*

Die Familie Grosvenor war auch für die Gestaltung des Viertels **Belgravia** verantwortlich. Der Duke of Westminster trägt den Nebentitel »Viscount Belgrave«, und das Land gehörte zu den Besitzungen der Familie. Nach 1820 begann man mit der baulichen Entwicklung des Geländes und legte die Straßen an. Klassizistische Stadthäuser entstanden, wiederum mit Souterrains für die Bediensteten und teilweise sogar mit angeschlossenen Stallungen. Der Bezirk grenzt an Knightsbridge und die Sloane Street. Hier finden sich die Kaufhäuser **Harrods** und **Harvey Nichols** und Boutiquen internationaler Designer wie Chanel, Prada etc.

Am **Belgrave Square** entstanden unter der Leitung von Thomas Cubitt nach dem Design von George Basevi vier Terrassen mit elf gleichförmigen Häusern rund um einen kleinen Park. Hier gibt es eine Büste von Basevi und eine Statue des Ersten Marquess von Westminster. Bis zum Zweiten Weltkrieg lebte hier hauptsächlich der Hochadel, seitdem ist der Platz fast ausschließlich der Sitz von Botschaften (Deutsche Botschaft Hausnummer 21–23), verschiedener Gesellschaften und Institutionen. Die Straßen sind ruhig und menschenleer. Südlich von hier liegt der **Eaton Square**, dessen sechs Abschnitte sich um das Nordende der King's Road gruppieren. Hier geht es wesentlich geschäftiger zu. Hinter den georgianischen Fassaden hat sich das Innere der Häuser fast grundlegend geändert, einige sind inzwischen durch Durchbrüche zusammengewachsen. Apartments und Häuser in dem Viertel kosten mehrere Millionen britische Pfund. Der Duke von Westminster selbst lebt am Eaton Square.

**INFO**

**Hinkommen:**
**Grosvenor Square**: U-Bahn Bond Street, Central Line und Jubilee Line.
**Belgrave/Eaton Square:** U-Bahn Hyde Park Corner, Piccadilly Line.

**Essen & Trinken:** **Sotheby's**, 34–35 New Bond Street, Tel.: 7293-5077. Geöffnet Mo–Fr 9.30–11.30, 12–16.45 Uhr. Im Aktionshaus gibt es ein schickes Café.

# 57 Bahnhof St. Pancras – neugotisches Terminal für futuristische Züge

Der **Bahnhof St. Pancras** wird aufgrund seiner Architektur auch als »Kathedrale« bezeichnet. Wer mit dem Eurostar nach London kommt, erhält hier seinen ersten Eindruck von viktorianischer Architektur. Seit der Neueröffnung 2007 ist St. Pancras auch einer der modernsten Bahnhöfe Londons, mit der einzigen Trasse für Hochgeschwindigkeitszüge in Großbritannien.

Der Bahnhof entstand auf Initiative der »Midlands Rail Company« im Jahr 1868. Die Verbindungen nach Nord- und Mittelengland in Städte wie Leeds und Birmingham waren von großer Bedeutung, da dort die Kohle gefördert wurde, die die Dampfmaschinen der Industrieanlagen in ganz Großbritannien antrieb. Dazu wurde mit Fertigwaren gehandelt, die von Hafenstädten wie Liverpool oder Manufakturen in Leeds und Birmingham per Kanalboot zu den Bahnlinien gelangten. Aufgrund des wachsenden Waren- und Personenverkehrs waren die Zugkapazitäten der bestehenden Bahnhöfe Euston und King's Cross nicht mehr ausreichend.

Das neue Bahnhofsgebäude von St. Pancras sollte das beste, größte und schönste in London werden. Man stand in Konkurrenz zu Bahngesellschaften, die in anderen Teilen Londons Bahnlinien in die verschiedenen Himmelsrichtungen betrieben. So wurden für die Dampfzüge, das schnellste Fortbewegungsmittel der damaligen Zeit, hohe Hallen entworfen. Für Paddington beispielsweise hatte die »Great Western Railway Company« eine Glas- und Stahlkonstruktion vom viktorianischen Stararchitekten Isambard Kingdom Brunel entwerfen lassen. Der Bahnhof **King's Cross**, heute unterirdisch mit St. Pancras durch einen U-Bahn-Tunnel verbunden, gehörte zur Great Northern Railway und war von Lewis Cubitt entworfen worden.

Man verpflichtete den Ingenieur William Henry Barlow, der für St. Pancras die Halle mit den bis dahin größten Einfeldträgern konstruierte. Um Reisenden die An- und Abreise zu vereinfachen, wurde das **Midland Grand Hotel** 1873 in den Bahnhof eingegliedert. Die massive rote Backsteinfassade

*St. Pancras sollte das schönste Bahnhofsgebäude Londons werden*

*Modernste Technik hinter historischer Backsteinfassade*

mit neugotischem Uhrturm und Fensterbögen von George Gilbert Scott wurde zur Attraktion, und das Hotel bot den ultimativen Luxus. Allerdings entsprach es schon bald nicht mehr modernen Anforderungen. Die schöne Innenausstattung, zum Beispiel waren die Wände mit Blattgold verziert, konnte nicht darüber hinwegtäuschen, dass die Sanitäranlagen unzureichend waren. Es gab keine Badezimmer und ein Großteil der Angestellten wurde einzig dafür abgestellt, Gäste mit Wasserkaraffen zu versorgen und Nachttöpfe auszuleeren. Im Jahr 1935 wurde das Hotel daher geschlossen. Mit dem Niedergang der Kohleindustrie geriet auch der Bahnhof aufs Abstellgleis und sollte in den 1960er Jahren abgerissen werden. Der damalige Poet und Hofdichter **Sir John Betjeman** setzte sich vehement dafür ein, dass das Gebäude unter Denkmalschutz gestellt wurde. Ihm ist heute auf der oberen Ebene, über der Arkade, ein Denkmal gewidmet.

Erst Mitte des 21. Jh. begann man mit dem Umbau und der Neugestaltung des Bahnhofs. Ziel war die Angliederung des Eurostars an die neue Hochgeschwindigkeitstrasse von hier nach Süden. Das bisherige **Eurostar Terminal** am Waterloo Bahnhof wurde hierher verlegt. Das »St. Pancras Renaissance Hotel« öffnete im Frühjahr 2011. Hier wurde das alte Design wiederbelebt, dafür kosten die Zimmer zwischen £ 375 und £ 3.000. Der helle und freundliche Bahnhof ist mit vielen Restaurants, Cafés und Geschäften ausgestattet. Es finden sogar regelmäßig Konzerte in der Halle statt.

Wer noch Zeit mitbringt, kann der benachbarten **British Library** einen Besuch abstatten. Die Nationalbibliothek wurde 1997 vom British Museum in das neue Gebäude in St. Pancras verlegt. Neben Wechselausstellungen, kann man hier unter anderem in der **Sir John Ritblat Gallery** eine permanente Ausstellung mit Originalmanuskripten, beispielsweise der Magna Carta, aber auch von britischen Literaten wie Shakespeare und Jane Austen, besichtigen.

**INFO**

**Hinkommen:** U-Bahn St Pancras/King's Cross, Northern Line, Victoria Line.

**Information:** **St. Pancras**
www.stpancras.com.

**Essen & Trinken:**

**Gilbert Scott Brasserie**, Tel.: 7841-3540, www.thegilbertscott.co.uk. Geöffnet tgl. 12-15 und 17.30-23, So 12-22 Uhr. Unter Leitung von Chefkoch Marcus Waring. Moderne britische Küche, Hauptgericht mit Beilagen £ 20-£ 30.

**The Bar,** Snacks ab £ 5. Geöffnet tgl. ab 12 Uhr.

**British Library**
96 Euston Road, www.bl.uk, Tel.: 0843-2081144. Geöffnet Mo, Mi, Do, Fr 9.30-18, Di 9.30-20, Sa 9.30-17 Uhr, So und feiertags 11-17 Uhr (nur Ausstellungen).

# 58 Hochgebaut I: kontroverse neue Wolkenkratzer aus Glas und Stahl

Das Gebiet im Osten der **Bank of England** (s. Kap. 5) ist seit Jahrhunderten ein international bedeutendes Finanzzentrum. Bereits zur Blütezeit der Industrialisierung und des Imperialismus wurden hier immense Reichtümer in klassizistischen und neugotischen Prunkbauten verwaltet. Noch bis in die 1950er Jahre galten strikte Höhen-Begrenzungen für Neubauten in London. Unter Premierministerin Maggie Thatcher führte die Deregulierung der Institutionen – der sogenannte **Big Bang** – zu enormer Expansion und Spekulation. Das große Geld verlangte nach einer angemessenen Repräsentanz. Die **Canary Wharf** (s. Kap. 7) in den Docklands wurde Vorreiter für millionschwere neue Bauprojekte, die allerdings durch die Finanzkrise 2008/2009 in Verruf gerieten. Heute gibt es mehrere Großbaustellen in der Londoner City, die zum Teil durch arabische Ölmillionen finanziert werden. Bürogebäude aus den letzten Dekaden weichen einer neuen Skyline aus Hochhäusern der dritten Generation, die Hong Kong und Dubai imitieren. Zwar muss beim neuen Häuserwald darauf geachtet werden, dass sogenannte **Viewing Corridors** gewahrt bleiben, also der Blick auf bestimmte Sehenswürdigkeiten von bestimmten Straßenachsen aus. So darf beispielsweise der Blick auf die St. Paul's Cathedral nicht verstellt werden. Viele historische Gebäude wirken jedoch jetzt schon eingezwängt auf ihren schattigen Plätzen unter den Glasriesen.

Von der U-Bahnstation Bank führt der Rundgang von der Cornhill in Richtung Osten, über die Bishopsgate zur Leadenhall Street. Auf der rechten Seite befindet sich ein Gebäude der älteren Generation, das **Lloyd's Building** (95,1 m) des Architekten Richard Rogers aus dem Jahr 1986. Es trägt die Handschrift des Architekten, der auch – gemeinsam mit Renzo Piano – das Centre Pompidou in Paris entworfen hat. Treppen, Lifte und Wasserrohre befinden sich an der Außenseite des Gebäudes.

Gegenüber, Nr. 122 Leadenhall Street, entsteht ein weiteres Gebäude von Rogers. Der Spitzname **Cheesegrater** (225 m) ist seiner keilförmigen Struktur geschuldet, die einer Käsereibe ähnelt. Das Gebäude wird ein – für das Publikum geöffnetes – 30 m hohes Atrium haben, ausgestattet wiederum mit Glasliften an der Außenfassade, die eine Panoramaaussicht bieten. Geht man von hier in Richtung Norden entlang der St. Mary Axe, passiert man zunächst den St. Helen's oder **Aviva Tower** aus dem Jahr 1969 (118 m). Er ist eines der frühen Projekte, die sich an dem Design von Mies van der Rohe orientierten. Im Jahr 1992 kam es übrigens zu Bombenanschlägen der »Provisional IRA« auf Gebäude in der Bishopsgate Street, bei dem auch St. Helen's und das Nachbargebäude beschädigt wurden. Dieses musste nun dem Cheesegrater weichen.

In der Nr. 30 St. Mary Axe steht die berühmte Gherkin (Gewürzgurke, 180 m, erbaut 2004), ehemals Sitz der Swiss Re. **The Gherkin** wurde von Sir Norman Foster gestaltet, der auch den Deutschen Reichstag in Berlin mit seiner berühmten Kuppel entworfen hat. Der Rundturm The Gherkin ist originell und wirkt durch seine mehrfarbige Glasstruktur freundlich. Das Gebäude gewann 2004 den RIBA Stirling Preis für Architektur.

Wenn man nördlich von hier links in die Bevis Marks einbiegt, sieht man auf der rechten Seite, Nr. 110 Bishopsgate, bereits den quadratischen **Heron Tower** (230 m, erbaut 2011), vom amerikanischen Architektenbüro Kohn Pedersen Fox. In der Lobby befindet sich ein Aquarium mit einem Fassungsvermögen von 70.000 Litern und 1.200 Fischen. Außerdem gibt es ein verglastes Restaurant/Bar im 39. Stock sowie ein Sushi-Restaurant.

*»The Gherkin« – einer der bekanntesten »Hingucker« in London*

Auf der Bishopsgate weiter nach Süden befindet sich die Baustelle des Bishopsgate Tower, der Pinnacle oder auch **Helter Skelter** genannt wird, da er an eine spiralförmige Rutsche erinnert (288 m). Die rundlaufende Struktur wurde angeblich organischen Formen wie Muscheln und anderen nachempfunden. In den oberen Stockwerken ist ein Restaurant vorgesehen.

Auf der rechten Seite erhebt sich der **Tower 42** (ehemals Nat West Tower) von Richard Seifert. Der Eingang befindet sich in der Parallelstraße Broad Street 25 (183 m, erbaut 1980). Der Turm ist inzwischen etwas in die Jahre gekommen, war aber bis zu den neuen Bauvorhaben bei weitem das höchste Gebäude in der City. In den oberen Stockwerken befindet sich ein Restaurant des Starkochs Gary Rhodes sowie eine Champagnerbar.

**INFO**

**Hinkommen:** U-Bahn Bank, Central Line oder Circle Line.

**Essen & Trinken:** **Tower 42**
25 Old Broad Street, Tel.: 7877-7703, www.rhodes24.co.uk. Geöffnet Mo–Fr 12–16.30, Dinner 18–21 Uhr, Reservierung erforderlich.

**Vertigo 42 Champagne Bar**
Tel.: 7877-7842, www.vertigo42.co.uk. Geöffnet Mo–Fr 12–16.30, Mo–Sa 17–23 Uhr.

**Heron Tower**, 110 Bishopsgate
**The Drift Bar**, Tel.: 0845-4680103, www.thedriftbar.co.uk. Geöffnet Mo–Mi 7.30–23, Do & Fr 7.30–1 Uhr, Sa 10–24, So 10–19 Uhr.

**Sushibar Sushisamba**
Eröffnet im Frühjahr 2012, www.london.sushisamba.com.

# 59 Hochgebaut II: kontroverse Bauten am Südufer der Themse

Bereits unter Ken Livingston, dem ehemaligen linksgerichteten Bürgermeister der Stadt wurden im Jahr 2000 die Weichen für die neuen Hochhausprojekte gestellt, die jetzt gebaut werden. Er gab zu verstehen, dass er nichts dagegen habe, wenn in London Wolkenkratzer entstehen, denn solche Projekte verbesserten die Infrastruktur in der Stadt. Diese Denkweise fand nicht überall Anklang.

*Die City Hall wird im Volksmund auch »Darth Vader's Helmet« genannt*

Es gibt eine Lobby, unter anderem die Organisation »English Heritage«, die sich für den Erhalt von historischen Gebäuden, aber auch für den Schutz der historischen, weltbekannten Skyline von London einsetzt. Und es gibt viele Gegner moderner Architektur, nicht zuletzt den Prince of Wales, der sich immer wieder gegen zukunftsweisende Bauprojekte ausgesprochen hat. Auch die UNESCO überlegt mittlerweile, ob der **Tower of London** aus der Liste des Weltkulturerbes genommen werden soll, weil seine Silhouette in Zukunft von allen Seiten durch Hochhäuser überschattet sein wird. Außerhalb der Stadt, beispielsweise in der **Canary Wharf,** gibt es weniger Widerstand gegen die Glastürme als innerhalb des Zentrums, wo praktisch überall historischer Boden betreten und verändert wird.

Der amtierende Bürgermeister Boris Johnson sitzt mit der Stadtverwaltung im neuen City Hall-Gebäude am Südufer der Themse. Das umliegende Gebiet wurde unter dem Motto **More London** komplett umgestaltet. Die **City Hall** (45 m, erbaut 2002) stammt von dem Architekturbüro Foster + Partners, dem Büro von Sir Norman Foster. Wie in den meisten Gebäuden von Foster wird auch hier mit doppelten Glasfassaden gearbeitet, die eine natürliche Belüftung zulassen. Solarenergie wird genutzt und die Gebäudeform verhindert Hitzeverlust. Abwärme, die durch Computer und Beleuchtung entsteht, wird recycled. Aufgrund der ungewöhnlichen halbrunden Form wurde der City Hall der Spitzname »Darth Vader's Helmet« verpasst – nach dem »Star Wars«-Bösewicht. Neben der City Hall befindet sich das Amphitheater **The Scoop**, in dem im Sommer Open-Air-Veranstaltungen stattfinden.

*The Shard, das neue Wahrzeichen von Südlondon*

Nach Westen, immer entlang des Themseufers, gelangt man bald zum Bahnhof **London Bridge Station**. Der Bahnhof ist Teil des Erneuerungsprojektes im hiesigen Stadtteil Bermondsey und soll bis ins Jahr 2018 komplett umgestaltet werden. Unterirdisch entstehen neue Gleise für extra-lange Züge – auf einem Areal so groß wie das Wembley-Fußballstadion (s. Kap. 88). Dieses Projekt wird das Straßenbild und auch die der Themse zugewandte Fassade erheblich verändern. Östlich entlang der Tooley Street, 32 London Bridge, entsteht eines der meistdiskutierten neuen Projekte, das sogenannte **Shard**, da es einer Glasscherbe ähnelt (310 m, erbaut 2012). The Shard, entworfen von Renzo Piano (Centre Pompidou, Hafen von Genua) ist weithin zu sehen und wird aufgrund seiner Höhe zum Wahrzeichen von Südlondon. Man sieht ihn vom St. James's Park und er überragt das London Eye. Das Gebäude des Shard wird in das neuentwickelte Viertel um die London Bridge Station mit eingebunden. Innen entstehen neben Büroräumen das Super-Luxushotel **Shangri-La** und Luxusapartments für die ganz Reichen. Restaurants und Geschäfte sollen mit eingebunden werden. Ganz oben gibt es eine öffentliche Aussichtsgalerie.

Für die nächsten Jahre sind bereits weitere Projekte nördlich und südlich der Themse geplant oder bereits im Bau: **Walkie Talkie**, Fenchurch Street 20 (177 m, geplante Eröffnung 2014), **100 Bishopsgate** (177 m, geplante Eröffnung 2014) und **Doon Street Tower** (170 m, Southbank) – um nur einige zu nennen. Wer sich einen Überblick über die Projekte verschaffen will, findet im **New London Architecture Centre** ein Modell der Stadt und viele Infos.

**INFO**

**Hinkommen:** U-Bahn London Bridge, Northern Line.
**Information:** **City Hall**, Greater London Authority, The Queen's Walk, Tel.: 7983-4000, www.london.gov.uk/city-hall. Hier findet man viele Infos über die Stadt und es finden Ausstellungen statt, unten gibt es ein Café.
**Ausstellung Stadtplanung**: NLA - The Building Centre, 26 Shore Street, Tel.: 7636-4044, www.newlondonarchitecture.org. Geöffnet Mo–Fr. 9.30–18 Uhr, Sa 10–17 Uhr. Eintritt frei.

# 60 The Barbican – kompromisslose Architektur der 1970er Jahre

*»The Barbican« war Mitte der 1970er Jahre ein bahnbrechendes, architektonisches Projekt*

Im Stadtviertel Barbican stand einst das gleichnamige Torhaus der Londoner Stadtmauer. Außerhalb der Mauer gelangte man zu elisabethanischen Zeiten in das etwas heruntergekommene Viertel **Cripplegate**, in dem zwielichtige Elemente wohnten – aber auch Künstler. Shakespeare und Ben Johnson lebten zeitweilig hier. Aufgrund der schlechten Lebensverhältnisse wütete die Pest besonders schlimm und im Jahr 1665 fielen ihr 8.000 Menschen zum Opfer. Im Zweiten Weltkrieg wurde das gesamte Gebiet der City von Bomben stark zerstört, und es lebten hier nur noch wenige Einwohner.

1971 bis 1976 entstand ein für die damalige Zeit bahnbrechendes Projekt mit neuen Wohnblocks und Hochhäusern, einem Kulturzentrum und anderen Einrichtungen. Bereits 1959 hatten die Architekten Chamberlin, Powell und Bon ihr Konzept für das neue Viertel vorgelegt. Mit den Bauarbeiten wurde jedoch erst 1971 begonnen. Die brutalistische Architektur der 1960er und 1970er Jahre, die heute nur noch wenige Freunde findet, war damals ein Ausdruck der Experimentierfreudigkeit mit neuen Ideen und Lebenskonzepten.

Das Viertel wird von drei Hochhaustürmen, den **Barbican Towers** dominiert, vor denen sich eine Reihe von L-förmigen Wohnblocks erstreckt. Das Kulturzentrum ist untergebracht in einem halbrunden Bau mit einem rechteckigen Vorbau. Davor erstrecken sich eine **Caféterrasse** und ein Teich. Wo die Wohnblocks über den Teich gebaut wurden, wurde der Unterbau durch Säulen ersetzt, sodass ein freier Durchblick entstand. Es gibt ein Gewirr von Verbindungswegen, vor allem auch auf der oberen Ebene. Die Geschäfte, die einst die unteren Ebenen belebten, stehen momentan leer Die Apartments im Barbican sind heute noch begehrt, da sie mitten in der wenig bevölkerten City liegen, wo sich sonst nur Millionäre Immobilien leisten können. Von dem Komplex aus eröffnen sich immer wieder Ausblicke auf die neuen Hochhaustürme der City (s. Kap. 58), wie beispielsweise den Heron Tower, wo moderne Luxusapartments entstanden sind.

Die Barbican Towers selbst sind 123 m hoch, mit Penthäusern in den oberen Stockwerken. Insgesamt leben ca. 4.000 Menschen in dem Beton-Komplex und die Architektur steht unter Denkmalschutz. Das **Museum of London** (s. Kap. 27) befindet sich am Westrand des Barbicans.

Für das Kulturzentrum Barbican Centre hatten die Architekten einige sehr ausgefallene Vorschläge: Sie planten ein Kino, in dem die Leinwand an der Decke angebracht war und das Publikum auf dem Rücken lag. Hiervon wurde allerdings Abstand genommen. Es entstand jedoch die **größte Konzerthalle in Europa** mit 1.949 Sitzen, einem Theater mit 1.166 Sitzen und einem Kino mit 286 Sitzen. Außerdem gibt es eine Kunstgalerie sowie weitere Ausstellungen im Foyer und in den öffentlichen Räumen, eine Bibliothek und drei Restaurants sowie die Außenterrasse.

Das erst 1982 fertiggestellte Kulturzentrum hat mittlerweile Weltruhm erlangt und ist der Sitz des **Londoner Symphonieorchesters**. Man kooperiert unter anderem mit internationalen Orchestern wie dem Royal Concertgebouw Orchestra of Amsterdam, den New Yorker Philharmonikern und dem Leipziger Gewandhaus-Orchester. Das Theater war zudem bis ins Jahr 2000 die Londoner Residenz für die **Royal Shakespeare Company** aus Stratford-upon-Avon.

Das Barbican bietet ein vielseitiges Programm an klassischer Musik und Popkonzerten, Filmen, Sprech- und Tanztheater, Workshops und anderen Events. 2012 feiert man außerdem das 25-jährige Bestehen.

Obwohl das Zentrum unbestritten eine der bedeutendsten kulturellen Einrichtung in London ist, beklagen sich Besucher immer wieder über die konfuse Architektur im Inneren. Um die Orientierung einfacher zu machen, zeigen Pfeile auf dem Boden in Richtung der jeweiligen Veranstaltungsräume, da sich schon manch einer verlaufen hat.

INFO

**Hinkommen:** U-Bahn Barbican, Hammersmith, Circle und Metropolitan Line. Moorgate, Northern Line.
**Information:** **Barbican Centre** Tel.: 7638-8891, www.barbican.org.uk. Geöffnet Mo-Sa 9-23, So und feiertags 12-23 Uhr.
**Essen & Trinken:** **Barbican Lounge** Level 1, Tel.: 7382-6180. Geöffnet Mo-Fr 12-20.30, Sa 17-20.30, So 12-19.30 Uhr. Hier gibt es Snacks und Tapas. **Searcy's**, Level 2, Tel: 7588-3008. Geöffnet Mo-Fr 12-22.30, Sa 17-22.30 Uhr. Moderne britische Küche, 2-Gänge-Menü £ 18, 3-Gänge £ 22.50 (Mo-Fr). **Barbican Foodhall**, Buffet, Level G. Geöffnet Mo-Sa 9-20, So 11-20 Uhr.

# 61 Lambeth Palace – mittelalterliche Burg und Sitz des Erzbischofs

**Lambeth Palace**, am Südufer der Themse, ist eines der wenigen Gebäude aus dem Mittelalter, das die Jahrhunderte überdauert hat. Der Palast ist seit dem 13. Jh. der Sitz des **Erzbischofs von Canterbury.** Bis Mitte des 16. Jh. befand sich am gegenüberliegenden Ufer der **Westminster Palace**, Sitz des Königs und des Parlaments. Obwohl es keine direkte Verbindung durch eine Brücke gab – die Westminster Bridge entstand erst 1739–1750 und die Lambeth Bridge 1932 – konnten sich das Staatsoberhaupt und der zweitwichtigste Mann im Land, der Erzbischof, per Boot relativ schnell gegenseitig erreichen. Bis zum 16. Jh. war die anglikanische Kirche römisch-katholisch und unterstand dem Papst in Rom. Erst als Henry VIII. sich von der katholischen Kirche lossagte, da diese ihm die Scheidung von seiner Frau Katherine of Aragon nicht gestattete, wurde der englische Monarch zum Oberhaupt der anglikanischen Kirche und der Erzbischof die zweithöchste religiöse Instanz, die vom jeweils regierenden Monarchen ernannt wird.

Während des Bauernaufstandes 1381 richtete sich die Wut des Volkes gegen die Obrigkeit. Unter Wat Tyler (1431–1481) marschierte man nach London und ermordete den Erzbischof sowie den Lordkanzler. Henry VIII. hingegen war selbst der größte Feind des Bischofs, er ließ Cardinal Wolsey (1471–1530) und Thomas Moore (1478–1535) hinrichten, da sie sich seinen Anordnungen widersetzten.

*Lambeth Palace hat etliche Jahrhunderte überdauert und kann heute besichtigt werden*

Das Torhaus und den Eingang des Lambeth Palace bildet der **Morton's Tower** aus rotem Backstein. Er stammt aus der Tudorzeit, um 1490. Hier befindet sich unter anderem ein Zentrum für die Restaurierung von alten Büchern und es werden ca. 230.000 alte Manuskripte aufbewahrt. Vom überdachten Atrium aus dem Jahr 2000 gelangt man in die Privatkapelle des Erzbischofs aus dem 13. Jh. Der älteste noch erhaltene Teil des heutigen Palastes ist die **Kapelle in der Krypta**, das Gewölbe stammt aus dem Jahr 1220. Westlich von hier, im Lollard's Tower aus dem Jahr 1440, befand sich im Untergeschoss im 17. Jh. ein Gefängnis. Der **Guard Room**, die große Empfangshalle aus dem 14.–16. Jh. wurde von Cromwells Truppen zerstört und 1663 wieder restauriert. Damals wurde die Decke mit einem gotischen Hammerbalken-Gewölbe verziert.

Von besonderem historischem Interesse ist die **Bibliothek der Church of England**, die 1610 gegründet wurde. Hier wird das Archiv des Erzbischofs aufbewahrt sowie kirchliche Dokumente, die bis ins 9. Jh. zurückreichen, Dokumente und Manuskripte, in denen ein Großteil der britischen Geschichte festgehalten ist. Für ein Studium der Bücher und Dokumente muss man sich lange im Voraus anmelden. Von Mai bis Juli finden jedoch Ausstellungen statt.

*Kriegsgeschichte – erzählt mit Plakaten aus der damaligen Zeit*

Sehr sehenswert ist auch das unweit von hier gelegene **Imperial War Museum**, das das Leben zur Zeit der beiden Weltkriege dokumentiert und auch einen Blick auf die Kriegsereignisse der neueren Geschichte wirft. Dokumente, Fotos und interaktive Installationen veranschaulichen den Bombenhagel im Blitz, das Schicksal von Kriegskindern sowie die generellen Schrecken des Krieges und des Holocaust. Außerdem finden sehr interessante Wechselausstellungen statt. Das Museum veranstaltet sogar sein eigenes Filmfestival für kritischen internationalen Film, das »IWM Festival«.

INFO

**Hinkommen:** U-Bahn Lambeth North, Bakerloo Line.
**Information: Lambeth Palace**
Lambeth Palace Road,
Tel.: 0844-2485134,
www.archbishopofcanterbury.org/pages/about-lambeth-palace.html.
Besichtigung: Do & Fr im Rahmen einer geführten Tour. Eintritt: £ 10 pro Person.

**Lambeth Palace Library**
Tel.: 7898-1030,
www.lambethpalacelibrary.org.uk.
Im Palastgarten befindet sich das Garden Museum, dessen Café tgl. von 10.30–17 Uhr geöffnet ist.
**Imperial War Museum**
Tel.: 7416-5000, www.iwm.org.uk.
Geöffnet tgl. 10–18 Uhr, Eintritt frei.

# 62 Nicht unumstritten – das MI6 Building des britischen Geheimdienstes

*Als der Architekt das Gebäude des Geheimdienstes MI6 baute, wusste er nicht, wer hier einziehen würde*

In dem Gebäude in **Vauxhall Cross** ist der internationale britische Geheimdienst seit 1994 ansässig, es dominiert diesen Teil des Themseufers. Die Architektur des Hauses ist umstritten, denn das weitläufige Gebäude mit den gestuften Türmen erscheint etwas zu opulent für eine Organisation, die eigentlich hinter verschlossenen Türen operiert und deren Existenz über lange Jahre von der britischen Regierung sogar geleugnet wurde. Von denen, die in dem Gebäude arbeiten, wird es humorvoll als »Legoland« bezeichnet, da es aus verschiedenen Baublöcken zusammengesetzt ist. Bei der Gestaltung hatte der Architekt Terry Farrell im Jahr 1988 allerdings noch keine Ahnung, wer später hier einziehen würde. Das Areal und das Gebäude waren von der Regierung gekauft und bar bezahlt worden.

Das Glas in den Außenbereichen ist angeblich kugelsicher. Ein weiteres Gerücht besagt, dass von dem Gebäude ein geheimer Verbindungstunnel unter der Themse nach Whitehall zu den Regierungsgebäuden verläuft. Im Jahr 2000 verübte die IRA einen Anschlag auf das Gebäude, bei dem allerdings nur äußerlich Schaden entstand.

Im täglichen Sprachgebrauch hat sich für den Geheimdienst die Bezeichnung **MI6** (»Military Intelligence, Section 6«) durchgesetzt. Korrekterweise müsste es allerdings **SIS** heißen: »Secret Intelligence Service«. Der Geheimdienst für das Innere, **MI5** (»Military Intelligence, Section 5«), ist auf der nördlichen Flussseite, nahe der Tate Britain Gallery (s. Kap. 37) ansässig. Das GCHQ, »Government Communication Headquarters«, in Cheltenham ging aus der

»Government Code and Cypher School« in Bletchley Park hervor. Das ist die Organisation, die im Zweiten Weltkrieg als Codebreaker fungierte, also Nachrichten und Signale der Nazis entschlüsselte. Alle drei Organisationen befanden sich früher unter derselben Leitung.

Die Ursprünge des MI6 gehen zurück auf die Zeit vor dem Zweiten Weltkrieg, als die Imperialmacht in der wachsenden deutschen Kriegsmarine eine Bedrohung für die eigene Vormachtsstellung auf den Weltmeeren sah. Mansfield Smith-Cumming (Codename »C«) wurde im Jahr 1909 der erste Leiter der »Foreign Section of the Secret Service Bureau«, und die ersten Beobachter wurden vor Ort eingeschleust. Von nun an war der Service nie mehr arbeitslos: Nach dem Ersten Weltkrieg richteten sich die Aktionen gegen die Bolschewiken in Russland. Im Zweiten Weltkrieg musste man die Bedrohung durch die Nazis abwehren und dann folgten die langen Jahre des Kalten Krieges. Jahrzehntelang beschäftigten sich MI5 und MI6 mit der Spionageabwehr gegen Agenten der kommunistischen Regime und mit der Gegenspionage. Dies bot den Hintergrund für ein ganzes Genre in Literatur und Film.

Durch die Geschichte hindurch hat es immer wieder Diplomaten gegeben, die eingesetzt wurden, um Bedrohungen von außen abzuwenden und den Plänen von verfeindeten Nationen auf die Schliche zu kommen. Einige Historiker behaupten jedoch, dass die Briten das Berufsbild des modernen Spions erfunden hätten. Die Struktur der Organisation diente als Vorbild nicht nur für den **CIA,** sondern auch für den israelischen **Mossad** und sogar für den verfeindeten **KGB**.

Nur sehr wenige Informationen über die eigentliche Arbeit des MI6 dringen nach außen. Aus diesem Grund ist das meiste, was man über die Organisation hört und liest, das Resultat von Spekulationen, Gerüchten oder Mythen. Der bekannteste fiktive Spion von MI6 ist wohl **James Bond** aus den Romanen von Ian Fleming und das Gebäude taucht in vielen Bond-Filmen auf, beispielsweise in »Die Welt ist nicht genug« von 1999. Der Chef oder die Chefin der Organisation hat bei Fleming den Codenamen »M«.

Bevor die Organisation in das neue Gebäude nach Vauxhall zog, bewohnte sie verschiedene andere Adressen in London: 1909 hatte man nur ein kleines Büro in der Victoria Street 64 in Westminster. Während des Zweiten Weltkriegs zog man in die Broadway Buildings nahe St. James's Park. Es gibt das Gerücht, dass im St. James's Park viele geheime Treffen abgehalten wurden, bei denen Dokumente auf Parkbänken die Eigentümer wechselten. Aufpassen sollte man mit Videoaufnahmen in oder um das Gebäude des MI6 in Vauxhall, denn hierfür muss man vorher beim »Lambeth Council Film Unit« eine offizielle Genehmigung einholen.

**INFO**

**Hinkommen:** U-Bahn Vauxhall, Victoria Line.
**Literatur-Tipp:**
**Keith Jeffery**. MI 6: A history of SIS 1909-1949. Bloomsbury 2010.
**John Le Carré**. Tinker, Tailor, Soldier, Spy. 1974. Deutsche Übersetzung: »Dame, König, As, Spion«. Das Buch wurde ausgezeichnet (neu)verfilmt 2011 von Thomas Alfredson – mit Gary Oldman, Colin Firth und John Hurt in den Hauptrollen.

# 63 Thames Barrier – die schönste Hochwasserbarriere der Welt

London liegt auf einer absinkenden Landscholle. Jedes Jahrhundert sinkt der Untergrund um etwa 75 cm. Daher liegt die Stadt heute etwa 3,5 m tiefer als zur Zeit des Großen Brands von 1666. Seit dem Schmelzen der Eiszeitgletscher vor ca. 11.000 Jahren sinkt außerdem der Süden Englands als Landmasse, während Schottland im Norden stetig ansteigt. Zusammen mit der allgemeinen Erderwärmung hat sich hierdurch auch der Wasserstand der Themse erhöht. Die ersten Befestigungen an der Themse entstanden während des Ausbaus der Docks zu viktorianischen Zeiten und sind den heutigen Hochwasserständen nicht mehr gewachsen. Da die Themse eine direkte Verbindung zur Nordsee hat, ist sie außerdem von Gezeiten betroffen, die bis zur London Bridge wahrnehmbar sind. Eine große Sturmflut könnte daher im heutigen London großen Schaden anrichten. So mussten 1953 bei einer Sturmflut in der Nordsee insgesamt 300 Menschen in den Küstenregionen ihr Leben lassen. Man wurde auf das Problem aufmerksam und das Resultat war ein architektonisch beeindruckendes Bauwerk, das oft als modernes Weltwunder bezeichnet worden ist. Denn die **Thames Barrier** ist die zweitgrößte bewegliche Hochwasserschutzanlage der Welt.

*Thames Barrier – großartiger Anblick bei Sonnenuntergang ...*

Wer der Themse von Greenwich in Richtung Süden folgt, gelangt zu der Anlage. Die Barrieren wurden 1984 eröffnet und bestehen aus zehn Toren, die zusammen eine Barriere von 520 m Länge bilden. Zwischen Betonplattformen, die tief in den Flussboden versenkt sind, befinden sich Schließmechanismen aus Stahl, die von der Form her einer Schaukel ähneln. Auffallend sind die auf den Betonpfeilern stehenden Metallstrukturen, die an moderne Skulpturen erinnern.

Die Barrieren können auf verschiedene Höhen angehoben oder heruntergelassen werden. Verschlossen werden sie, wenn der Wasserpegel der Themse 4,87 m übersteigt. Wenn die Barrieren nicht gebraucht werden, werden sie versenkt und füllen sich mit Wasser, denn die »Schaukeln« sind innen hohl. Ist die Anlage abgesenkt, können die meisten Schiffe die Zwischenräume zwischen den Betonpfeilern problemlos passieren. Seit der Haupthafen Londons in den Süden nach Tilbury verlegt wurde, müssen die größten Containerschiffe jedoch gar nicht mehr die Themse bis hierhin hinauffahren, um zu docken.

*... und am Tag zeigen sich deutlich die gewaltigen Ausmaße der Anlage zur Verhinderung von Flutwellen*

Den besten Blick auf die Barrieren erhält man natürlich von der Themse selbst. Auch in **Silverton** am Nordufer (Newham) und in **Charlton** am Südufer (Greenwich), gibt es Stellen, die einen guten Blick ermöglichen. In Charlton befindet sich ein **Informationszentrum**, in dem an Modellen veranschaulicht wird, wie die Barrieren genau funktionieren. Anhand von Videos wird der Bau der Barrieren dokumentiert, die übrigens jeden Monat getestet werden. Falls man zur richtigen Zeit hier ist, kann man sie in Aktion sehen. In Silverton wurde in Ufernähe der **Thames Barrier Park** eingerichtet, in dem man einiges über den Umweltschutz und das Leben im Küstengebiet der Themse erfahren kann. Wer die Besichtigung mit einer Fahrt auf der Themse verbinden will, kann eine der Bootstouren buchen, die von Greenwich nach Süden fahren.

**INFO**

**Hinkommen:** Zug: von Waterloo bis nach Woolwich Dockyard (ca. 2 km zu Fuß); von Woolwich Arsenal per Taxi; oder U-Bahn North Greenwich (Jubilee Line) und dann weiter mit Bus Nr. 161 oder 472 nach Charlton.

**Information:**

**Thames Barrier Visitor Centre**
1 Unity Way, Woolwich, Tel.: 8305-4188, www.environment-agency.gov.uk. Geöffnet Sommer 10.30–16.30, Winter 11–15.30 Uhr. Eintritt Erwachsene £ 3,50, ermäßigt £ 3, Kinder 5-16 Jahre £ 2.

**Thames Barrier Park**: North Woolwich Road, Tel.: 7476-3741, www.thamesbarrierpark.org.uk

**Hinkommen:** U-Bahn Jubilee Line bis Canning Town, dann umsteigen in DLR bis Pontoon Dock. Geöffnet Sommer tgl. 7–20 Uhr, Winter bis 16.30 Uhr.

# 64 Bazalgette und Londons Kanalisation – viktorianische Industriearchitektur

Das viktorianische London hatte nicht nur mit sozialen, sondern auch mit sanitären Problemen zu kämpfen. Durch den raschen wirtschaftlichen Aufstieg der Industrienation gab es einen riesigen Bevölkerungszuwachs. So lebten in den beengten Verhältnissen der Straßenzüge aus dem 17. Jh., wie im East End, die Menschen in schrecklichen Verhältnissen. Während die Oberschicht in den Villenvierteln bereits Toiletten mit Wasserspülung hatte, die in Sickergruben endeten, waren die sanitären Anlagen in den Slums auf dem Stand des Mittelalters. Das nur rudimentär vorhandene Kanalsystem stammte noch aus den Zeiten von Henry VIII. Im Wesentlichen wurden Exkremente auf die Straße oder in vorbeifließende Wasserkanäle geschüttet – wie in den Fleet River, der unter der Fleet Street verläuft. Von dort flossen sämtliche ungeklärten Fäkalien und die Abwässer der zahlreichen Industrieanlagen in die Themse. Das Trinkwasser wurde verseucht und es kam zu mehreren verheerenden Choleraepidemien. Im Jahr 1858 fing die Themse während eines heißen Sommers an, ziemlich übel zu riechen, es kam zum sogenannten **Great Stink**. Die Abgeordneten in den Houses of Parliament hängten nasse Bettlaken vor die Fenster und mussten Gesichtsmasken tragen, um weiterarbeiten zu können.

Schließlich beauftragte man den Ingenieur Joseph Bazalgette mit der Erweiterung und dem Umbau des städtischen Kanalsystems. Bazalgette hatte die Idee, die Abwässer flussabwärts entlang der Themse aus der Stadt zu pumpen und dann erst in den Fluss zu leiten. Ein unterirdisches Kanalsystem sollte einzelne Häuser mit zentralen Rohren verbinden und diese dann aus der Stadt leiten. Insgesamt entstanden auf diese Weise ca. 3.000 km an Abwasserleitungen. Von den verschiedenen Pumpstationen beispielsweise bei Deptford und Abbey Mills, ist heute nur noch **Crossness** in der ursprünglichen

*»The Great Stink« war am 24. Juli 1858 ein großes Thema in der »Illustrated London News«*

AY, JULY 24, 1858. [WITH A SUPPLEMENT, FIVEPENC

lear as Nature gave it. But the initial
that there was no London that could
ere was an old and small city, with rights
rnment, surrounded by a congeries of
villages, larger than itself, and grow-
all of which were equally interested
ent, but none of which had the means
the furtherance of the common de-
nicipality of London—the mere nucleus
lomeration of cities which form the
the British Empire—was not likely
ithin its own narrow and defined area
rage of the whole metropolis; and it had
lling for the purpose on the people of
, Marylebone, or any other outlying
litans, as distinguished from the mere
oper, had not the spirit or the common
hey were as much entitled to a muni-
y other assemblage of British subjects

Form erhalten. Hier wurden die Abwässer auf 15 m Höhe in ein Reservoir mit einem Fassungsvermögen von 120 Mio. Litern gepumpt. Bei Einsetzen der Ebbe wurde das Ganze dann in die Themse geleitet, sodass es ins Meer hinausgespült werden konnte. In weiser Voraussicht plante Bazalgette den Bevölkerungszuwachs kommender Jahre großzügig mit ein und vergrößerte den Durchmesser der Rohre. Das Konzept wurde in anderen britischen Städten kopiert und an vielen Stellen ist derzeit noch das alte Kanalsystem im Einsatz. Heute stößt es allerdings an seine Grenzen und wird nach und nach ausgetauscht.

*Erbauer der Kanalisation: Joseph Bazalgette*

Der **Dampfmotor**, der die Pumpstation in Crossness antrieb, ist nun restauriert worden und kann an bestimmten Tagen besichtigt werden. Die Motoren selbst stammen von dem Erfinder der Dampfmaschine, **James Watt**. Man gab ihnen königliche Namen wie »Prince Consort«, »Victoria«, »Albert Edward« und »Alexandra«. 5.000 Tonnen Kohle wurden jährlich für den Betrieb benötigt.

Ab 1891 wurde nur noch der flüssige Teil der Abwässer bei Crossness in die Themse geleitet, der Rest wurde mit Booten aufs offene Meer transportiert. 1899 wurden die Motoren modernisiert, ab 1931 benutzte man Dieselmotoren. Erst mit der Einführung von Kläranlagen änderte sich der Prozess grundlegend.

Sehenswert ist der Dampfmotor in Aktion. Man kann sich getrost hineinwagen, es werden keine Abwässer und Fäkalien mehr gepumpt. Auch beim Gebäude der Pumpstation selbst sparte man damals nicht an den Kosten: Die achteckige Eingangshalle ist mit schmiedeeisernen Säulen, Geländern und Balkonen ausgestattet, die aufwändig verziert sind. Die Pumpstation gilt heute als **einzigartiges Denkmal** viktorianischer Industriearchitektur. Bazalgette erlangte nationale Anerkennung und erhielt einen Adelstitel. Eine Blaue Plakette erinnert an seinem Haus, Hamilton Terrace 17 in St. John's Wood, an ihn. Er war außerdem verantwortlich für den Bau der Uferpromenade am **Victoria Embankment** und für die **Putney Bridge** (s. Kap. 71).

**INFO**

**Hinkommen:** Southeastern Rail von Waterloo oder London Bridge Richtung Gravesend bis Abbey Wood.

**Information:**

**Crossness Engines Trust**
The Old Works, Crossness S.T.W., Belvedere Road, Abbey Wood, Tel.: 8311-3711, www.crossness.org.uk. Zugang zur Pumpstation nur an offiziellen Öffnungstagen. Dann fährt ein Shuttlebus ab Station Abbey Wood. Öffnungszeiten der Pumpstation 2012: So 22. April, So 24. Juni, So 29. Juli, Di 14. Aug., So 2. Sept., So 23. Sept., So 21 Okt., 10.30–16 Uhr. Weitere Öffnungszeiten über die Website. Eintritt Erwachsene £ 5, Kinder unter 16 Jahren frei.

# Plätze und Parks

*Unterwegs auf dem Regent's Canal*

# 65 Der Grüne Pfad I: St. James's Park und Green Park

London besitzt erstaunlich viele Grünflächen in der Innenstadt, die besonders im Sommer eine willkommene Erholung von der oft stickigen Luft bieten. Von Westminster bis zum Kensington Palace kann man sich einen nahezu nahtlosen grünen Pfad durch die Großstadt bahnen. Zu den Royal Parks, die Teil der königlichen Ländereien sind, gehören der **St. James's Park,** der **Green Park**, der Hyde Park (s. Kap. 66), die Kensington Gardens (s. Kap. 67) sowie der nördlich gelegene Regent's Park (s. Kap. 68). Fast alle dienten als Jagdrevier für Henry VIII. – der offensichtlich einen Drang an die frische Luft hatte. Einige der Ländereien wurden von ihm gekauft, wie beispielsweise das Marschland an der Stelle des heutigen St. James's Park, andere übertrug er auf die Krone, nachdem er die Abteien und Klöster im Namen der Reformation enteignet und aufgelöst hatte.

Unter Henry VIII. befanden sich die Grünflächen noch in wildem Zustand und waren von Rotwildherden bevölkert. Der Fluss Tyburn, der sich durch die Landschaft zog, wurde bald zum Kanal umgebaut. Den **St. James's Palace** ließ Henry auf der Westseite als Zweithaus errichten. Seine Tochter Elizabeth I. nutzte den Park und den dortigen Kanal für prunkvolle Feste und Bootstouren. Charles II., verlegte seinen Wohnort in den St. James's Palace und ließ gleichzeitig den Park neu gestalten. Spazierwege, Rasen und Alleen wurden angelegt, damit er mit seinem Hof dort lustwandeln konnte. Ganz in der Nähe, in der Hausnummer 79 der Pall Mall, brachte er außerdem seine langjährige Maitresse Nell Gwynne unter. Durch den Hintereingang konnte er ungesehen ein- und ausgehen. Im 18. Jh. verkam der Park zu einer Art Sperrbezirk, in dem Edelleute sich mit Lebedamen in die Büsche schlugen und wo Diebesbanden hausten.

*Der St. James's Park ist ein guter Ort zum Lustwandeln und Pausieren*

*Im Green Park gibt es einiges zu entdecken*

Nach der eleganten Neugestaltung durch John Nash (s. Kap. 53) lag der Park auf einer zentralen Achse zwischen den Zentren der Macht, er war flankiert vom **Buckingham Palace** im Westen, St. James's Palace und Clarence House im Norden und Westminster im Süden. Der Kanal wurde von Nash in einen romantischen See umgewandelt und ein Übergang zu den Horse Guards aus dem 18. Jh. geschaffen. Zum offiziellen Geburtstag der Queen, jeweils am zweiten Samstag im Juni, marschieren hier die Garderegimenter aus ganz Großbritannien zur Parade **Trooping the Colour** auf. Dies ist eine der populärsten Veranstaltungen der Monarchie und ein wichtiges Medienereignis (s. Festivals und Events). Von der Brücke über den See gelangt man auf die Südseite, zum **Birdcage Walk**.

Im **Guards Museum** erfährt man mehr über den Alltag der königlichen Haustruppen, die Teil der britischen Armee sind. Wenn die Soldaten nicht gerade abgestellt sind, um in der traditionellen Uniform vor dem Buckingham Palace oder den Horse Guards zu exerzieren, leben sie den normalen Alltag eines Soldaten und dienen auch in Kriegsgebieten. Untergebracht sind die Soldaten in den **Wellington Barracks** aus dem Jahr 1833. In Richtung Westen gelangt man vorbei am **Queen Victoria Memorial** und dem Buckingham Palast zum Übergang in den Green Park, den man durch das Canada Gate betritt. Zusammen mit dem **Canada Memorial** weiter im Westen erinnert es daran, dass Kanada Teil des britischen Empire war und immer noch eine bedeutende Stellung im Commonwealth einnimmt. Lange vergessen ist, dass in der Gegend des Green Parks im 14. Jh. ein Hospital für Leprakranke stand.

1746 plante Georg II. ein Fest im Green Park mit einem großen Feuerwerksspektakel. Hierfür ließ er von seinem Hofkomponisten Georg Friedrich Händel die »Feuerwerksmusik« komponieren, die das angemessene Ambiente bieten sollte. Leider traf ein Querschläger das Lager der restlichen 10.000 Feuerwerkskörper, die in Flammen aufgingen.

Heute wird der ruhige Park gerne von Joggern und für Picknicks genutzt. Im Sommer sind an verschiedenen Stellen Liegestühle aufgestellt, die von Städtern wie Touristen gegen eine kleine Gebühr genutzt werden können.

**INFO**

**Hinkommen:** U-Bahn Westminster, Circle, District und Jubilee Line; St. James's Park, Circle und District Line.
**Information: The Guards Museum** Wellington Barracks, Birdcage Walk, Tel.: 7414-3428, www.theguardsmuseum.com. Geöffnet tgl. 10–16 Uhr, Eintritt Erwachsene £ 4, ermäßigt £ 2, Kinder bis 16 Jahre frei.

# 66 Der Grüne Pfad II: Hyde Park und Lake Serpentine

Der **Hyde Park** ist einer der bekanntesten Parks Londons und erstreckt sich über zwei Kilometer. Vom Green Park kommt man auf der Südostseite zum **Hyde Park Corner** und passiert auf der vorgelagerten Verkehrsinsel den Wellington Arch aus dem Jahr 1828. Einst bildete er den Nordeingang zum Buckingham Palace. Admiral Wellington (s. Kap. 50) lebte im **Apsley House** am Parkeingang. Beide Bauwerke stammen von dem Architekten Decimus Burton, einem Schüler von John Nash. Nördlich von hier steht seit dem Jahr 2009 das **July Memorial** zum Gedenken an die Opfer des Terroranschlags auf die Londoner U-Bahn am 7. Juli 2005, der 52 Menschenleben kostete.

*Ausgelassene Sommerstimmung im Hyde Park*

1637 machte Charles I. das ehemalige Jagdgelände Henry VIII. für die Öffentlichkeit zugänglich. Er ließ auf der Ostseite ein sternförmiges Straßenraster anlegen, wo die feine Gesellschaft mit Kutschen entlangfuhr. Während des Bürgerkrieges wurde der Park kurzzeitig von den revolutionären Truppen besetzt, die sich hier in Gräben verschanzten. Später war er ein bevorzugter Platz zur Austragung von Duellen. Um 1730 ließ Queen Caroline, die Frau von George II., den Park neu gestalten und den großen **Serpentine Lake** anlegen. An seinem Ostende befindet sich eine Bootsanlegestelle, wo man Ruder- und Tretboote mieten kann. Es gibt auch ein Solarboot, dass mithilfe von Solarenergie über den See gleitet. Die Badeanstalt auf der Südseite des Sees, das **Serpentine Lido**, entstand im Jahr 1930. Da der See durch eine unterirdische Quelle gespeist wird, ist das Wasser außergewöhnlich sauber. Allerdings sollte man keine Berührungsängste mit Enten und Schwänen haben, die hier in großer Anzahl leben.

Aufgrund seiner Größe bietet sich der Park für Massenveranstaltungen an. So wurde hier 1851 die »Great Exhibition« ausgetragen, auf der die bahnbrechenden Erfindungen der Viktorianer präsentiert wurden. Während der Hochzeit von Kate Middleton und Prinz William 2011 waren im Park große

Leinwände aufgestellt, vor denen feucht-fröhliche Parties gefeiert wurden. Und der 27. Juli 2012 glänzt mit einer spektakulären **Eröffnungszeremonie** für die Olympiade 2012, sowie einer Schlussveranstaltung am 12. August. Die sportlichen Veranstaltungen werden auf verschiedenen Leinwänden im Park übertragen, und zweimal täglich finden im Rahmen des Mottos »London Live« Konzerte und andere Events statt. Einige olympische Wettkämpfe wie Reiten, Triathlon und Marathon werden sogar in den Parks ausgetragen.

Jeden Sommer finden im Hyde Park die Musikveranstaltungen »Proms in the Park« während der letzten Nacht der **BBC Proms** (s. Kap. 45) statt, ebenso wie die Konzerte **Hard Rock Calling** und das **Wireless Festival**.

*Bekannt gut – Essen & Trinken in der Serpentine Bar*

In Richtung Nordosten gelangt man zum Torbogen **Marble Arch.** Hier stand früher der Tyburn-Galgen (s. Kap. 29), an dem noch bis 1783 Hinrichtungen stattfanden. Manch einer sprach hier eine bewegende und vor allem lange Abschiedsrede, um das schreckliche Ende herauszuzögern. Mitte des 19. Jh. wurde diese Ecke des Parks verstärkt für politische Versammlungen und Demonstrationen genutzt, beispielsweise von den Chartisten, einer frühen Arbeiterbewegung. Nach verschiedenen Auseinandersetzungen zwischen Demonstranten und der Polizei war es ab 1872 schließlich erlaubt, sich an dieser Ecke des Parks, der **Speaker's Corner**, zu versammeln und Reden zu halten. Noch immer stehen hier jeden Sonntagmorgen unermüdliche Redner, die ihre Meinung kundtun. Die Themen, die hier diskutiert werden, sind so vielfältig wie die Redner selbst.

INFO

**Hinkommen:** U-Bahn Hyde Park Corner, Piccadilly Line

**Information:**

**Apsley House**, Hyde Park Corner, Tel.: 0870-3331181, www.english-heritage.org.uk. Geöffnet März–Okt., die tgl. Öffnungszeiten werden auf der Website veröffentlicht. Eintritt Erwachsene £ 6,30, ermäßigt £ 5,70, Kinder £ 3,80. Im Wohnhaus von Wellington ist auch eine Kunstausstellung untergebracht.

**Serpentine Lido**, Hyde Park, Tel.: 7706 3422, www.serpentinelido.com. Geöffnet Maifeiertage, 1. Juni–12. Sept. 10–18 Uhr. Eintritt Erwachsene £ 4, ermäßigt £ 3, Kinder (3-15 Jahre) £ 1.

**Bootsvermietung**: The Boat House, Serpentine Road, Tel: 262-1330, www.solarshuttle.co.uk. Geöffnet April–Okt. 10–20 Uhr, Frühling 10–16 Uhr. Preise: 1/2 Std. Erwachsene £ 8, Kinder bis 15 Jahre £ 4.

**Solar Shuttle**, Tel.: 262-1989, www.solarshuttle.co.uk. Geöffnet März–Sept. am Wochenende und feiertags, Juni, Juli, Aug. 12 Uhr bis Dämmerung.

**Essen & Trinken: The Serpentine Bar & Kitchen**, www.serpentinebarandkitchen.com. Geöffnet Mo–Fr 8–17 Uhr, Sa & So 8–18 Uhr. Im Sommer Wartezeiten möglich, keine Reservierungen.

**Veranstaltungen:** www.londonlive.uk.com, www.hardrockcalling.co.uk, www.wirelessfestival.co.uk

# 67 Der Grüne Pfad III: Kensington Gardens und Diana Memorial

Seit 1728 gelten die **Kensington Gardens** im Westen des Hyde Parks als eigenständiger Park. Queen Caroline ließ den Fluss Westbourne, der heute unterirdisch verläuft, stauen und kreierte so den **Serpentine Lake**, der eine Grenze zwischen den beiden Ländereien bildet. Der nördliche Teil des Sees wird als Long Water bezeichnet. Hier steht eine Statue des Kinderbuchcharakters Peter Pan, die vom Autor J. M. Barrie selbst finanziert wurde.

Gegen Ende des 17. Jh. erstand König William III. das damalige Nottingham House am Westende des Parks, denn die feuchten Räumlichkeiten im Whitehall Palace schadeten seiner Gesundheit. Von 1669–1718 wurden unter der Leitung von Christopher Wren (s. Kap. 49) Umbauarbeiten vorgenommen und das Haus in **Kensington Palace** umbenannt. Von Kensington aber musste der König bis nach Westminster einen langen Weg zurücklegen. Der war dunkel und verlassen, und er befürchtete, überfallen zu werden. William III. ließ daher 300 Öllampen auf der Strecke installieren. Dieser Königsweg, im Französischen »Route de Roi«, wurde im allgemeinen Sprachgebrauch zur »Rotten Row«, der »verrotteten Straße«. Bis heute ist der Weg, der südlich des Serpentine Lake verläuft, unter diesem Namen bekannt.

Der Park war praktisch ein Privatgarten des Palastes und nur sonntags für das einfache Volk geöffnet – soweit Besucher in ordentlicher Kleidung erschienen. Noch heute ist es hier wesentlich ruhiger und menschenleerer als im Hyde Park. Kensington Gardens wird bereits bei Dämmerung abgeschlossen, während der Hyde Park bis Mitternacht geöffnet ist.

Kensington Palace wurde in den nachfolgenden Jahrhunderten viel umgebaut, vor allem durch Queen Caroline. Queen Victoria, die hier keine besonders schöne Kindheit und Jugend verlebte, zog nach ihrer Krönung sofort in den Buckingham Palast (s. Kap. 55).

*Spaß für klein und groß: die Diana Memorial Fountain*

## Serpentine Gallery

Am südlichen Ende der Kensington Gardens befindet sich ein ungewöhnlicher Ausstellungsraum für zeitgenössische Kunst, die Serpentine Gallery. In den 1960er Jahren befand sich hier ein altmodisches Teehaus, und seit 1970 finden hier Wechselausstellungen namhafter Künstler statt, 2012 beispielsweise eine Ausstellung von Yoko Ono. Jedes Jahr gibt es ein Architekturprojekt, bei dem ein Pavillon auf dem Parkgelände errichtet wird. In der Vergangenheit waren hier z. B. Werke von Zaha Hadid, Frank Gehry und Daniel Libeskind zu sehen.

Auch wenn gerade keine Ausstellung stattfindet, lohnt sich ein Blick in das Gebäude, denn es gibt einen sehr guten Kunstbuchladen. Momentan entsteht ein weiterer Ausstellungsraum am Nordufer des Serpentine, die **Serpentine Sackler Gallery**, die auch ein Café haben wird. **Information:** Serpentine Gallery, Tel.: 7402-6075, www.serpentinegallery.org. Geöffnet tgl. 10–18 Uhr, Eintritt frei.

Ab 1981 bewohnte Princess Diana mit ihren beiden Söhnen verschiedene Räume, und der Palast wird heute vor allem mit ihrer Person in Zusammenhang gebracht. Nach umfangreichen Umbauten ist der Kensington Palace ab Ende März 2012 wieder für Besichtigungen geöffnet. Unter anderem gibt es eine Dauerausstellung über Queen Victoria, und es werden auch Diana-Memorabilien gezeigt.

Zum Gedenken an Diana entstand 2004 die **Diana Memorial Fountain**. Der runde Brunnen, unterhalb des Serpentine Lidos (s. Kap. 66), besteht aus 545 Einzelblöcken aus Granit aus Cornwall und soll das Leben der verstorbenen Diana widerspiegeln. Das Wasser fließt in einem seichten Wasserfall von zwei Seiten um einen Platz in der Mitte und läuft dann in einem Pool zusammen. Das Ganze wird von Grundwasser gespeist. Über drei Brücken gelangen Besucher in das Innere des Brunnens. Nach der Eröffnung verletzten sich einige Besucher, die in dem Brunnen herumgewatet waren. Es wurde mittlerweile zwar eine rutschfestere Unterlage eingefügt, sicherer ist es jedoch, wenn man an heißen Tagen stattdessen nur die Füße eintunkt und nicht selbst hineingeht.

**INFO**

**Hinkommen:** U-Bahn High Street Kensington, District und Circle Line.

**Information:**

**Diana Memorial Fountain**
April–Aug. 10–20, Sept. 10–19, März und Okt. 10–18, Nov.-Feb. 10–16 Uhr.

**Kensington Palace**: Kensington Gardens, Tel.: 0844-4827799, www.hrp.org.uk. Geöffnet 26. März–31. Okt. 2012 10–18 Uhr, 1. Nov.–28. Feb. 2013 10–17 Uhr. Eintritt Erwachsene £ 14,50, ermäßigt £ 12, Kinder unter 16 Jahre frei.

# 68 Regent's Park und Spätbesuch im Zoo

Auch der **Regent's Park** geht auf Henry VIII. zurück. Da das Gelände sehr weit außerhalb der damaligen Stadt lag, dauerte es jedoch einige Jahrhunderte, bis ein Monarch ihm gebührende Aufmerksamkeit widmete. 1811 wandte George IV. sich an **John Nash** (s. Kap. 53), um ein neues exklusives Wohnviertel rund um einen neuangelegten Park zu schaffen. Im Park selbst sollten ca. 56 Villen entstehen sowie ein Sommerhaus für den König. Das Ausmaß der Pläne, die John Nash dem spendierfreudigen Monarchen vorlegte, grenzte an Größenwahn, und nicht alle Vorhaben wurden verwirklicht.

*Hier geht's zum Lehrgarten für Schulkinder im Regent's Park*

Es entstand ein kreisförmiges Parkgelände, um das sich der Outer Circle zieht, der von eleganten klassizistischen Häuserfassaden gesäumt ist. Die U-Bahn-Station Regent's Park führt zum **Park Crescent**, einer sichelförmigen Terrasse im Regency-Stil, von der man zum Outer Circle gelangt. Im Inneren des Parks verläuft eine weitere kreisförmig angelegte Straße, der Inner Circle. Auf dem Weg dorthin passiert man den **Wildlife Community Garden**, ein Lehrgarten für Schulkinder sowie die Tennisanlage mit dem Garden Café.

Im Park und auf den Wegen folgt alles einer strikten Linienführung und er wirkt sehr gepflegt – man fühlt sich an eine Gartenschau erinnert. Das Gelände wurde über die Jahrhunderte nur wenig verändert und erst 1835 der Öffentlichkeit zugänglich gemacht – auch dann nur für zwei Tage pro Woche.

Nur acht von Nashs geplanten 56 Villen im Park wurden gebaut. Davon steht noch die **St. John's Lodge** auf der Nordseite des Inner Circle – die heute im Besitz des Sultans von Brunei ist – und **The Holme** auf dessen Westseite, ebenfalls in Privatbesitz. Die freigebliebene Baufläche für die geplanten Villen wurde von der »Zoological Society« (»Zoologische Gesellschaft«) und der »Royal Botanic Society« (»Königliche Botanische Gesellschaft«) aufgekauft. Unter der Leitung des Nash-Schülers Decimus Burton entstanden Gebäude, eine Gartenanlage und ein See. Anfang des 20. Jh. wurden zusätzlich die **Queen Mary's Gardens** angelegt.

Im Nordwesten befindet sich das **Open Air Theatre**, wo in den Sommermonaten Freilufttheater stattfindet. Von Comedy über Shakespeare bis zu

Römisch anmutende Statuen auf einem Gebäude der Cumberland Terrace

Filmabenden gibt es ein großes Programm, und ein Besuch lohnt sich. Westlich von hier erstreckt sich der See, wo man – wie im Hyde Park – Boote mieten kann. Vom Inner Circle nach Osten gelangt man auf der Chester Road zur **Cumberland Terrace**, einer der grandiosesten Regency-Terrassen, benannt nach dem Bruder des Königs, dem Duke of Cumberland. Das Sommerhaus von George VI. sollte ursprünglich gegenüber stehen. Wenn man nach Oben schaut, fühlt man sich ins Alte Rom versetzt, denn die Giebel sind mit großen Statuen verziert und werden von klassizistischen Säulen getragen.

Nach Norden, entlang des schwarz- und goldlackierten schmiedeeisernen Parkzauns, gelangt man zum **Gloucester Gate**. Von hier aus in westlicher Richtung liegt der **London Zoo**, der Eingang befindet sich im Westen des Outer Circle. Der Zoo wurde im Jahr 1828 von der Zoologischen Gesellschaft zu Studienzwecken gegründet. In den letzten Jahren wurde gründlich renoviert, um die alternden Gehege auf den modernsten und tierfreundlichsten Stand zu bringen. Insekten, Reptilien und Fische eingeschlossen bringt es der Zoo auf 755 verschiedene Tierarten. Es gibt auch ein Programm zur Erhaltung von Arten, die vom Aussterben bedroht sind – unter anderem lebt hier einer der seltenen Komodo-Warane.

### Tipp

**Spätbesuch im Zoo – Zoo Lates**
Unter dem Motto »Zoo Lates« findet im Juni und Juli jeweils Freitagabends von 18–22 Uhr eine Exklusivveranstaltung für Erwachsene im Zoo statt. Man kann den Zoo besichtigen, Cocktails trinken und es gibt eine »Silent Disco«, bei der die Tanzenden Kopfhörer tragen. Außerdem gibt es ein Barbecue.
**Infos**: www.zsl.org/zsl-london-zoo/whats-on

### INFO

**Hinkommen:** U-Bahn Regent's Park, Bakerloo Line. Zoo: U-Bahn Camden Town, Northern Line.
**Information:** **London Zoo,** Outer Circle, Tel.: 0844-2251826, www.zsl.org. Geöffnet tgl. Nov–Feb. 10–16 Uhr, März-Okt. 10–17.30. Eintrittspreise variieren je nach Saison. Infos gibt es auf der Website. Sommer 2012: Erwachsene £ 22, ermäßigt £ 20, Kinder £ 16.
**Open Air Theatre**, Inner Circle, Tel.: 0844-8264242, www.openairtheatre.org. Veranstaltungen von Juni–Sept. Theaterkasse während der Saison geöffnet Mo–Sa 10–20 Uhr.
**Essen & Trinken:** **The Garden Café** Queen Mary's Garden, Tel.: 7935-5729. Geöffnet Sommer 10–21, Winter 10–16 Uhr. Nettes Restaurant oder Take-Away, ganz nach Laune.

# 69 Bootsfahrt auf dem Regent's Canal – Little Venice bis Camden Lock

## Bootsausflüge

**London Waterbus Company,** 58 Camden Lock Place, Tel.: 7482-2550, www.londonwaterbus.com. Fährt April–Sept. tgl. 10–17 Uhr jede Stunde. Kosten einfache Fahrt: Erwachsene £ 6,90, ermäßigt und Kinder £ 7,90. Hin- und Rückfahrt: Erwachsene £ 9,90, ermäßigt und Kinder £ 7,90

**Jason's Trip**, Little Venice, Bloomfield Road, www.jasons.co.uk. Abfahrt tgl. 10.30, 12.30, 14.30 Uhr. Kosten einfache Fahrt: Erwachsene £ 8, ermäßigt und Kinder £ 7. Hin- und Rückfahrt: Erwachsene £ 9, ermäßigt und Kinder £ 8

Eine ideale Freizeitbeschäftigung für einen lauen Sommertag ist eine Bootsfahrt auf dem **Regent's Canal.** Ursprünglich wurde der Kanal, wie viele ähnliche Wasserwege in Großbritannien im 18. Jh., zum Transport von Waren gebaut. Im 19. Jh. sollte er die Themse und die Londoner Docks mit dem Grand Junction Canal verbinden, einem direkten Wasserweg in die Industriestadt Birmingham. John Nash wurde 1811 mit der Planung beauftragt. Sein Assistent James Morgan begann im Jahr 1812 mit dem Bau.

Der Kanal verläuft vom Limehouse Basin in den Docklands bis zum hypermodernen, von Hochhäusern umgebenen Paddington Basin in Maida Vale. Nördlich davon verläuft der Arm des Regent's Canal entlang des Regent's Park bis zum **Camden Lock**. Die Kanäle hatte allerdings nur eine kurze Lebensspanne, denn nach der rapiden Entwicklung der Dampfeisenbahn, die den Warenverkehr erheblich beschleunigte, kamen sie aus der Mode. Für die schmalen Kanäle hatte man die sogenannten **Narrow Boats** entwickelt. Sie waren lang und nicht besonders hoch, hatten ein kleines Führerhaus und eine große Ladefläche. Damals wurden sie noch mit Pferden auf beiden Seiten des Kanals entlang gezogen. Die Pfade an beiden Seiten des Kanals, die sogenannten »Towpaths«, wurden mittlerweile ausgebaut und dienen heute als Spazier- und Radwege. Die hübschen historischen Boote wurden vielfach restauriert und motorisiert und dienen heute entweder als Haus- oder Ausflugsboote auf dem Kanalnetzwerk Großbritanniens. Ausflugsboote auf dem Kanal verkehren von Little Venice bis Camden Lock, bzw. umgekehrt (Fahrtzeit ca. 50 Min.).

*Die Passage durch den Maida Hill Tunnel ist eines der Highlights einer Bootsfahrt auf dem Regent's Canal*

Vom Bahnhof Paddington Station gelangt man in nördlicher Richtung nach **Little Venice**, wo die Ausflugsboote anlegen. Hier laufen die Kanäle zusammen und bilden eine Art Kreuzung. Ein Spaziergang entlang der alten »Towpaths« ist hier am schönsten. Das umliegende Gebiet **Maida Vale** war im 19. Jh. Heimat vieler Künstler und ist noch heute ein beliebter Wohnort für Pop- und Modestars. Am Kanalufer liegen immer viele bunt bemalte Narrow Boats. Hier sind auch zwei kleine Theater untergebracht: das **Canal Café Theatre** und das **Puppet Theatre**.

*Ankunft in Camden Lock – und eine schöne Gelegenheit für eine Pause*

Eine Fahrt auf dem ruhigen Kanal eröffnet ganz neue Ausblicke auf die umliegende Londoner Stadtlandschaft. An vielen Stellen ist er von grüner Vegetation gesäumt. Besonders schön ist die Strecke, die durch den Regent's Park führt. Unterwegs passiert man den **Maida Hill Tunnel**. Wenn früher ein Narrow Boat durch den Tunnel fuhr, konnte es nicht von Pferden gezogen werden. Denn die Tunnel waren recht flach und eng, da die Boote ja auch nicht besonders hoch waren. Man behalf sich daher durch das sogenannte »legging«: Die Crew legte sich rücklings auf das Boot und stieß es mit den Füßen von der Wand des Tunnels ab. Auf diese Weise kam man logischerweise nur sehr langsam vorwärts. Heute sind die Boote zum Glück motorisiert.

**Camden Lock** liegt im Herzen von Camden Town, inmitten der Camden Markets. Das Dock ist gut erschlossen mit zahlreichen Cafés und Restaurants. Auf der Nordseite des Kanals kann man sich im Gewühl der Märkte verlieren. Wem es hier zu voll ist, der findet ein Stück weiter südlich entlang der High Street in der Inverness Road ruhigere Cafés und Restaurants sowie zahlreiche Marktstände. Von hier gelangt man über den Gloucester Park Crescent zur Regent Park Road, die sich entlang des grünen Hügels **Primrose Hill** erstreckt, von dem aus sich ein schöner Blick auf die Skyline von London eröffnet. Das hübsche Wohnviertel mit vielen Gastropubs und Cafés ist der bevorzugte Platz der Anwohner für ein Sonntagsfrühstück nach einer langen Nacht in den Clubs.

**INFO**

**Hinkommen:**
**Camden Lock**: U-Bahn Camden Town, Northern Line.
**Little Venice**: U-Bahn Paddington, Bakerloo Line.

**Essen & Trinken: Trojka**
101 Regent's Park Road, Prinrose Hill, Tel.: 7483-3765, www.trojka.co.uk. Geöffnet tgl. ab 9 Uhr. Russisch geführtes Café mit großer Speisenauswahl.

**Theater Little Venice:**
**Canal Café Theatre**, Delamere Terrace, Tel.: 7289-6054, www.canalcafetheatre.com. Tickets ab £ 8.
**Puppet Theatre Barge**, Blomfield Road, Tel.: 7249-6876, www.puppetbarge.com. Tickets: Erwachsene £ 10, ermäßigt und Kinder £ 8,50.
Aufgrund begrenzter Sitzplatzzahl sollte man für beide Theater im Voraus buchen.

# 70 Open-Air-Veranstaltungen im Holland Park

*Im Holland Park geht es gemächlicher zu als in anderen Parks von London*

Der **Holland Park**, westlich der Kensington Gardens, wird von Touristen oft übersehen. Eingebettet zwischen einigen der beliebtesten und teuersten Wohnviertel Londons wie Kensington und Notting Hill im Norden, ist er eine der ruhigsten und verträumtesten Grünanlagen der Stadt. Er ist umgeben von Stadthäusern aus dem 19. Jh. und wird vorzugsweise von Kindern und Kindermädchen der eher begüterten Bewohner Londons frequentiert. Der nördliche Teil des Parks ist ein Wald. Dort gibt es unter anderem ein Gehege mit Schweinen, die zur umweltfreundlichen Unkrautbekämpfung und Instandhaltung des Waldgeländes beitragen sollen. Auch leben hier einige freilaufende Pfaue. Im Süden des Geländes gibt es einen sehr hübschen japanischen Garten mit Wasserfall und einem Teich mit Koi-Karpfen, der 1991 von einem Designer aus Kyoto angelegt wurde.

Ursprünglich war der Park Teil des **Cope Castle** aus dem Jahr 1605, des Herrenhauses von Sir Walter Cope, der unter König James I. den Posten des »Chancellor of the Exchequer« (Finanzminister) innehatte. Schließlich erbte die Familie Holland das Haus, und es wurde in **Holland House** umbenannt. Die Frau des Earls of Holland, Lady Holland, unterhielt hier literarische Salons: Lord Byron, Charles Dickens und Sir Walter Scott waren alle zu Gast. Später wurde das umliegende Parkland größtenteils für die Bebauung durch ein neues Wohnviertel verkauft und im Zweiten Weltkrieg das Herrenhaus zerstört. In einem Teil des renovierten Hauses ist heute eine Jugendherberge untergebracht (s. Besondere Unterkünfte).

Auf der ehemaligen Terrasse wird im Sommer ein großes Zeltdach aufgespannt, was das Ganze in ein **Freilufttheater** mit 1.000 Sitzplätzen verwandelt. Hier finden Opernaufführungen der renommierten **Opera Holland Park** statt. Das Ensemble wird vom »City of London Sinfonia« (CLS) begleitet. Dem schicken Rahmen angemessen, kann man hier einen Tisch oder auch einen Picknickkorb mieten und den lauen Sommerabend im Park verbringen. In jeder Saison werden verschiedene Produktionen an wechselnden Abenden aufgeführt, sodass es sich lohnt, auch mehrmals vorbeizuschauen. Zum Repertoire 2012 gehören beispielsweise »Cosi fan Tutte« von Mozart und Donizettis »Lucia di Lammermoor«, aber auch einige ausgefallenere Werke wie »Zanetto« von Mascagni. Ein Schwerpunkt liegt auf Opern des Verismo von 1890 bis 1920, alle Werke werden in Originalsprache gesungen.

*Von Weitem grüßt Georg VI.*

Südlich steht auf der Holland Park Road das **Leighton House**. Hier lebte und arbeitete der viktorianische Maler und Bildhauer Frederic Lord Leighton (1830–1896). Er verwandelte das Haus in ein Kunstwerk des Innendesigns. Die zentrale Halle des Hauses, **Arab Hall,** stammt aus dem Jahr 1877. Sie ist ausgekleidet mit arabischen Kacheln aus dem 16. und 17. Jh., die der Künstler von seinen Reisen aus Syrien mitbrachte und mutet orientalisch an. Leighton ließ das Thema auch in den anderen Räumen fortsetzen, wo sich Kunstkacheln des Keramikkünstlers William De Morgan im Stil der damaligen »Arts and Crafts«-Bewegung befinden. Im ersten Stock kann man das Atelier von Leighton besichtigen. Unregelmäßig finden auch Sonderausstellungen statt. Westlich von hier, in der Addison Road Nr. 8, steht ein weiteres Beispiel für die Kunst des »Arts and Crafts Movement«, das **Debenham House**. Das Haus, das 1906 ursprünglich für den Gründer der Kaufhauskette »Debenhams«, Sir Ernest Debenham, entstand, wurde oft als **Film-Location** verwendet. Es wurde von Halsey Ricardo entworfen und ebenfalls mit Kacheln von De Morgan verziert. Leider kann es nur von Außen besichtigt werden.

**INFO**

**Hinkommen:** U-Bahn High Street Kensington, District und Circle Line.

**Information:**

**Holland Park**, www.rbkc.gov.uk.

**Leighton House**, 12 Holland Park Road, Tel.: 7602-3316, www.rbkc.gov.uk/museums. Geöffnet tgl. 10-17.30 Uhr, Di geschlossen. Eintritt Erwachsene £ 5, ermäßigt £ 3.

**Opera Holland Park**
Central Library, 12 Phillimore Walk, Tel.: 7361-3570, www.operahollandpark.com.

**Essen & Trinken:** **Holland Park Café**
Ilchester Place, Tel.: 7602-6156, www.hollandparkcafe.co.uk. Geöffnet Mo-So 9.30-17 Uhr. Hier kann man die ruhige Atmosphäre des Parks bei einem leckeren Sandwich oder Kuchen genießen.

# 71 Putney Bridge – Rudern auf der Themse

Putney liegt an der Themse im Süden Londons und erstreckt sich östlich und westlich der **Putney Bridge**. Es ist ein angenehmer Vorort, der von den Aktivitäten auf der Themse bestimmt wird. Hier ist Londons Rudersport beheimatet.

Zwischen Putney und Fulham am gegenüberliegenden Flussufer verkehrte bereits im 11 Jh. eine Fähre. Noch bis ins 18. Jh. blieb sie die einzige Möglichkeit, den Fluss an dieser Stelle zu überqueren. Premierminister Robert Walpole soll im Jahr 1720 den Anstoß zum Bau der Brücke gegeben haben: Der Fährmann am anderen Ufer trank in einer Kneipe und hörte seine Rufe nicht. Walpole musste einen langen Umweg machen. Die erste Holzbrücke entstand 1729. Erst 1879 plante man den Bau einer Steinbrücke, und mit der Ausführung wurde Joseph Bazalgette (s. Kap. 64) betraut. Die Brücke wurde 1886 eröffnet.

Im 17. Jh. war Putney ein Ort im Grünen, wo man dem Londoner Stadtmief entfliehen konnte. Der Philosoph John Locke schrieb 1679, dass hier einer ganzen Reihe von Sportarten nachgegangen wurde: Pferderennen, Falknerei, Jagd und Bowling. Allerdings bot die Heide in Putney, die »Putney Heath«, auch den angemessenen Ort für Duelle und galt als Treffpunkt für die sogenannten »Highwaymen«, Straßenräuber, die damals mit Vorliebe die Kutschen begüterter Bürger überfielen. Gegen Ende des 19. Jh. ließen sich mehr und mehr wohlhabende Geschäftsleute und Bankiers hier nieder.

Putney ist besonders bekannt für den Rudersport. Bereits 1845 war hier der Ausgangspunkt der **Oxford-Cambridge University Boat Race**. Entscheidend für die Ortswahl war die Tatsache, dass die Themse hier wesentlich sauberer war als in der Innenstadt. Außerdem gab es weniger Schiffsverkehr, da große Schiffe nicht unter der Brücke hindurchfahren konnten. Bis heute findet das legendäre Rennen zwischen den Mannschaften der zwei Top-Universitäten jeweils am letzten Samstag im März oder am ersten Samstag im April statt. Es verläuft vom **Putney Pier** bis zum westlich gelegenen **Mortlake**, die Strecke ist 6,8 km lang. Die erste Frau, die an dem Rennen 1981 teilnahm, war Sue Brown, von der Oxforder Mannschaft. Der Geschwindigkeitsrekord für die Strecke

*Putney Bridge: hier wird gerudert*

*Die Geschichte des Rennens auf einem Mosaik*

wird momentan von der Cambridger Mannschaft gehalten und liegt bei 16 Min. und 19 Sek. (1998). 1994 sank das Boot der Cambridger Mannschaft bereits beim Training vor dem Start, und das Rennen musste verschoben werden. Oxford gewann schließlich mit enormem Vorsprung. In Putney sind rund um den Pier und entlang der Themse mehr als 20 Ruderclubs ansässig. Um hier selbst ans Ruder zu gehen muss man allerdings trainiert sein, bzw. Mitglied in einem Club werden, denn das Navigieren auf dem Fluss ist nicht ganz ungefährlich.

Besonders schön ist ein Spaziergang entlang des Themseufers in Richtung Nordwesten. An schönen Tagen kann man hier auch gut in einem der vielen Pubs mit Außenterrasse Rast machen.

Am südwestlichen Ortsrand, an der Queen's Ride Road, liegt der **Putney Common**. Hier ist seit 1842 der Roehampton Cricket Club ansässig. Die Ländereien gehören der Familie Spencer, der Familie von Prinzessin Diana.

Unweit von hier, wo die Queen's Ride Road die Bahnschienen überquert, starb 1977 der Sänger der Rockgruppe T-Rex, Marc Bolan (geb. Marc Feld), nachdem seine Freundin, Gloria Jones, das Auto nach einer Party gegen einen Baum gefahren hatte. An der Stelle steht eine etwas geschmacklose Büste des talentierten Sängers, und noch heute legen Fans Blumengaben nieder. Der Sänger wurde im Golder's Green Krematorium bestattet (s. Kap. 18).

### Rudern für alle

**Infos:** Oxford-Cambridge Boat Race, www.theboatrace.org.
**Ruderclub**: Putney Town Rowing Club, Kew Meadows Path, Tel.: 8878-8236, www.putneytownrc.co.uk. Tgl. ab 8 Uhr wird hier gerudert. Mitgliedschaft £ 20 pro Monat, £ 20 Aufnahmegebühr.

## INFO

**Hinkommen:**
U-Bahn Putney Bridge, District Line. Diese Station befindet sich auf der Nordseite der Brücke. Beim Überqueren bekommt man gleich den besten Blick über die Themse. Von hier fährt auch der Bus Nr. 265 direkt zum Putney Common.

**Essen & Trinken:** **Star and Garter**
4 Lower Richmond Road, Tel.: 08788-0345, www.thestarandgarter.com. Gastropub mit großer Terrasse.
**Bricklayer's Arms**, 32 Waterman Street, Tel.: 8789-3932, www.bricklayers-arms.co.uk. Dieser älteste Pub in Putney stammt aus dem 17. Jh., traditionelle Pub-Gerichte.
**The Dukes Head**, 8 Lower Richmond Road, Tel.: 8788-2552, www.dukesheadputney.com. Ein weiterer Gastropub, dessen Terrasse die Themse überblickt.

# Bummeln, Einkaufen & Essen

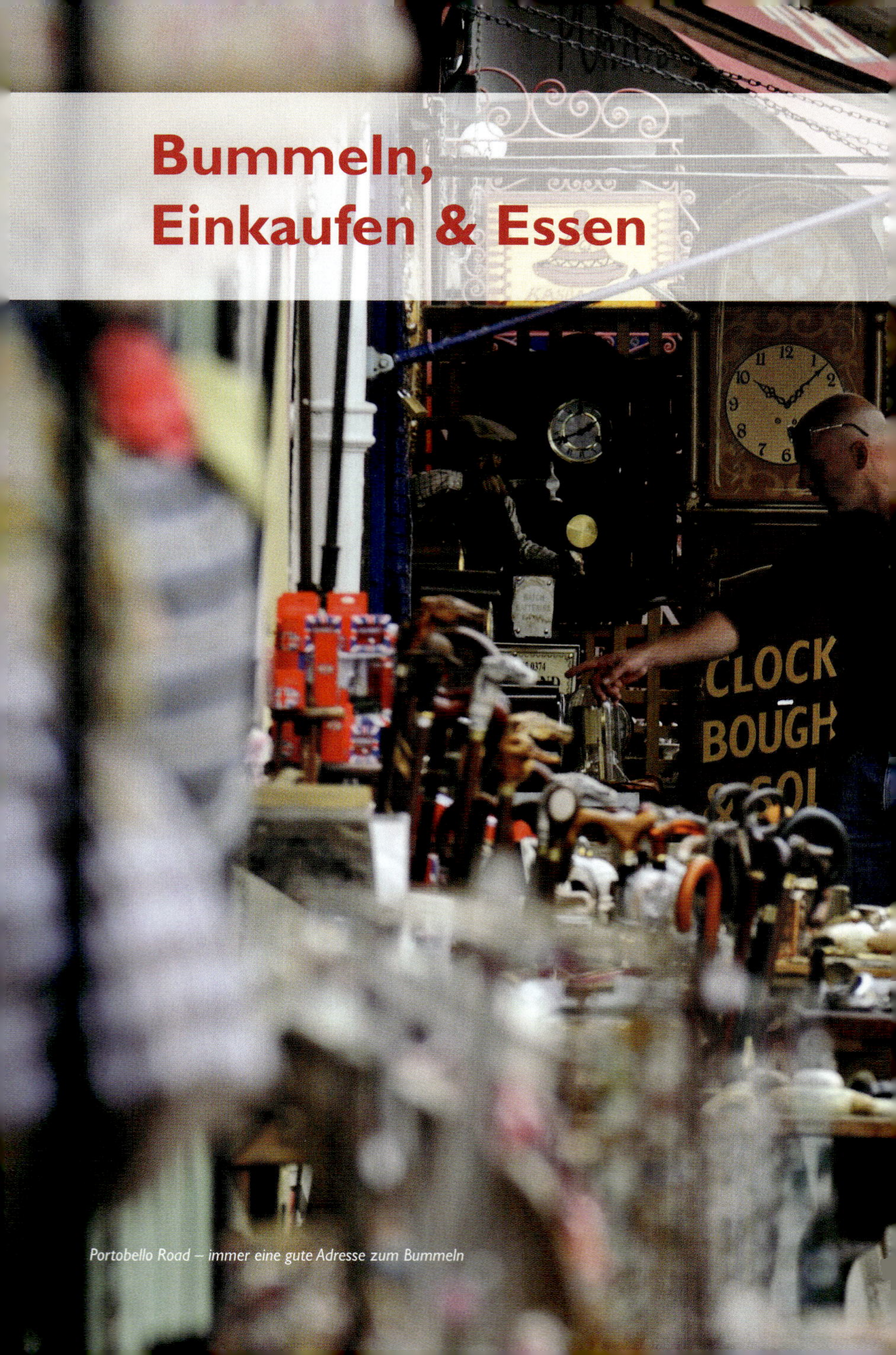


*Portobello Road – immer eine gute Adresse zum Bummeln*

KIWI
LANDS
Driveway

# 72 Foodies: britische Starköche und ihre Etablissements

Von ein paar wenigen Ausnahmen einmal abgesehen, wie beispielsweise dem **Savoy Grill** im Hotel Dorchester, hatte die britische Küche und Esskultur bis in die 1990er Jahre keinen guten Ruf. In altmodischen Cafés wurde eine Auswahl an lieblos gekochten Standards wie Pies, Pasties, Burger und Chips (Pommes) serviert, deren Nährwert vor allem in ihrem Kalorienreichtum bestand. Auch in Lebensmittelgeschäften tat man sich schwer, exotischere Zutaten zu finden. Zu den besseren Varianten des **Fast Foods** gehörten die Curries, die von bengalischen Einwanderern in ganz Großbritannien verbreitet wurden, oder chinesische Take-Aways. Einzelne Fernsehköche, wie Delia Smith, versuchten aber bereits in den 1980er Jahren, den Briten wieder das Kochen beizubringen und das Interesse an der mediterranen Küche zu wecken. Langsam entstanden sogenannte **Gastropubs**, die statt der üblichen langweiligen Speisekarte auch italienische Klassiker wie Lasagne anboten. Eine neue Generation von Köchen wuchs heran, die die britischen Standards verfeinerte, mit mediterranen Zutaten kombinierte und auch neue Rezepte entwickelte. Diese Küche wird heute als **Modern British** bezeichnet und hat in den letzten Dekaden zahlreiche neue Küchenchefs hervorgebracht, die heute ihre eigenen Restaurants oder Restaurantketten haben.

*Le Gavroche: eine der erste Adressen in London, wenn es um feines Essen geht*

Das Fernsehen unterstützte den Trend zur Modernisierung der Esskultur durch zahlreiche Kochshows, die den **Chefs** die entsprechende Plattform gaben. Es gibt heute fast keinen britischen Starkoch mehr, der nicht im Fernsehen auftritt, und viele sind international bekannt. Die neuen Gourmets und ihre Chefs bezeichnet man als **Foodies**. Wer in einem der Star-Etablissements speisen will, muss allerdings lange im Voraus reservieren. In London gibt es ausreichend Publikum, das Wert auf gutes Essen legt und sich dies auch leisten kann. Neben den Michelin-Sterne-Etablissements gibt es Restaurants, in die man vor allem geht, um zu sehen und gesehen zu werden. Dazu zählen beispielsweise das **Ivy** oder das **Nobu**, die von den Stars frequentiert werden. Hier sind die Wartelisten noch länger. Als Normalverbraucher findet man jedoch heute in fast jedem Gastropub, Bistro oder Café preiswerte und schmackhafte Gerichte.

## Essen wie Gott in London – ein paar Tipps

**Le Gavroche**, 43 Upper Brook Street, Tel.: 7408-0881, www.le-gavroche.co.uk. Geöffnet Mo–Fr 12–14 und 18.30–23 Uhr, Sa 18.30–23 Uhr. U-Bahn Bond Street. Zwei Michelin-Sterne.
Die Brüder Albert und Michel Roux brachten 1967 als Erste die französische Küche nach London und bekamen auch gleich einen Michelin-Stern für **Le Gavroche**. Heute führt Alberts Sohn Michel Roux (jr) das Restaurant. Im Gavroche lernten beispielsweise Marco Pierre White und Marcus Wareing. Es hält den Guinnessbuch-Rekord für die teuerste Mahlzeit aller Zeiten: 1997 gaben drei amerikanische Gäste zusammen 20.945 US-Dollar, also rund 15.300 Euro für ihr Mittagessen mit allen Extras aus.

**Wheelers of St. James**, 72–73 St James's Street, Tel.: 7408-1440, www.wheelers restaurant.org und www.marcopierrewhite.org. Geöffnet Mo–Fr 12–15, Mo–Sa 17.30–22.30 Uhr. Lunchmenü 3-Gänge £ 22,50.
Der Halbitaliener Marco Pierre White gilt als das »Enfant terrible« der britischen Gastronomie – talentiert, aber sehr exzentrisch. Nach einem steilen Aufstieg wurde er mit 33 Jahren zum jüngsten britischen Chef mit drei Michelin-Sternen. Diese wies er 1999 zurück und wurde stattdessen Restaurator. Er ist an vielen Restaurants beteiligt, wie dem **Belvedere** (Holland Park), und auch an Restaurantketten, wie dem Wheelers. Das **Wheelers of St. James** ist ein historisches Fischrestaurant, das er mit einem neuen Konzept versah. Er gibt sich populistisch und fördert vor allem seine eigene Medienkarriere.

**Dinner by Heston Blumenthal**, Mandarin Oriental Hyde Park, 66 Knightsbridge, Tel.: 7201-3833, www.dinnerbyheston.com. Geöffnet Mo–So 12–14.30 und 18.30-22.30 Uhr. Ein Michelin-Stern. Lunchmenü 3-Gänge Mo–Fr £ 32.
Heston Blumenthal lernte unter anderem unter Marco Pierre White und ist einer der aufsteigenden Stars der experimentellen Küche. Er verwendet beispielsweise Trockeneis, um besondere Geschmackserlebnisse zu erzeugen und hat neue Kochtechniken entwickelt. Sein bekanntestes Restaurant ist **The Fat Duck** in Berkshire, ausgestattet mit drei Michelin-Sternen. Im Mandarin werden historische Rezepte zubereitet.

**Fifteen**, 15 Westland Place, Tel.: 3375-1515, www.fifteen.net. Geöffnet für Breakfast Mo–Fr ab 7.30 Uhr, 10.45 Uhr letzte Bestellung, Sa & So ab 8 Uhr, 10.45 Uhr letzte Bestellung. Lunch Mo–So ab 12 Uhr, 15 Uhr letzte Bestellung, Dinner Mo–So, ab 18 Uhr, 22 Uhr letzte Bestellung, 2-Gänge Menü £ 26.
Jamie Oliver ist international bekannt und hat sich wie kein anderer dafür eingesetzt, dass die britische Nation sich besser ernährt. Unter Premierminister Tony Blair wurden Schulküchen auf seine Initiative hin modernisiert. In **Fifteen** Restaurants bekommen junge Menschen aus schwierigen sozialen Verhältnissen die Möglichkeit, ein Kochtraining zu absolvieren. Die Einnahmen werden teilweise für karitative Projekte verwendet. Die Küche ist italienisch inspiriert.

**Tipp:**
Natürlich kann man während der Öffnungszeiten einfach vorbeischauen und auf einen oder mehrere gute Sitzplätze hoffen. Aber sicher ist: Egal, für wieviele Michelin-Sterne – eins, zwei oder drei – und welchen Foodietempel man sich entscheidet, frühzeitige Vorausbuchung ist immer angesagt!

INFO

# 73 Stundenlang stöbern I: Petticoat Lane

Zwei der bekanntesten Märkte im Londoner East End, **Petticoat Lane** und **Spitalfields**, liegen zwischen Bishopsgate (bei der alten Londoner Stadtmauer) und der Commercial Street sehr nahe beieinander. Die Märkte gehen mehr oder weniger ineinander über, sodass man hier nach Herzenslaune den ganzen Tag bummeln und stöbern kann. Beide Märkte sind die ganze Woche geöffnet. Der Petticoat Lane Market ist unter der Woche allerdings auf wenige Stände in der Wentworth Street reduziert, sodass man samstags und sonntags eher auf seine Kosten kommt. Man sollte den Rundgang allerdings schon früh beginnen, damit man genug Zeit hat. Ausgangspunkt ist die U-Bahn Station Aldgate und die Middlesex Street (Petticoat Lane).

*Multkulturelles Miteinander auf der Petticoat Lane*

In dem Viertel fand bereits ab 1750 ein Markt statt. Damals verkauften die hier ansässigen Hugenotten-Weber feine Stoffe und Spitze, die sie in den benachbarten Werkstätten gefertigt hatten. Insbesondere wurden auch Unterröcke, eben »Petticoats«, für Damen verkauft – bei der damaligen Kleidermode ein sehr wichtiges und aufwändiges Zubehör und Namensgeber der Petticoat Lane. Erst die sehr auf Sitte bedachten Viktorianer benannten die Straße in die heutige Middlesex Street um, da ihnen wahrscheinlich eine nach einem Unterkleid benannte Straße als zu anrüchig erschien.

Auch heute noch findet man das eine oder andere Teil an Damenunterwäsche, wie Hüft- und Büstenhalter, mit Wäscheklammern auf Kleiderbügeln auffällig zur Schau gestellt. Der zunächst etwas chaotisch anmutende Markt entwickelte sich schnell in ein lebendiges multikulturelles Miteinander, in dem Menschen aller Hautfarben und Kulturen sich vermischen. Das Zentrum der meisten Stände bildet ein Wühltisch – alles wird auf einen großen Haufen geworfen, oft noch originalverpackt. Drumherum stehen Kleiderstangen mit den hübscheren Stücken: von Lederjacken über schicke Abendgarderobe bis zu bunten Sommerkleidern und bedruckten T-Shirts. Dahinter stapeln sich die Verpackungsboxen. Auch Schuhe von unterschiedlichster Qualität werden angeboten. Hin und wieder sieht man ein Designerstück vom letzten

*Hier gibt es alles rund ums Thema Bekleidung – von der Lederjacke bis zur Damenunterwäsche*

Jahr, und mit etwas Geduld kann man durchaus ein Schnäppchen finden. In den zahlreichen Seitenstraßen findet man auch CDs, Haushaltswaren und andere praktische Gegenstände. Wenn alle Markthändler da sind, hat man die Auswahl aus ca. 1000 Ständen.

Ende des 19. Jh. war der Markt als Jews' Market bekannt, da damals noch eine große jüdische Gemeinde das Viertel bevölkerte. Obwohl die Meisten von ihnen inzwischen in die grüneren Vororte wie Golders Green (s. Kap. 18) abgewandert sind, gibt es noch eine kleine Gemeinde von Aschkenasischen Juden – vor allem jüngere Menschen, die wieder in das angesagte, lebendige Viertel zurückziehen. Religiöses Zentrum ist die **Sandys Row Synagogue**, am Nordwestende der Middlesex Road. Sie wurde über einer Hugenottenkirche aus dem Jahr 1763 erbaut. Viele Jahre war hier der Handelsverband der Stepney und Whitechapel Straßenhändler untergebracht, dem alle Markthändler der Petticoat Lane und in Whitechapel angehören. Mehr über die Geschichte der Juden im East End erfährt man auf einer der vielen Touren, die im East End angeboten werden sowie im **Jewish Museum** in Camden.

**INFO**

**Hinkommen:** U-Bahn: Aldgate East oder Liverpool Street.

**Information:** **Petticoat Lane Market**
Middlesex Street. Geöffnet Mo–Fr 10–14.30, So 9–14 Uhr.

**Sandys Row Synagogue**
4a Sandys Row, Tel.: 7377-6196, www.sandysrow.org.uk.
Touren durch das jüdische East End: beispielsweise über www.jewishlondonwalkingtours.co.uk, www.golondontours.com, www.londonjewishtours.com, www.eastendwalks.com

**Jewish Museum**
Raymond Burton House, 129–131 Albert Street, Tel.: 7284-7384, www.jewishmuseum.org.uk. Geöffnet Mo–Do 10–17, Fr 10–14, So 10–17 Uhr. Eintritt Erwachsene £ 7,50, ermäßigt £ 6,50, Kinder 5-16 Jahre £ 3,50. U-Bahn Camden Town, Northern Line.

# 74 Stundenlang Stöbern II: Spitalfields Market

*Spitalfields Market: buntes Treiben in einer restaurierten Markthalle von 1887*

Spaziert man die Middlesex Street hinauf bis zur Kreuzung mit der Brushfield Street, steht man plötzlich vor der restaurierten Fassade des historischen Marktgebäudes in Spitalfield. Um 1197 stand hier ein Krankenhaus, das an die Kirche St. Mary's angeschlossen und allgemein bekannt war als St. Mary Spital, das umliegende Gelände hieß **Spitalfields**. Auf dem Kirchenfriedhof, der bis in römische Zeiten zurückreichte, wurden die bedauernswerten Patienten zu Grabe getragen, die die damalige medizinische Versorgung nicht überlebten.

Das Gebiet lag zu dieser Zeit außerhalb der Stadtmauern Londons und war eine recht ländliche Gegend. In der Zeit der Tudors wurde es für Waffen und Schießübungen der Artillerie genutzt. Hiervon zeugen noch Straßennamen wie »Artillery Passage« und »Artillery Lane« oder auf der Brushfield Street ein Pub mit dem passenden Namen »Gun« – Kanone.

Bis zum 17. Jh. fand quasi inoffiziell ein Markttreiben mit landwirtschaftlichen Produkten aus dem Umland statt. Dann begann man, feste Stände einzurichten. 1887 entstand eine überdachte Markthalle im viktorianischen Stil mit einem Dach aus schmiedeeisernen Verstrebungen und Glas.

Bis 1991 wurden hier noch Früchte und Blumen verkauft, dann zog der Lebensmittelmarkt nach Stratford, und die angesagte Mode- und Designszene übernahm das Gebäude. Im Zuge der Wiederbelebung des East Ends wurde jedoch auch für die Markthalle ein Umbauprojekt in die Wege geleitet. Unter dem

Architekt Norman Foster wurden zwei Drittel des alten Gebäudes abgerissen und in Bürogebäude umgewandelt.

Die Osthälfte ist heute ein lebhaftes Marktgelände mit Designerständen, einem Kunsthandwerksmarkt, einem Flohmarkt und Lebensmittelmarkt. Donnerstags gibt es einen Antikmarkt.

Auf dem **Spitalfields Traders Market** präsentieren angehende Londoner Designer dem Publikum ihre selbstgenähten Kreationen. Dieser Teil des Marktes ist bis heute erhalten. Sehr fantasievolle Kreationen werden angeboten, und vielleicht kauft man ja ein Stück eines Designstars von Morgen. Anfang April findet in Spitalfields seit einigen Jahren eine alternative Modenschau mit sehr ausgefallenen Modellen statt – als Gegenstück zur London Fashion Week.

*Bei dem großen Angebot darf man die Übersicht nicht verlieren*

Auf der Market Street befindet sich der **Spitalfields Arts Market** mit Kunsthandwerk, Skulpturen, Fotografie und Malerei von ansässigen Künstlern, deren Werke noch erschwinglich sind. Er findet von März bis Mitte November einmal im Monat von Do–So 10–17 Uhr statt (Infos s. Webseite).

Rund um die Stände gibt es unter demselben Dach zahlreiche Cafés mit Terrassen, von denen Londoner und Besucher von außerhalb das Markttreiben beobachten und die müden Füße ausruhen können. Sonntags geht man hier gerne zum Brunch.

**INFO**

**Hinkommen:** U-Bahn: Liverpool Street, Central, Circle, Hammersmith & City Line.

**Information:** **Spitalfields Market**
Brushfield Street, www.spitalfields.co.uk. Geöffnet Mo-Fr 10-16, So 9-17 Uhr.

**Essen & Trinken:** **Leon**
2 Crispin Place, Tel.: 7247-4369, www.leonrestaurants.co.uk. Geöffnet Mo-Do 11-22, Mi-Fr 11-22.30, Sa 11-22, So 9-20 Uhr. Hauptgericht ca. £ 9. Das Restaurant hat ein neues Konzept: »Fast Food mit Anspruch«. Alle Gerichte, die sich an der mediterranen Küche orientieren, werden mit gesunden, fettarmen Zutaten gekocht und serviert. Es gibt leckere Salate und Curries.

# 75 Essen wie ein Cockney – Jellied Eels im East End

Die Vorstellung davon, was eine »Delikatesse« darstellt, hat sich über die Jahrhunderte sicher geändert. Der Preis für bestimmte Nahrungsmittel ist nicht zuletzt abhängig davon, ob sie eher selten oder schwer zu bekommen sind. Noch bis in viktorianische Zeiten waren beispielsweise Austern und Hummer so gewöhnlich, dass sie in London in jeder Taverne serviert wurden. Wer Romane von Charles Dickens gelesen hat wird bemerkt haben, dass die Protagonisten fast jeden Tag ein Dutzend Austern verspeisen. Die Krustentiere wurden damals allerdings aus der Themsemündung gefischt, als der Fluss durch Industrieabwässer noch stark verschmutzt war. Auch Aale gehörten zum »Armenessen«, das in großen Mengen aus dem weit verzweigten Flussdelta der Themse in Essex und Kent gefischt wurde. Denn sie waren nahrhaft, kalorienreich und billig.

Während Austern und Hummer heute nur noch in teuren Restaurants zu finden sind, gilt der Aal weiterhin als ein Nahrungsmittel der Arbeiterklasse und ist vor allem in den ehemaligen Arbeitervierteln zu finden. Beim **Jellied Eel,** Aal in Gelee, werden die Aale gewürfelt und in Essig gekocht, wobei man Zitronensaft und Muskatnuss zum Würzen beigibt. Die Zubereitungsweise und der Geschmack sind einem Bismarckhering nicht unähnlich.

Wenn die Mischung abkühlt, setzt sich die Brühe, und die natürliche Gelatine des Aals führt zur Verdickung. Teilweise wird auch Gelatine zugegeben. Das Gericht kann warm oder kalt gegessen werden.

Die ersten **Eel, Pie and Mash Houses** entstanden im East End im 18. Jh. Hier wurden verschiedene Fleisch- und Fischpasteten, aber auch preiswerte

*Hier gibt's fast alles zum Thema Fisch. Wie wär's mit Austern, Muscheln oder Rollmops?*

Krustentiere wie Muscheln und Austern serviert, meist mit Kartoffelpüree. Dies waren sättigende und nahrhafte Mahlzeiten. Bis zum Ende des Zweiten Weltkriegs gab es etwa 100 dieser Fischrestaurants in ganz London.

Nach und nach wurden sie von den heutigen **Fish and Chip Shops** verdrängt, wo der Fisch paniert und frittiert und mit fettigen Pommes serviert wird. Die letzten noch verbliebenen traditionellen Fischrestaurant, wie **M. Manze** (aus dem Jahr 1902) in der Tower Bridge Road und **G. Kelly** in Bethnal Green, sind inzwischen zu Institutionen geworden. Manze stellt unter anderem auch »Cockney-Buffets« für Motto-Parties zusammen. Beide sind Familienbetriebe, die bereits seit Anfang des 20. Jahrhunderts bestehen.

Eine weitere Institution des East Ends ist **Tubby Isaac's**, eine Imbissbude in der Nähe von Aldgate. Den Familienbetrieb gibt es bereits seit 1919. Er verkauft – neben bekannteren Meeresfrüchten wie beispielsweise Scampis – einheimische Seetiere, zu denen Herzmuscheln (cockles), Wellhornschnecken (whelks) und Sandschnecken (winkles) gehören, genauso wie Flusskrebse (Crayfish). Natürlich steht auch der Aal in Gelee auf der Speisekarte.

*Dieser Imbissstand ist seit 1919 eine Institution*

Wer sich nicht an den Aal wagen möchte, kann auf jeden Fall das »Fish Pie« probieren – Fisch und Lauch mit Sahnesoße im Blätterteig – ein Klassiker der britischen Küche. Hiervon gibt es auch eine Fleischvariante. Dazu gibt es Kartoffelpüree und »Liquor«, eine Soße, die entweder aus Fischbrühe oder vegetarischen Zutaten hergestellt wird.

**INFO**

**Essen & Trinken: M. Manze**
87 Tower Bridge Road Bermondsey, Tel.: 7407-2985, www.manze.co.uk. Geöffnet Mo 11–14, Di–Do 10.30–14, Fr 10–14.30, Sa 10–14.45 Uhr. U-Bahn London Bridge, Northern und Jubilee Line.

**G. Kelly Pie & Mash**
526 Roman Road, Tel.: 8980-3165, www.gkellypieandmash.co.uk. Geöffnet Mo 11–15, Di & Mi 10–15, Do 10–15.30, Fr 10–19, Sa 10–17.30 Uhr. U-Bahn Mile End, Central Line.

**Tubby Isaac's Jellied Eel Stall**
Aldgate High St und Ecke Goulston Street (nahe Petticoat Lane Market), Tel.: 07846-848813, www.tubbyisaacs.co.uk. Geöffnet Mo–Mi 10–20, Do–So 10–22 Uhr. U-Bahn Aldgate, Metropolitan und Circle Line.

## 76 Bummeln in Bermondsey

Bermondsey ist ein Stadtteil mit einer langen Historie. Er wird schon im »Doomsday Book« der normannischen Eroberer aus dem Jahr 1086 erwähnt. Damals stand hier eine St. Saviour gewidmete Abtei. Das Umland war Marschland und es wurde bald eine Straße gebaut, auf der Pilger von der London Bridge zur Abtei gelangen konnten. Nach dem großen Feuer entstand hier ein Wohnviertel, obwohl Bermondsey nie zu den besseren Gegenden Londons gehörte. Auf der Ostseite der London Bridge waren nämlich auch Industrien untergebracht, die aufgrund des Gestanks und der verwendeten giftigen Chemikalien aus der City verbannt worden waren. Eines der ältesten verbliebenen Gebäude ist die Kirche **St. Mary Magdalen** aus dem Jahr 1690. Man erreicht sie südlich entlang der Bermondsey Street, die nette Restaurants, Boutiquen und das Fashion and Textile Museum zu bieten hat (s. Kap. 41). Von dort ist es nicht weit bis zum **Bermondsey Square**, einem modernen Platz, der zum Treffpunkt des Viertels geworden ist.

*Auf der Bermondsey Street lohnt ein Blick in die Schaufenster*

Der **Bermondsey Square Antiques Market** geht auf das Jahr 1855 zurück. Damals wurden hier alle möglichen Waren verkauft, auch Diebesgut: Aufgrund einer Gesetzeslücke musste man damals gestohlene Waren, die hier gekauft wurden, nicht wieder zurückgeben. Wer heute den Markt besuchen will, muss früh aufstehen, denn er beginnt jeden Freitag um 4 Uhr morgens und endet um 13 Uhr. Hier finden sich Antikhändler ein, die zur frühen Stunde ein Schnäppchen suchen. Anders als beim Portobello Market (s. Kap. 13) sind Touristen eher dünn gesät, und es wird kein Tand verkauft. Das bedeutet allerdings auch, dass die Preise im Schnitt höher liegen. Beim Stöbern hilft es, wenn man sich etwas mit Antiquitäten auskennt. Die Händler sind aber gerne bereit, Auskunft zu geben. Viele sind Experten, was bestimmte Kunstgegenstände, Möbel, Porzellan und Glas angeht. Wer früh kommt, sollte am besten auch eine eigene Taschenlampe mitbringen, da man ansonsten außer den Strahlen anderer Taschenlampen kaum etwas erkennen kann.

Samstags findet auf dem gleichen Platz von 10-14 Uhr der **Bermondsey Farmers Market** statt. Ähnlich wie auf dem Borough Market (s. Kap. 4) hat man hier einen sehr hohen Anspruch, was die Qualität der Waren angeht. Die Produkte stammen alle von Landwirten aus der Umgebung von London, und viele der Waren aus organischer Produktion. So gibt es zum Beispiel ausgefallene Käse- und Brotsorten, Honig und Wildgeflügel etc.

*Früher Lagerhäuser, heute teure Lofts: die Docks von Shad Thames*

Zu viktorianischen Zeiten entstanden die **Docks von Shad Thames** – eine Ableitung von St. John at Thames –, in dem Gebiet östlich der Tower Bridge. Die alten Lagerhäuser entlang des Kanals im St. Saviour's Dock sind inzwischen in teure Lofts umgewandelt worden, und das **Fashion and Design Museum** ist nicht weit (s. Kap. 40). An einigen Häusern sieht man noch die alten Haken, wo per Flaschenzug Kisten in die Lagerhallen gehievt wurden. Zu Zeiten von Charles Dickens gehörte die Gegend um die Docks zu den schlimmsten in London. Im Roman »Oliver Twist« wohnt der Bandit Bill Sykes in dem damals als »Jacob's Island« bekannten Viertel.

Dann brachte die Eisenbahn durch die Anbindung an neue Verkehrswege wieder Wohlstand in das Viertel. Es entstanden viele Warenhäuser, in denen vor allem Gewürze gelagert wurden, wie Vanille, Ingwer, Zimt, Anis, aber auch Tee. Viele Gebäude und Straßen erinnern heute daran, wie beispielsweise »Spice Wharf Quay«.

Interessant ist ein Spaziergang entlang des Themseufers von Shad Thames bis nach Rotherhithe. 1353 baute König Eward III. hier ein Haus, in der Nähe der Bermondsey Wall East. An der Stelle befindet sich heute der historische Pub **The Angel** aus dem 19. Jh.

INFO

**Hinkommen:** U-Bahn London Bridge, Northern Line oder Jubilee Line.

**Information:**

**Bermondsey Antiques Market**
Bermondsey Square, südlich entlang der Tower Bridge Road, hinter der St. Mary Magdalen Kirche.
Geöffnet freitags 4–13 Uhr.

**Bermondsey Farmer's Market**
Bermondsey Square.
Geöffnet samstags 10–14 Uhr.

**Essen & Trinken:** **Del'Aziz**
11 Bermondsey Square, Tel.: 7407-2991, www.delaziz.co.uk. Geöffnet Mo–So 7–23 Uhr. Moderne Café-Restaurantkette mit englischem Frühstück und marokkanischer Küche am Nachmittag und Abend. Ideal für eine Ruhepause nach dem Marktbesuch. Hauptgericht ab £ 13.

**The Angel**, 101 Bermondsey Wall East, Rotherhithe, Tel.: 7394-3214. Geöffnet Mo–Sa 12–23, So 12–22.30 Uhr. Historischer Pub mit schönem Ausblick auf die Themse.

# 77 Oxford Street – die längste Einkaufsstraße Londons

Das Viertel Mayfair (s. Kap. 56) wird gleich von mehreren Einkaufsstraßen durchzogen. Die **Oxford Street** ist davon nicht nur die längste, sondern auch eine der beliebtesten Destinationen. Die Regent Street und die Bond Street zweigen von ihr nach Süden ab. Etwa 200 Mio. Menschen besuchen pro Jahr die Oxford Street, davon ca. 9 Mio. aus dem Ausland. Das macht die Straße zu einem wichtigen Wirtschaftsfaktor, denn hier werden pro Jahr mehrere Milliarden Britische Pfund umgesetzt. An der Oxford Street reihen sich die bekannten Namen der großen britischen Kaufhausketten aneinander.

*Auf und rund um die Oxford Street muss immer mit Gedränge gerechnet werden*

Aufgrund der entspannten Ladenschlussgesetze sind Geschäfte hier auch am Sonntag und an Feiertagen geöffnet. Beim Sommer- und Winterschlussverkauf kommt es zu großen Menschenansammlungen. Diese Zeiten sollte man lieber vermeiden, denn dann ist mit besonders großem Gedränge zu rechnen, und die Straße sieht aus wie ein Schlachtfeld.

Die Oxford Street war einst Teil einer römischen Straße, die die südlichen Provinzen mit Colchester im Norden verband. Im 18. Jh. wurde das Gebiet vom **Earl of Oxford** entwickelt, nach und nach zogen Geschäfte ein. Wenn man die ganze Länge der Einkaufsstraße entlanglaufen möchte, sollte man am Ostende bei der U-Bahnstation Tottenham Court Road beginnen. Im Süden schließt sich **Soho** an die Oxford Street an (s. Kap. 20). Hier befindet sich auch das Schwulenviertel der Stadt, mit vielen **Nachtclubs** in der Wardour Street, Old Compton Street und Frith Street.

Auf der Strecke zwischen der U-Bahnstation Oxford Circus und Bond Street werden die Geschäfte größer und schicker und die Atmosphäre etwas gediegener. Man passiert die Kaufhäuser John Lewis, House of Fraser und Debenhams. Auf der Südseite erstreckt sich das West One Shopping Centre mit zahlreichen kleineren Geschäften und vielen Café-Bars. Neben Harrods ist **Selfridges** sicherlich eines der bekanntesten Kaufhäuser Londons. Es wurde im Jahr 1909 von dem amerikanischen Millionär George Selfridge eröffnet.

Ionische Säulen zieren den grandiosen Eingang. Heute sind hier unter anderem zahlreiche hypermodische Labels untergebracht sowie eine riesige Schuhabteilung. George Selfridge war ein spendierfreudiger Mensch, der noch zu Lebzeiten seine hart erwirtschafteten Reichtümer wieder verprasste. Zu den angesagten preiswerteren Alternativen gehören Ketten wie Top Shop/Top Man, New Look und Primark, die immer im voll im Trend liegen und auf Teenager und Junggebliebene ausgerichtet sind.

*Das »Liberty« ist ein ganz besonderes Kaufhaus*

Einen Abstecher sollte man auf die elegante Regent Street unternehmen, die von John Nash gestaltet wurde (s. Kap. 53), denn hier befindet sich das ganz besondere **Kaufhaus Liberty**. Liberty gründete seinen Laden Anfang 1875 und verkaufte Kunstobjekte aus Japan. 1844 zog man an die heutige Adresse. Arthur Liberty spezialisierte sich auf Kunsthandwerk und Design und förderte viele Talente des »Arts and Crafts Movement« und des Jugendstils. Das Kaufhaus hat sein eigenes Designstudio und stellt eine Reihe von einmaligen Stoffen her. Außerdem gibt es ausgefallene Einrichtungsgegenstände und Nippes. Das Haus fällt schon allein durch seine Fassade auf, die 1920 im wieder neu entdeckten Tudorstil mit Fachwerk verkleidet wurde.

Von hier nach Süden führt die Regent Street zum Piccadilly Circus. Von dort verläuft die Piccadilly Street nach Westen. An der Ecke zur Duke Street steht das Luxuskaufhaus **Fortnum and Mason,** das auch den königlichen Hof beliefert.

## Tipp

Im Burlington House an der Piccadilly Street befindet sich die **Royal Academy of Arts**. 1786 gegründet, hat sie einige der größten britischen Künstler hervorgebracht, wie Turner, Constable und Hockney. Neben der Dauerausstellung britischer Künstler ist besonders die Sommerausstellung interessant, bei der jeder Normalbürger Kunstwerke einreichen kann. Jedes Jahr gehen Tausende von Werken ein, von denen dann eine Auswahl ausgestellt wird. So ist die vielseitige Sommerausstellung immer sehenswert.
**Infos:** Royal Academy of Arts, Burlington House, Tel.: 7300-8000, www.royalacademy.org.uk. Sommerausstellung 2012: 4. Juni–12. Aug.

## INFO

**Hinkommen:** U-Bahn Tottenham Court Road, Oxford Circus, Bond Street, Central Line.
**Einkaufen: Selfridges**
400 Oxford Street, Tel.: 0800-123400, www.selfridges.com. Geöffnet Mo–Mi 9.30–20, Do–Sa 9.30–21, So 11.30–18 Uhr.
**Liberty**
Regent Street, Tel.: 7734-1234, www.liberty.co.uk. Geöffnet Mo–Sa 10–20, So 12–18 Uhr.

# 78 Savile Row – den Schneidern auf die Finger geschaut

Die **Savile Row** verläuft parallel zur Bond Street, einer der exklusivsten Einkaufsadressen Londons im Stadtteil Mayfair (s. Kap. 56). Savile Row und die benachbarte Jermyn Street richten sich vor allem an den Herren der Schöpfung. Hier kann man sich ein gesamtes Outfit maßschneidern lassen und sich auch gleich mit den nötigen, teuren Accessoires versorgen.

Die Gegend um die Savile Row entstand im frühen 18. Jh. unter dem Earl of Burlington. Hier lebten Offiziere und Politiker. Im 19. Jh. trat der Lebemann Beau Brummel (1778–1840) auf den Plan, der den Modestil des Dandy kreierte – mit dunklen Anzügen und ganz langen Hosenbeinen. Perfektioniert wurde das ganze mit einer kunstvoll gebundenen Krawatte. Daher wird ihm die Erfindung des Schlips nachgesagt. Eine **Bronzestatue Brummels** steht in der Jermyn Street. Der neue Stil wurde schnell auch von anderen Gentlemen nachgefragt. Durch die Industrialisierung war eine neue, reiche Klasse von Geschäftsleuten entstanden, die sich einen angemessenen Lebensstil leisten wollte.

Nach und nach zogen Herrenschneider in Geschäftsräume in der Savile Row und boten »bespoke tailoring« an. Hierbei handelt es sich um maßgefertigte Kleidung nach den Wünschen der Kunden und aus Stoffen, die der Kunde sich ausgesucht hatte. Aufgrund der damaligen gesellschaftlichen Gepflogenheiten benötigte ein Gentleman verschiedene Anzüge für den Tag, den Abend und besondere Anlässe. Als Offizier brauchte man mehrere Uniformen. Die Textilmühlen im Norden Großbritanniens und in Schottland produzierten die dafür notwendigen feinen Wollstoffe und Tweedgarne. Bis heute sind die

*Bei »Henry Poole & Co«, heißt es, sei der Smoking erfunden worden*

Schneider in der Savile Row exzellente Handwerker, und die Traditionsgeschäfte stellen auch weiterhin mehrere Tausend Anzüge pro Jahr für exklusive Kunden her, obwohl sich die Anzahl der Geschäfte reduziert hat. Die Kunden, die hierher kommen, schätzen den persönlichen Service – den selbst die Häuser der Haute Couture nicht bieten. Die Kosten für einen zwei- bis dreiteiligen Anzug liegen bei £ 3.000 bis £ 20.000.

Einige der Schneider spezialisierten sich schon früh auf bestimmte Kleidungsstücke. **Gieves & Hawkes** in der Nr. 1 beispielsweise wurde 1785 gegründet und war spezialisiert auf Uniformen. Seit Jahrzehnten kleiden die Schneider auch das Königshaus ein. Die Queen war bis vor kurzem Kunde bei **Hardy Amies** (gegr. 1946), Nr. 14. In der Nr. 15 befindet sich **Henry Poole & Co** (1806), wo während der Napoleonischen Kriege die Offiziere eingekleidet wurden. Ihnen wird auch nachgesagt, den Smoking erfunden zu haben. **Huntsman & Son**, Nr. 11, spezialisierte sich auf Jagdanzüge und Freizeitkleidung. Hier holen sich auch jüngere Designer heute ihre Inspirationen. In der Nr. 35 eröffnete 1969 das Geschäft von Tommy Nutter (gest. 1992), **Nutters of Savile Row**. Er brachte frischen Wind in die Straße und kleidete zum Beispiel die »Beatles« ein. In der Hausnummer 30 hat der ghanaische Designer **Ozwald Boateng** seinen Sitz, der sich als Schneider-Designer bezeichnet und Hollywoodstars wie Will Smith und Russell Crowe einkleidet.

Man betritt die Läden über eine Treppe und wird in einem eleganten Raum von ebenso eleganten Angestellten empfangen. Im Souterrain der Geschäfte befinden sich die Werkstätten, und hier kann man den Schneidern sozusagen auf die Finger schauen, wie sie an der Schneiderpuppe arbeiten.

### Tee im Dorchester

Nach so viel Luxus sollte man die Teestunde in angemessenem Stil verbringen. Von der Savile Row gelangt man über die Conduit Street am Berkeley Square vorbei zur Park Lane, wo das alteingesessene **Dorchester Hotel** auf den Hyde Park blickt. Es ist für seinen opulenten Afternoon Tea berühmt. Man hat die Auswahl zwischen zwei Sälen. **The Promenade** ist ein langgestreckter Saal mit Jazz-Pianist. Hier wird der Tee fünfmal gereicht (13.15, 14.30, 15.30, 16.45 und 17.15 Uhr). Man erhält eine Etagere mit kleinen Sandwiches, einer Auswahl an Kuchen und Scones (£ 38,50). Die **Spatisserie**, in elegantem Weiß mit Glastischen, ist an das Spa des Hotels angeschlossen. Hier findet die Teestunde um 15.30, 16.45 und 18.45 Uhr statt und es gibt unter anderem ein Afternoon Tea-Paket mit Champagner für £ 46,50.
**Infos:** The Dorchester, 53 Park Lane, Tel.: 7629-8888, www.thedorchester.com. U-Bahn: Hyde Park Corner, Piccadilly Line.

In der Nr. 3 hatte übrigens die von den »Beatles« gegründete Produktionsfirma »Apple Corp.« ihren Sitz. Auf dem Dach gaben die »Pilzköpfe« 1970 ein Konzert (s. Kap. 92).

**INFO**

**Hinkommen:** Savile Row: U-Bahn Piccadilly Circus Piccadilly Line, Bakerloo Line.

# 79 Redchurch Street Shoreditch – Mode, Design und Kunst

Der Bezirk **Shoreditch** ist heute vor allem als Szeneviertel mit zahlreichen Clubs und Bars bekannt. Er ist außerdem gespickt mit trendigen Galerien, denn in den letzten Jahren hat sich das Gebiet rund um die Shoreditch High Street außerordentlich entwickelt. Dort, sowie in den Straßen rund um die **Redchurch Street**, ist ein Einkaufsviertel mit ausgefallenen Boutiquen entstanden, wo gleichermaßen Designerware und Secondhand-Mode angeboten werden.

*Shoreditch – Szeneviertel mit Graffiti, Clubs und Bars*

Durch das Viertel Shoreditch zog sich einst die römische Straße, die vom Stadttor Bishopsgate nach Norden führte. Bereits in der Tudorzeit war das Viertel ein Künstlertreff, denn hier entstanden die ersten Freilufttheater, in denen unter anderem Shakespeares Stücke uraufgeführt wurden (s. Kap. 33) und wo Shakespeare selbst für kurze Zeit lebte. Leider ging es in den folgenden Jahrhunderten mit dem Viertel genauso schnell bergab wie mit dem Rest des East Ends – vorherrschend waren große Armut, Prostitution und Kriminalität.

Die **Shoreditch High Street** ist die alte Hauptstraße des Viertels, dies bezeugt die beeindruckende Fassade des alten Rathauses, Town Hall, aus dem Jahr 1866 (heute ein Veranstaltungsort) und die **St. Leonhards Kirche** aus dem Jahr 1740. Sie entstand unweit der Bühne des »The Theatre« aus dem Jahr 1576. In der Kirche befindet sich ein Gedenkstein für James Burbage, der zu den Gründervätern des Theaters gehörte, und für seinen Sohn Richard, der die Hauptrollen in den meisten Stücken spielte. Der Stein wurde 1913 von der »London Shakespeare League« gestiftet.

Ende des 19., Anfang des 20. Jh. hatten sich die Handwerker in Shoreditch auf die Möbelherstellung spezialisiert, und das Viertel lebte wieder auf. Es entstanden auch Varietétheater und Music Halls. Im »Shoreditch Empire«, das sich in der Nr. 95-99 der High Street befand, trat Charlie Chaplin auf, bevor er nach Amerika auswanderte.

Die Tradition der Möbelherstellung dokumentiert das **Geffrye Museum,** etwas weiter nördlich in der Kingsland Road. Hier wird mit akribischer Genauigkeit der Einrichtungsstil der britischen Mittelklasse über verschiedene Jahrhunderte hinweg nachgestellt. Es gibt elf sogenannte Period Rooms (Epochen-Räume), in den man eine Zeitreise durch das britische Wohnzimmer ab 1600 bis heute machen kann. Von April bis Oktober kann man außerdem Gärten besichtigen, die ebenfalls im Stil verschiedener Jahrhunderte angelegt sind. Diese zeigen, wie die wechselnde Mode sich auch auf die Gartengestaltung auswirkte. Die große Sammlung des Museums umfasst daneben viele Alltagsgegenstände.

*Ob First- oder Secondhand: hier wird jede und jeder fündig*

Das historische Gebäude, in dem das Museum untergebracht ist, war ursprünglich ein Armenhaus (**Almshouse**) das von der Vereinigung der Eisenwarenhändler eingerichtet worden war. Zu viktorianischen Zeiten gab es zahlreiche Armenhäuser. Hier herrschte ein sehr strenges Regiment. Auch wenn sie nicht verhungern mussten, wurde denen, die hier gestrandet waren, ihr Dasein kaum erleichtert. Auch einen der Räume des ehemaligen Almshouses hat man wieder hergerichtet, er ist an bestimmten Tagen zu besichtigen.

Von hier aus kann man einen Abstecher in die östlich gelegene **Columbia Road** machen. Hier reihen sich mit fantasievollen Schaufenstern dekorierte Boutiquen aneinander, in denen man schöne Kleinigkeiten findet. Sonntags von 8-15 Uhr findet außerdem der beliebte und lebhafte **Columbia Road Blumenmarkt** statt.

### Einkaufen

**The Shop,** 3 Cheshire Street, Tel.: 7739-5631. Geöffnet Mo–Sa 11–18, So 9.30–17 Uhr.
**I Dream of Wires**, 68a Cheshire Street, Tel.: 0797-1194261, www.idreamofwires.co.uk. Secondhand-Shop mit Kleidung und Kultgegenständen aus verschiedenen Epochen.
**Squint**, 178 Shoreditch High Street, Tel.: 7739-9275, www.squintlimited.com. Psychedelische Möbel und Einrichtungsgegenstände.
**Caravan**, 3 Redchurch Street, Tel.: 77033-3532, www.caravanstyle.com. Secondhand-Einrichtung.

**INFO**

**Hinkommen:** Station Shoreditch High Street, London Overground.
**Information: The Geffrye Museum** Kingsland Road, Tel.: 7739-9893, www.geffrye-museum.org.uk.
Geöffnet Di–Sa 10–17, So und feiertags 12–17 Uhr. Eintritt zu den Period Rooms und Gärten ist frei. Sonderausstellungen: Erwachsene £ 5, ermäßigt £ 3.
**Almshouse**: Mo, Di und Sa nur an bestimmten Tagen und zu bestimmten Zeiten (www.geffrye-museum.org.uk/visiting). Begrenzte Plätze, bitte vorher wegen Verfügbarkeit anrufen. Eintritt Erwachsene £ 2,50, Kinder unter 16 frei.

# 80 Camden Town – Grufties, Punks und Szeneläden

*Besondere Typen in Camden Town zu treffen ist kein Problem, Berührungsängste sollte man keine haben*

Seit Jahrzehnten hat sich die einzigartige Atmosphäre in **Camden Town** kaum verändert. Auch wenn die Gegend um die Bootsanlegestelle des Camden Lock (s. Kap. 69) inzwischen von schicken Bistros belebt ist, hat das Viertel immer noch eine leicht anrüchige und schäbige Atmosphäre. Camden ist eng mit der Londoner Musikszene verbunden, und die Clubs und Bars des Viertels frequentierte manch eine Band, die später internationalen Ruhm erlangte. Zuerst brachten die irischen Immigranten, die hier in den 1930er Jahren für die Eisenbahn arbeiteten, die Live-Musik in die Kneipen. Die Tanzlokale der 1950er Jahre wurden von Konzerthallen wie dem **Roundhouse** abgelöst, in dem ab 1966 Rock- und Pop-Konzerte über die Bühne gingen. Hier traten von Jimi Hendrix bis zu »Oasis« viele bekannte Bands der vergangenen Jahrzehnte auf. Im **Electric Ballroom**, einem der legendären Musikclubs des Viertels aus dem Jahr 1978, sowie in Veranstaltungsorten wie **Koko**, **Barfly** und **Dingwalls** gibt es angesagte Clubnächte und Konzerte.

Am nördlichen Ende der **Camden High Street**, die zum Camden Lock führt, drängen sich Geschäfte und Märkte aneinander. Hier werden schräge Klamotten verkauft: schwarze Gruftie-Kluften – auf Englisch »Goths« –, futuristische Mode der Cybergoths, Lederjacken, T-Shirts in allen Ausführungen, mit den ausgefallensten Slogans, Doc Martins, Bikerstiefel und Hunderte von Sonnenbrillen in den gerade modischen Varianten. Im Electric Ballroom gibt es sonntags einen der größten Secondhand-Märkte (genannt »Vintage«) in London. Angst vor Tuchfühlung sollte man hier nicht haben, denn auf den Straßen und in den Geschäften herrscht Gedränge: Pro Woche besuchen bis zu 150.000 Menschen das riesige Einkaufsviertel.

Der **Camden Market** entstand im Jahr 1975. Damals noch ein kleiner Hippie-Flohmarkt, passte man sich sehr erfolgreich den wechselnden Strömungen der Jugend- und Modetrends an. Camden wurde zu einem Auffangzentrum für diejenigen, die ihrem Trend auch treublieben, als er schon lange nicht mehr angesagt war. Wer Leute gucken will, wird hier bestens bedient. Denn hier kann man noch Rocker, Hippies, Punks, Grufties, Grungies in voller Kluft sehen, als wäre die Zeit stehengeblieben. Gleichzeitig gibt es hier nichts, was es in der alternativen Mode nicht gibt, vom Retro-Trend zur Cybermode – sehr hilfreich für Musiker und Clubber. Hilfreich für DJs sind auch die vielen Plattenläden, in denen man noch eine große Auswahl an seltenen Vinyl-Platten findet.

Der große **Camden Buck Street Market** liegt auf der Ostseite der High Street. Hier gibt es Secondhand-Klamotten, moderne Labels, Clubwear, Schuhe etc. Wenn man der Camden High Street folgt und den Kanal über die Brücke überquert, gelangt man auf der linken Seite zum riesigen Komplex des **Camden Lock Market**, mit der Market Hall im Ersten Stock, Eingang Chalk Farm Road. Hier gibt es einen Kunsthandwerksmarkt, wo Künstler ihre eigenen Designs wie Keramik und Schmuck verkaufen. Im West Yard am Westende gibt spezialisierte Boutiquen, beispielsweise für Taschen, Lampen, Teppiche und Schmuck.

*Mittagspause am Stables Market*

In den **Stables** und der Stables Arcade, teils im Unterbau einer viktorianischen Eisenbahnbrücke, findet man Comicshops, Antiquitäten, Secondhand-Mode, Piercing- und Tattooläden etc. Auf diesem Gelände befand sich früher ein Pferdehospital für die Zugpferde der Narrow Boats, die ziemlich schwere Arbeit leisteten und sich auch Verletzungen zuzogen. Bronzeskulpturen erinnern an die Pferde und die Kanalarbeiter. Gegenüber vom großen Camden Market Komplex auf der Ostseite der Chalk Farm Road befindet sich **Camden Lock Village**, ein weiterer erschlossener Teil am Kanal, an dem sich Geschäfte aneinanderreihen.

**INFO**

**Hinkommen:** U-Bahn Camden Town (die Station ist immer sehr voll) oder Chalk Farm, Northern Line.

**Information: Camden Lock Ltd**
54-56 Camden Lock Place,
Tel.: 7485-7963,
www.camdenlockmarket.com.
Geöffnet tgl. 10–18 Uhr.

**Bekannte Musikclubs:**

**Electric Ballroom**, 184 Camden High Street, Tel.: 7485-9006, www.electricballroom.co.uk.

**Roundhouse**, Chalk Farm Road, Tel.: 0844-4828008, www.roundhouse.org.uk.

**Barfly**, 49 Chalk Farm Road, Tel.: 0844-8472424, www.barflyclub.com.

**Koko**, 1a Camden High Street, Tel.: 0870-4325527, www.koko.uk.com.

**Dingwalls**, Middle Yard, Camden Lock, Tel.: 7267-1577, www.dingwalls.com.

# 81 Publikumsliebling – Covent Garden und Shaftesbury Avenue

Die Geschichte von **Covent Garden** begann im Jahr 1630, als der Earl of Bedford den Architekten Inigo Jones dazu berief, ein neues, elegantes Wohnviertel anzulegen. Inigo Jones, der vom italienischen Baustil beeinflusst war (s. Kap. 52), gestaltete eine Piazza – umgeben von einem rasterartigen Straßenverlauf. 1638 entstand die **St. Paul's Church**, die heute die Hauskirche der »Pearly Kings and Queens« ist (s. Kap. 47).

*Covent Garden ist ein Eldorado für Straßenkünstler*

Auf der Piazza fand ab 1694 regelmäßig ein Frucht- und Gemüsemarkt statt. Zu dieser Zeit wurden auch zum ersten Mal exotische Früchte aus Übersee importiert, wie beispielsweise Ananas. Bald ließ sich der Earl of Bedford den Markt von Charles II. beurkunden. 1830 wurde die Markthalle überdacht und der Markt wuchs. Mitte des 20. Jh. wurde er jedoch geschlossen und erst in den 1980er Jahren die große Halle wieder restauriert. Heute hat sich der Markt zu einem lebendigen Treffpunkt entwickelt. Covent Garden ist immer belebt, denn hierher kommt man nicht nur aufgrund der hübschen – aber teuren – Boutiquen mit ihrem Bunten Mix aus Mode, Accessoires und Nippes. Covent Garden lädt auch wegen der vielen Cafés und Straßenkünstler zum Verweilen ein. Fast ununterbrochen wird irgendwo Akrobatik oder Musik dargeboten.

Covent Garden ist eng mit der Geschichte des heutigen **Theaterland** verbunden, wie man die Londoner Theater des West Ends auch nennt. Es erstreckt sich von hier bis zum **Trafalgar Square** und südlich entlang Aldwych und Strand.

Das **Theatre Royal** in der Drury Lane, das an den Covent Garden angrenzt, entstand bereits 1663 und ist damit das älteste Theater Londons. Das heutige Gebäude stammt allerdings aus dem Jahr 1812. Nachdem unter den Puritanern Theater ganz verboten wurden, belebte Charles II. nach Amtsantritt das Kunstgewerbe wieder. Ein Erlass des Königs berechtigte das Aufführen von »legitimem« Theater. Hiermit wollte man sich vom musikalischen

Volkstheater abgrenzen. Damals hieß das Theater »King's Playhouse«. Heute gehört es zur »Andrew Lloyd Webber Gruppe« und zeigt Publikumsrenner wie beispielsweise »Shrek – The Musical«.

Im Jahr 1732 entstand das Covent Garden Theatre, heute das grandiose **Royal Opera House**. Nach einem Feuer wurde es Mitte des 19. Jh. und in den 1990er Jahren umfangreich restauriert. Es ist die Heimat der »Royal Opera« und des »Royal Ballet«.

Vom Covent Garden entlang der Long Acre Street gelangt man in die West Street. Im St. Martin's Theatre wird bereits seit 1974 das Stück **The Mousetrap**, »Die Mausefalle«, von Agatha Christie gespielt. Dadurch wurde es sogar im »Guinness Buch der Rekorde« verewigt. Obwohl das Stück praktisch davon lebt, dass man die Identität des Mörders nicht kennt, ist die Faszination selbst nach so vielen Jahrzehnten und so vielen Enthüllungen des Mörders für Besucher ungebrochen.

Nach Westen verläuft die Shaftesbury Avenue, das Herz des West Ends, das an Soho und Chinatown angrenzt (s. Kap. 20). Hier reiht sich ein Theater ans andere, viele zeigen gerade angesagte Musicals. So sind das **Lyric**, **Apollo**, **Gielgud**, **Palace Theatre**, **Shaftesbury Theatre** (Andrew Lloyd Webber) bekannt für ihre große Auswahl. In der Straße ist auch der **Comedy Store** ansässig (s. Kap. 93).

*Palace Theatre in der Shaftesbury Avenue*

Am Piccadilly Circus biegt die Haymarket Street ab, so genannt, weil die Droschkenkutscher früher hier Heu für ihre Pferde kauften, südlich befindet sich das **Theatre Royal Haymarket.** Weiter entlang des Strand steht das **Adelphi** (Andrew Lloyd Webber), und das **Aldwych** (Musicals) befindet sich auf der gleichnamigen Straße. Wer einen Theaterbesuch einplanen möchte, sollte rechtzeitig im Voraus buchen, vor allem, wenn bekannte Stars in einer Produktion mitspielen. Viele Theater veranstalten nachmittags sogenannte »Matinées«. Das heißt, es gibt eine Vorstellung am frühen Nachmittag und eine am Abend. Die »Matinées« sind meist weniger ausgebucht.

**INFO**

**Hinkommen:** U-Bahn Covent Garden, Piccadilly Line.

**Information:**
**Covent Garden**, www.coventgardenlondonuk.com.

**Essen & Trinken:**
**Lamb & Flag Pub**, 33 Rose Street, Tel.: 0871-9511000. Dieser in einer Seitenstraße versteckte Pub ist der älteste in Covent Garden und einer der ältesten in ganz London. Bereits 1623 erhielt er seine Lizenz.

# Aktivitäten

*Blick vom »London Eye« Richtung Houses of Parliament*

# 82 Radfahren in London – Rent a Boris Bike

### Wie ein Boris Bike mieten?

Wer sich länger in der Stadt aufhält, kann eine Mitgliedschaft beantragen und erhält eine Schlüsselkarte, die automatisch wieder aufgeladen wird. Wer die Fahrräder nur hin und wieder nutzt, kann direkt an den Mietstationen mit Bank- oder Kreditkarte bezahlen. Hier erhält man dann eine Code-Nummer, die man beim Fahrradständer innerhalb von 10 Minuten eingeben muss. Es fällt eine Leihgebühr an (24 Std. £ 1, 7 Tage £ 5) sowie eine Benutzungsgebühr: 1 Std. £ 1, 2 Std. £ 6, 3 Std. £ 15 etc.). Das System eignet sich daher eher für kurze Strecken. Wer eine längere Fahrradtour machen möchte, sollte daher andere Anbieter in Erwägung ziehen.

Wer sich in London aufhält, dem fallen die soliden Fahrräder mit der blauen Kennzeichnung »Barclays« auf, die sich auf den Straßen und in den Parks bewegen. Es gibt 400 Stationen in der Stadt, wo man diese Fahrräder mieten kann. Die blaue Kennzeichnung ist das Logo des Sponsors, der »Barclays Bank«, mit deren Hilfe das Projekt ins Leben gerufen wurde. Initiator war der Londoner Bürgermeister Boris Johnson, der seine Fahrrad-Vision für London im Jahr 2010 verwirklichte. Das Projekt wurde spaßeshalber **Boris Bikes** genannt. Dies wurde dann zum Markenzeichen.

Boris Johnson ist leidenschaftlicher Fahrradfahrer und fährt täglich von seinem Haus in Islington in Nordlondon (s. Kap. 14) mit dem Fahrrad zur Arbeit in die City Hall. Der unkonventionelle Konservative ist für sein wehendes, weißblondes Haar und seine etwas zerknitterten Anzüge bekannt. Auf dem Fahrrad wird das Ganze kombiniert mit einem Rucksack, den er beim Fahrradfahren statt einer Aktentasche trägt.

Johnson ist besonders stolz darauf, dass die Leihfahrräder nicht vom Diebstahl betroffen sind. Laut seiner Aussage wurden sie absichtlich plump gestaltet, sind recht schwer und »total uncool«, sodass Diebe nicht in Versuchung geführt werden. Der Bürgermeister selbst war allerdings schon mehrfach Opfer von

*Die »Boris Bikes« können an 400 Stationen in ganz London gemietet werden*

Fahrraddiebstählen und hat kein Mitleid mit den Dieben. Das erklärte Ziel der Initiative ist es, in den nächsten Jahren die Fahrradnutzung bei den sonst eher fahrradscheuen Londoner Briten um 400 % zu erhöhen. So wurde nicht nur in die Leihfahrräder investiert, sondern auch in neue Radwege, Beschilderungen und Fahrradständer an den Bahnhöfen der Stadt.

*Obwohl als fahrradscheu bekannt, sind etliche Londoner auf zwei Rädern unterwegs*

Interessant ist dabei das Konzept der **Superhighways**: Hier wurden Fahrradstrecken von außerhalb gelegenen Stadtteilen zu verschiedenen Punkten in der Innenstadt angelegt. Die blau markierten Fahrradwege sind bis zu 15 km lang und folgen den für Fahrradfahrer günstigsten Routen. Die Farbkennung vereinfacht die Orientierung. In den Informationsstellen und auf der Webseite gibt es außerdem Karten für Fahrradrouten durch London.

## Empfohlene Routen

Eine sehr schöne Fahrradroute gibt es entlang des südlichen Themseufers von der Westminster Bridge bis Greenwich oder in die entgegengesetzte Richtung nach Hampton Court. Sie ist Teil des **Thames National Trail**, der dem gesamten Flusslauf der Themse von ihrem Ursprung in den Cotswolds bis zur Thames Barrier folgt. In östlicher Richtung wird der Pfad hinter der Tower Bridge ruhiger und grüner. Unterwegs passiert man einige der spektakulärsten Ansichten Londons an der Southbank, in der City und in den Docklands. In der Stadt entkommt man dem Verkehr am besten auf dem **Grünen Pfad** durch die Parks (s. Kap. 65, 66, 67). Die Mall vom Buckingham Palast zu den Horse Guards ist sonntags zudem verkehrsfrei.

INFO

**Information:**
**Barclays Cycle Hire**
www.tfl.gov.uk, dann »Barclays Cycle Hire«. Tel.: 0845-0263630
**Informationszentren:**
U-Bahnstationen Liverpool Street und Piccadilly Circus.
**Bahnhof Euston** gegenüber Plattform 10.
**Viktoria Station** gegenüber Plattform 8.
**King's Cross**, westliche Halle, nahe St. Pancras.
**Thames National Trail**
www.the-river-thames.org.uk
**Karten:** Eine Karte mit den Docking-Stationen kann man von der Webseite herunterladen. In den Informationszentren gibt es außerdem Karten mit insgesamt 50 empfohlenen Routen.

# 83 Eine Bootsfahrt auf der Themse

Eine Bootsfahrt auf der Themse ist der beste Weg, die verschiedenen Ansichten der Stadt aus einer neuen Perspektive zu genießen. Man erhält einen Eindruck von der immensen Größe der Stadt, die sich entlang der beiden Ufer erstreckt und von ihrer vielfältigen Architektur. Interessant ist vor allem auch der rege Schiffsverkehr auf dem Fluss. Man erspäht sogar die eine oder andere Luxusjacht, die vor der Tower Bridge vor Anker liegt. Bis hin zur London Bridge lässt sich noch die Wirkung der Gezeiten beobachten.

*Bei einer Schifffahrt auf der Themse lernt man die Stadt anders kennen*

Die Geschichte der Stadt Londons ist eng mit dem Fluss verbunden, der sie durchfließt. Einst war die Themse die »Hauptstraße« der Metropole und belebte Hauptverkehrsader. Wer es sich leisten konnte, baute seinen Palast direkt am Ufer, eine Bootsanlegestelle war gleich mit vorgesehen. Von dort aus konnte man dann angenehm London durchqueren, ohne sich in das Gewühl der engen und unsauberen Straßen zu begeben. Noch heute können Londoner, die in Außenbezirken wohnen, mit öffentlichen Fähren und auf dem angenehmen Wasserweg in die Stadt gelangen.

### Flussabwärts

**Thames Clippers** bietet einen regelmäßigen Service flussabwärts in Richtung Osten an. Die Schiffe verkehren alle 20 Min. von den Piers entlang des Flusses. Auf der Fahrt bis nach Greenwich bekommt man spektakuläre Aussichten vor die Kameralinse, wie beispielsweise das **London Eye** (s. Kap. 84), die Southbank Theater (s. Kap. 3), das **Tate Modern** (s. Kap. 38), das **Globe Theatre** (s. Kap. 33), den Tower, Docklands und **Canary Wharf** (s. Kap. 7). Thames Clippers betreibt übrigens auch das »Tate Boat« (s. Kap. 37), das die beiden Tate-Galerien verbindet, und einen Service zum Woolwich Arsenal (s. Kap. 101) sowie zur Thames Barrier (s. Kap. 63).

### Flussaufwärts

In westliche Richtung verkehren Boote der **Westminster Passenger Services Association** zwischen Westminster Pier, Kew, Richmond und Hampton Court. Das Boot folgt der Route, die Henry VIII. auf dem Weg zu seinem Palast in Hampton Court zurücklegte. Bis nach Richmond dauert die Fahrt etwa 2 Std., bis nach Hampton Court ca. 3–4 Std. Die Abfahrtszeiten sind abhängig von den Gezeiten. Auf dieser Strecke passiert man beispielsweise den **Lambeth Palace** (s. Kap. 61), **Tate Britain** (s. Kap. 37), das

### Schifffahrtsbetriebe entlang der Themse

**Thames Clippers**, Unit 12, The Riverside Building, Trinity Buoy Wharf, 64 Orchard Place, Tel.: 7001-2222, www.thamesclippers.com. Wer mehrere Fahrten unternehmen will, für den lohnt sich ein »Daily River Roamer Ticket«, mit dem man beliebig oft ein- und aussteigen kann. Kosten: Erwachsene £ 13,60, Kinder £6,80. Abfahrt von den Piers in Millbank, Embankment, London Eye, Bankside, London Bridge, Canary Wharf, North Greenwich, Woolwich Arsenal.
**Westminster Passenger Services Association (Upriver) Limited**, Westminster Pier, Victoria Embankment, Tel.: 7930-2062, www.wpsa.co.uk. Preis bis Richmond, einfache Fahrt, Erwachsene £ 13,50, ermäßigt £ 9, Kinder £ 6,75. Verkehrt zwischen April–Okt. tgl. von der Nordseite der Themse, unterhalb der Westminster Bridge.
**Duck Tours**, Head Office, 55 York Road, Tel.: 7928-3132, www.londonducktours.co.uk. Fährt Mo–So 9–17.30 Uhr. Abfahrt alle 15 Min. Station Chicheley Street, nahe Waterloo Station und London Eye. Fahrpreis: Erwachsene £ 21, ermäßigt £ 17, Kinder 1–12 Jahre £ 14, Jugendliche 13–17 Jahre £ 16.

**MI6-Gebäude** (s. Kap. 62), die Battersea Power Station und **Kew Gardens** (s. Kap. 98). Dann fährt man durch den grünen Richmond Park, bevor man in Richmond anlegt (s. Kap. 99). Von hier aus geht es dann weiter nach Hampton Court.

### Die Duck Tours

*Auch das »London Eye« kann von der Themse aus bewundert werden*

Eine Bootsfahrt der ganz anderen Art bieten **Duck Tours**. Hier erkundet man die Stadt in einem Amphibiengefährt aus dem Zweiten Weltkrieg – zu Land und zu Wasser. Die Tour beginnt mit einer Stadtrundfahrt, bevor man sich bei Vauxhall auf den Fluss begibt. Die kommentierte Sightseeingtour dauert 75 Min.

Unter anderem sieht man **Westminster Abbey** (s. Kap. 23), **Buckingham Palace** (s. Kap. 55), **London Eye** (s. Kap. 84), **Nelsons Column** (s. Kap. 43), **Downing Street** (s. Kap. 2), **Hyde Park Corner** (s. Kap 66) und den **St James's Palace** (s. Kap. 65). Die Firma bietet auch eine »James Bond-Tour« an.

**INFO**

**Tipp für 2012:**
**Königliche Prozession – Thames Diamond Jubilee Pageant**
Im Rahmen ihres 60. Thronjubiläums wird die Queen am 3. Juni 2012 in ihrer königlichen Barkasse entlang der Themse von Putney bis zur Tower Bridge fahren. Begleitet wird das ganze von einer Flotte von 1.000 verschiedenen Booten. **Infos:** www.royal.gov.uk.

# 84 London Eye und andere Aussichten von oben

**Tipp**

In London gibt es einige Stellen, von denen man einen guten Ausblick auf die Stadt hat - viele davon sind kostenfrei.

**In der Innenstadt**:
- St. Paul's Cathedral, 85 m
- Monument, 62 m
- Tower 42, 183 m

**Blick von der Ferne**:
- Parliament Hill in Hampstead Heath, 134 m
- Primrose Hill, 78 m
- Greenwich Observatory, 45 m

Für den Jahrtausendwechsel im Jahr 2000 wurden landesweit viele Projekte geplant, und nicht alle waren erfolgreich. So wurde über den **Millennium Dome** nicht zuletzt aufgrund der horrenden Baukosten viel gesprochen, doch er blieb nach den Festlichkeiten jahrelang leer stehen – bis er von Konzertveranstaltern in die »$O_2$-Arena« umgewandelt wurde. Die **Millennium Bridge**, die das Tate Modern mit der St. Paul's Kathedrale verbindet, war schlecht konzipiert worden und wackelte nach Inbetriebnahme so stark, dass sie gesperrt werden musste. Erst zwei Jahre später war sie – nach aufwändigen Stabilisierungsarbeiten – wieder zugänglich.

Das Riesenrad **London Eye** (ursprünglich Millennium Wheel), war eine der wenigen für das Jahr 2000 geplanten Attraktionen, die sofort erfolgreich waren und von den Besuchern ins Herz geschlossen wurden. Die grazile Struktur des Riesenrads wurde und wird nicht als Störfaktor in der Londoner Skyline empfunden. Bei einem Spaziergang durch die Stadt erspäht man immer wieder das Riesenrad, und so ist es zu einem Orientierungspunkt geworden. Das London Eye setzt sich auch weiterhin gegen die neu aufragenden Hochhäuser durch, die momentan rundherum aus dem Boden schießen.

Der Idee für das Riesenrad lag eine Rückbesinnung auf das »Festival of Britain« im Jahr 1951 zugrunde, das schließlich zum Bau der Kultureinrichtungen an der Southbank führte. Auch da-

*Tower 42: spektakuläre Aussichten*

*Das London Eye ist weithin sichtbar und die meistbesuchte kostenpflichtige Sehenswürdigkeit in London*

mals hatte man ein Riesenrad aufgestellt. Die Struktur selbst steht symbolisch für das Rad der Zeit, das den Übergang in das neue Jahrtausend markierte. Das höchste Riesenrad Europas bietet Besuchern heute eine Rundfahrt bis auf 135 m Höhe und einen spektakulären Ausblick, der bei guten Wetterverhältnissen 40 km in die Ferne reicht.

Für viele Londoner besteht eine besondere Faszination darin, von oben auf Gebäude zu blicken, die man sonst nur aus der Froschperspektive sieht. Das London Eye sollte man im Voraus buchen, da man sonst lange Schlange stehen muss.

## Das London Eye in Zahlen

- Jede der 32 Kabinen wiegt 10 t und fasst 25 Personen
- Die Konstruktion dauerte sieben Jahre
- Das London Eye befördert 3,5 Mio. Passagiere pro Jahr
- Es ist die meistbesuchte kostenpflichtige Sehenswürdigkeit Londons
- Bei jeder Umdrehung werden 800 Passagiere transportiert
- Eine Umdrehung dauert 30 Minuten
- Der Umfang des Rads ist 424 m
- Das Gesamtgewicht der Struktur beträgt 2.100 Tonnen
- Für einen Preis von £ 292,50 kann man eine Einzelkabine mieten

**INFO**

**Hinkommen:** U-Bahn: Waterloo, Northern, Jubilee und Bakerloo Line. **Information:** **London Eye**, Southbank, Tel.: 0871-7813000, www.londoneye.com.

Geöffnet Jan.-März 10-20.30, April-Juni 10-21, Juli-Aug. 10-21.30 Uhr, Sept.-Dez. 10-20.30 Uhr. Eintritt Erwachsene £ 18,90, ermäßigt £ 15, Kinder 4-15 Jahre £ 9,90.

# 85 Eine Busfahrt mit einem alten Routemaster

*Dieses Unikat liebte die ganze Welt – der gute alte Routemaster*

Die roten Doppeldeckerbusse Londons, genannt **Routemaster**, zuerst eingeführt im Jahr 1956, hatten einen großen Wiedererkennungswert. Sobald im Kino oder Fernsehen ein solcher Bus zu sehen war, brachte man ihn automatisch mit der Stadt London in Verbindung. 2005 aber beschloss der Bürgermeister Ken Livingstone, die überalterten Busse aus dem Verkehr zu ziehen. Man entschied sich stattdessen für »europäische Busmodelle«.

Fast sofort gab es eine Welle von Protesten, denn die Londoner hingen an ihren alten Bussen. Schließlich war der Routemaster einzigartig: Er hatte den Motor vorne und war daher hinten offen. Nach dem **»Hop-on-hop-off«-Prinzip** konnte man jederzeit auf- und abspringen.

Wenn der Bus im Verkehr zum Stillstand gekommen war, stiegen immer noch Gäste zu und aus, niemand musste warten, bis die Tür geöffnet wurde. Die Busse hatten Schaffner, und bezahlt wurde im Bus. Wenn alle Gäste eingestiegen waren, zog der Schaffner an der Klingel und gab dem Fahrer das Signal zum Losfahren. Viele Busbenutzer schätzten die Anwesenheit eines Schaffners, der Sicherheit vermittelte und die Bezahlung flexibler machte. Auch konnten die Busse aufgrund der Platzaufteilung eine größere Anzahl Gäste mitnehmen. Nachteile aber waren beispielsweise die Umweltverschmutzung, die die alten Dieselmotoren verursachten und die Tatsache, dass diese Busse nicht behindertenfreundlich waren. Die neu eingeführten, sogenannten **Bendy Buses** – aus deutscher Produktion – sind länger und in der Mitte beweglich. Dort kann

Und so sieht der neue Routemaster aus

nur noch beim Fahrer bezahlt werden, daher dauert die Abfertigung einer Warteschlange wesentlich länger. Allerdings werden so die Kosten für den Schaffner eingespart. In den teilweise chaotischen Verkehrsverhältnissen auf den engen Straßen Londons haben sich die Bendy Buses vielfach als problematisch erwiesen und blieben oft stecken. Aufgrund der wachsenden Anzahl der Beschwerden verkündete Livingstones Nachfolger Bürgermeister Boris Johnson bereits bei seinem Amtsantritt 2008, er werde die Routemaster-Busse wiederbeleben. Ein brandneues Design wurde für die roten Doppeldecker entwickelt, und der erste Prototyp von Johnson höchstpersönlich im November 2011 vom Fließband gefahren.

Der erste neue Bus hat mittlerweile seinen Betrieb aufgenommen, und insgesamt acht der neuen Modelle werden auf der Strecke der Nr. 38 verkehren – von Victoria nach Clapham. Schon jetzt spricht man vom **Boris Bus**, in Anspielung auf die Boris Bikes (s. Kap. 82), die auch auf das Konto des Bürgermeisters gehen. Die neuen Busse sind umweltfreundlich konstruiert und mit der neuesten Technik ausgestattet. Sie sind hinten wieder geöffnet, sodass der Zustieg flexibel ist.

Wer den Unterschied zwischen dem neuen und dem älteren Modell ausprobieren will, kann in einem der restaurierten Busse fahren. Diese werden auf den Strecken der Nr. 9 und Nr. 15 eingesetzt, den sogenannten **Heritage Routes**. Diese Strecken eignen sich gut für eine Sightseeing-Tour, denn sie führen direkt durch das Zentrum und passieren einige der wichtigsten Sehenswürdigkeiten. Und wer sich für die Geschichte der Routemaster interessiert und gerne ältere Modelle des Busses begutachten möchte, der wird im **London Transport Museum** in Covent Garden fündig. Hier erhält man per Fotos, Plakate und Originale Einblick in die Entwicklung aller öffentlichen Transportmittel in London – von der Dampflokomotive bis zum modernen Omnibus.

### Heritage Routes

Der alte Routemaster Bus Nr. 9 verkehrt zwischen Kensington High Street und Trafalgar Square. Hier kann man umsteigen in die Nr. 15, die vom Trafalgar Square bis zum Tower Hill weiterfährt. Die Busse verkehren 9.30–19 Uhr und fahren alle 15–20 Min. Die gesamte Strecke dauert, je nach Verkehrsverhältnissen, 60–90 unterhaltsame Minuten.

INFO

**Information:**
www.london.gov.uk/priorities/transport/new-bus-london; www.tfl.gov.uk

**London Transport Museum**
Covent Garden Piazza, Tel.: 7565-7298, www.ltmuseum.co.uk. Geöffnet Mo–Do, Sa & So 10–18, Fr 11–18 Uhr. Eintritt Erwachsene £ 13,50, ermäßigt £ 10, die Eintrittskarten sind zwölf Monate gültig.

# 86 Auf grünem Rasen – Lord's Cricket Ground

**Cricket** wird hauptsächlich von den Nationen des britischen Commonwealth gespielt und ist Europäern wenig vertraut. Briten lernen das Spiel von Kindesbeinen an und bringen ein intuitives Verständnis für den Spielablauf mit. Auch in den ehemaligen Commonwealth-Staaten Pakistan und Australien hat Cricket eine sehr breite Basis und ist ein wahrer Volkssport. Für »Outsider« erschließen sich die komplexen Regeln mit ihren taktischen Varianten allerdings nicht besonders schnell.

Da die Spiele sehr lange dauern, ist Cricket kein ausgesprochener Zuschauersport. Die Durchschnittsdauer eines Matches liegt bei fünf Tagen. Die sogenannten »Test-Spiele« dauern allerdings nur einen Tag und sind daher publikumswirksamer. Wer auf den Rängen sitzt, muss trotzdem sehr geduldig sein, denn die meisten der 13 Spieler stehen lange unbeweglich auf dem Spielfeld. Zudem ist das Feld sehr groß, sodass man sich oft mit einem Fernglas behelfen muss. Da reißt es einen nur bei wenigen Gelegenheiten richtig vom Stuhl – allerdings sind überschwängliche Gefühlsäußerungen bei dem traditionsreichen Sport auch gar nicht gefragt.

Der Ursprung des Spiels ist bis heute ungeklärt, was es mit einer gewissen mystischen Aura versieht. Im 18. Jh. war Cricket unter der ländlichen Bevölkerung verbreitet und zog bald das Interesse des Landadels auf sich. Dieser begann, aus den besten Spielern eigene Mannschaften zusammenzustellen und zu finanzieren. Bereits 1744 wurden die Regeln für das Spiel vom **MCC – Marylebone Cricket Club** offiziell festgelegt. Die Mitglieder des Clubs,

*Das Kricketfeld ist so groß, dass manchmal nur ein Fernglas weiterhilft*

unter ihnen Thomas Lord, gründeten 1787 den **Lord's Cricket Ground**, ganz in der Nähe des Regent's Park (s. Kap. 68). 1787 fand hier das erste Spiel zwischen zwei Mannschaften aus Essex und Middlesex statt.

Lord's wird daher als Heimat des Cricketspiels angesehen und hat für die nationalen und internationalen Spieler eine große Bedeutung. Hier werden auch die »Ashes« aufbewahrt, der »Heilige Gral« des Cricket: In einer Glasvitrine befindet sich eine Terracotta-Urne, die angeblich die Asche eines Cricket-Querstabs aus dem Jahr 1882 enthält. In jenem Jahr schlug zum ersten Mal Australien Gastgeber England in einem internationalen Match im Oval Stadion auf englischem Boden. In der australischen Presse sprach man davon, dass England eingeäschert worden sei und dass man die Asche mit nach Australien nehmen werde. Im Rückspiel, das in Australien ausgetragen wurde, gewannen die Engländer, und dem Kapitän des englischen Teams wurde daraufhin feierlich die Urne mit der Asche übergeben.

Der Wettkampf **The Ashes** entstand aus dieser Begebenheit. Er wird nur zwischen England und Australien ausgetragen und findet alle zwei Jahre statt. Der Sieger hält dann jeweils bis zum nächsten Match den Titel der Ashes. Die Urne selbst hat nur symbolischen Charakter und bleibt im Lord's Cricket Ground.

*Blick ins Sportmuseum*

Das Spielfeld des Lord's stellt die Spieler vor einige Probleme, denn es fällt nach Südosten hin ab. Da man im Cricket ungern mit Traditionen bricht, darf das Gelände jedoch nicht begradigt werden. So müssen sich die Spieler auf das Spielfeld einstellen. Von den historischen Gebäuden des Lord's Cricket Ground ist nur noch der viktorianische Pavillon aus dem Jahr 1890 übrig geblieben. Hier befindet sich das **älteste Sportmuseum der Welt**.

Außer der Urne mit den »Ashes« hat man Gelegenheit, den **Long Room** zu besichtigen, durch den die Spieler auf das Feld gelangen. Die Umkleideräume sind dekoriert mit Tafeln der Spielergebnisse aus verschiedenen Jahrhunderten. Der MCC ist heute übrigens ein sehr exklusiver Club. Mitglied wird nur, wer sehr gute Verbindungen hat oder sehr reich ist.

**INFO**

**Hinkommen:** U-Bahn St. Johns Wood, Jubilee Line.

**Information:**

**Lord's Cricket Ground**

St. John's Wood Road, Tel.: 7616-8598, www.lords.org. Geführte Touren: Mo–Fr 11, 12, 14 Uhr; Sa 10, 11, 12, 13, 14 Uhr; So 10, 11, 12, 14 Uhr. Eintritt Erwachsene £ 15, Kinder ab 5 Jahre £ 9. Vom 2. Juli–21. Aug. 2012 finden keine Führungen statt, da hier die olympischen Wettkämpfe im Bogenschießen ausgetragen werden.

**Essen & Trinken:**

**Duke of York**

2 St. Ann's Terrace, Tel.: 7722-1933, www.thedukeofyork.com. Café-Restaurant mit marokkanisch inspirierter Küche. Schöne Lage mit Außenbereich, nahe Station St. John's Wood.

# 87 Gruseltour in den Fußstapfen von Jack the Ripper

Zwischen August und November 1888 verübte ein bis heute nicht identifizierter Täter unter dem Synonym **Jack the Ripper** Morde an fünf Prostituierten. Diese sogenannten Whitechapel-Morde verhalfen dem East End Londons zu zweifelhafter Popularität. Jack the Ripper gilt als der erste Serienmörder der Kriminalgeschichte und war Gegenstand vieler Darstellungen in Literatur und Film. Bisher konnte kein Kriminalist das Rätsel um die Identität des Täters lösen. Die Tatorte befanden sich alle in Whitechapel oder Spitalfields.

*Hier stand »Jack the Ripper« bei der Namensgebung Pate*

Zur Zeit der Morde gab es im East End viele soziale Probleme (s. Kap. 8, 64). Das Viertel war von Dockarbeitern und Immigranten bevölkert, die teilweise unter haarsträubenden Bedingungen hausten. Drogenmissbrauch, Trunksucht und Kriminalität gehörten zur Tagesordnung. Prostitution war weit verbreitet, und nicht nur unverheiratete oder alleinstehende Frauen gingen dem Gewerbe nach, da es oft der einzige Ausweg aus der Armut war. Das Ende des 19. Jh. war auch die Zeit der ersten Arbeiterbewegungen und sozialistischen Vereinigungen. Es kam zu Demonstrationen und Streiks, die meist brutal niedergeschlagen wurden.

Einen Eindruck von der Architektur im damaligen East End gewinnt man noch in den Seitenstraßen am Nordende der **Middlesex Street**, beispielsweise in Sandy's Row, Wildgate Street und Artillery Lane. Hier erlebten sogar die alten Gaslampen ein Comeback. Dies war das Zentrum der Viertels, in dem Jack the Ripper sich bewegte.

Die Morde wurden in einem Zeitraum von sechs Wochen verübt. Die Bewohner des Viertels waren verängstigt und trauten sich nicht mehr auf die Straße. Frustriert wandte sich die Bevölkerung an die Polizei, die jedoch keinen Antworten hatte. Trotz der Tatsache, dass man das Tatgebiet und die Opfer ziemlich genau eingrenzen konnte und obwohl eine Täterbeschreibung vorlag, wurden bei der Lösung des Falles keine nennenswerten Fortschritte gemacht. Die Polizei erhielt Briefe vom angeblichen Täter, denen teilweise sogar Organe beigelegt wurden (s. Kap. 9). Hätte man damals die heutigen Mittel der Gerichtsmedizin und die Kenntnisse gehabt, die man im vergangenen Jahrhundert über Serienmörder gewinnen konnte, wäre eine Lösung des Falles sehr viel wahrscheinlicher gewesen.

Die Presse mit ihren Sensationsberichten hatte ihren Anteil an der Hysterie, die unter der Bevölkerung entstand. Man suchte den Schuldigen unter den Immigranten, insbesondere denen der jüdischen Gemeinde. Da die Morde ganz plötzlich aufhörten, wird weithin angenommen, dass der Täter Selbstmord verübte. Was heute in den Medien über Jack the Ripper kursiert, basiert immer noch weitgehend auf Annahmen und wenigen Fakten.

Der erste Mord fand in der **Bucks Row** statt (heute Durward Street), die von der Whitechapel Road abzweigt. Die Leiche von Mary Ann Nichols (42 Jahre) wurde in der Nähe einer Schule gefunden, die heute noch hier steht. Das zweite Opfer, Annie Chapman, fand man im Hof der Hausnummer 29 in der **Hanbury Street**, die von der Commercial Street abzweigt, das Gebäude existiert nicht mehr. Zwei weitere Morde, die in derselben Nacht stattfanden, lösten im September 1888 eine neue Panikwelle aus. Elizabeth Strides fand man in der **Berner Street** (heute Henriques Street, südlich der Commercial Road) und Catherine Eddowes im **Mitre Square**, nahe Aldgate. Allen Opfern wurden die Kehle durchgeschnitten und grausame Verstümmelungen zugefügt. Das letzte Opfer Mary Jane Kelly, mit 25 Jahren die jüngste der Frauen, wurde besonders schlimm zugerichtet. Sie wurde in ihrem Zimmer in der **Dorset Street** ermordet (heute ein Durchgang zwischen der Brushfield Street und White's Row).

Der berühmt berüchtigte Pub **The Ten Bells** in der Commercial Street war ein beliebter Treffpunkt für diejenigen, die nachts die Straßen des East Ends unsicher machten, und einige der Opfer waren hier Stammgäste. Man nimmt an, dass der Mörder den Pub ebenfalls frequentierte und dass er in der nahe gelegenen Fournier Street wohnte.

Zahlreiche Veranstalter bieten Wanderungen auf den Spuren von Jack the Ripper an. Auch wer sich nicht für die Gruselgeschichten interessiert, die hier bei Laternenlicht erzählt werden, gewinnt einen lebhaften Eindruck vom East End der Vergangenheit.

*»The Ten Bells«: früher berüchtigter Pub*

INFO

**Hinkommen:** U-Bahn Aldgate, Metropolitan Line.
**Information:** z. B. **London Walks** Tel.: 7624-3978, www.londonwalks.com.
Der ehemalige Polizeioffizier **Donald Rumbelow** führt ebenfalls Touren durch. Sie beginnen Mo–Sa um 19.30, Sa auch 15 Uhr, bei der U-Bahn Station Tower Hill.
**Essen & Trinken:**
**Ten Bells Pub**
84 Commercial St., Tel.: 7366-1721. Der lebhafte Pub ist immer noch so beliebt wie zu Jack the Rippers Zeiten.

# 88 Wembley Stadion-Tour

*90.000 Menschen haben Platz im Wembley Stadion, das von Sir Norman Foster gestaltet wurde*

Das Gebiet um die hypermoderne **Wembley City**, die das Wembley Stadion, die Wembley Arena und den Arena Square umfasst, wurde erst nach Bau der Eisenbahnstrecke 1837 erschlossen. Der Name geht auf das angelsächsische »Wemba Lea« (»Wembas Wiese«) zurück.

Das erste **Wembley Stadion** entstand im Jahr 1923 und war damals noch als Empire Stadion bekannt, da es zu Anlass der »British Empire Exhibition« 1924 gebaut wurde. Allerdings war das Gelände bereits seit den 1880er Jahren als Fußballplatz benutzt worden. Das Empire Stadion wurde in nur 300 Tagen aus dem Boden gestampft, genau rechtzeitig zum ersten Spiel des »FA Cup Final« der Clubs »Bolton Wanderers« und »West Ham«. Das Stadion hatte 127.000 Sitzplätze, allerdings kamen 300.000 Besucher, um sich das Spiel anzusehen. Die Besucher drängten sich auf das Spielfeld und mussten von der Polizei zurückgehalten werden, damit das Spiel überhaupt stattfinden konnte. Nach Ende der Ausstellung im Jahr 1925 sollte der Bau abgerissen werden, aber ein Sponsor konnte dies verhindern.

1948 wurde im Wembley Stadion die Olympiade ausgetragen. Danach wurde es für Nationalspiele wie das »FA Cup Final« genutzt und später auch für internationale Spiele. Wahrzeichen des alten Wembley Stadions waren seine zwei weißen Türme und die 39 Stufen, die zur königlichen Loge, der **Royal Box** führten. Der Fußballstar Pele, der von 1956–1977 für die brasilianische Nationalmannschaft spielte, bezeichnete das Wembley Stadion als **Kathedrale des Fußball**. Hier wurde das Endspiel der Weltmeisterschaft 1966 ausgetragen – das für die Briten legendäre Spiel, in dem sie nicht nur die Deutschen besiegten, sondern auch noch Weltmeister wurden.

2000 wurde das marode alte Stadion geschlossen, ohne dass man wirklich einen Zeitplan für den geplanten **Neubau** hatte. Erst 2003 wurde der alte Bau abgerissen. Dann dauerte es noch einmal fünf Jahre, bis 2007 das neue Gebäude in Betrieb genommen wurde. Der Bauprozess wurde von zahlreichen Medienberichten begleitet. Das Projekt galt vielfach als die peinlichste Fehlspekulation der Labour-Regierung – abgesehen vom Millennium Dome. Nicht nur, dass die Fertigstellung ständig verzögert wurde, zudem hatten sich gegen Ende die geplanten Kosten mehr als vervierfacht, und man geht heute von einer Summe von ca. 1,4 Mrd. anstatt 326 Mio. britischen Pfund aus.

Das neue Stadion wurde von Foster und Partner gestaltet (s. Kap. 58). Herausragendes Merkmal ist der 133 m hohe Leuchtbogen, der anstelle der zwei weißen Türme zum Wahrzeichen werden sollte und den man von weithin sieht. Im Stadion haben 90.000 Menschen Platz, und es hat ein bewegliches Dach. Eine Statue von Bobby Moore, dem Kapitän des Teams aus dem Jahr 1966, steht vor dem Stadion und blickt auf den Wembley Way.

*Im »Dressing Room« ziehen sich die Champs um*

Während der Stadiontour besichtigt man die Einrichtungen des Stadions und sieht viele Erinnerungsstücke an die vergangenen Jahrzehnte, Trophäen, Fußballtrikots etc. Zu den größten Ereignissen gehörten jedoch nicht nur Fußball-Wettkämpfe, sondern beispielsweise auch das **Live Aid Concert** 1985.

Die benachbarte **Wembley Arena** entstand 1934 als »Empire Pool« und Sportarena. Seit einem Komplettumbau 2006 spielen hier wieder stadionfüllend Pop- und Rockstars, es finden aber auch andere Großveranstaltungen statt. Die Arena ist mit 12.500 Sitzen neben der **$O_2$-Arena** und dem **Earls Court** die drittgrößte überdachte Konzerthalle Londons. Vor der Halle wurde auf dem Arena Square in Anlehnung an den »Hollywood Walk of Fame« der **Square of Fame** eingerichtet. Bisher haben unter anderem Madonna, Kylie Minogue, Dolly Parton und Brian Adams ihre Handabdrücke hinterlassen. Auf dem Arena Square findet abends eine Lichtshow statt. Sonntags gibt es einen Wochenmarkt mit Lebensmitteln, Kleidung und Krimskrams.

**INFO**

**Hinkommen:** U-Bahn Wembley Park, Metropolitan oder Jubilee Line.

**Information:**

**Wembley Stadium**
Wembley, Tel.: 0844-8002755, www.wembleystadium.com. Tgl. geführte Touren, jeweils ab 10 Uhr zur vollen Stunde.
Eintritt: Erwachsene £ 16, ermäßigt und Kinder unter 16 Jahren £ 9.

**Wembley Arena**, Arena Square, Engineers Way, Tel.: 8782-5566, www.wembleyarena.co.uk

**Wembley Market**, geöffnet sonntags, 9-16 Uhr, www.wembley.co.uk, www.wendyfairmarkets.com

# 89 Ein Abend beim Hunderennen

Die britische Redewendung »going to the dogs« – auf Deutsch »vor die Hunde gehen« – entstand wahrscheinlich im Zusammenhang mit dem populären Wettsport des Hunderennens. Im Gegensatz zum Pferderennen, das traditionell ein Sport der Oberklasse war, war das **Hunderennen** ein Zeitvertreib der Arbeiterklasse. Es bietet zwar nicht den Glamour eines »Ladies Day« in Ascot, aber der Eintritt zur Rennbahn ist erschwinglich, und man muss nicht lange im Voraus buchen.

Was beide Sportarten gemeinsam haben, ist die Wettleidenschaft der Zuschauer. Denn Briten wetten gerne. Hiervon zeugen die zahlreichen Wettbüros, die man auf jeder High Street im Land findet. Obwohl auch hin und wieder Wetten über das Wetter abgeschlossen werden, beziehen sich die meisten auf Sportarten wie Fußball oder Pferderennen. Zu Beginn des 20. Jh. wurde der Hunderennsport besonders populär. Der große Vorteil hier sind die kleineren Einsätze, allerdings sind auch die Gewinnspannen niedriger. Daher kann man auch mit einer Hundewette »vor die Hunde gehen«.

Im **GRA Wimbledon Greyhound Stadium** gehen Greyhounds, also Windhunde, an den Start. Daher heißt der Sport offiziell **Greyhound Racing**. Nach dem Zweiten Weltkrieg allerdings wurden Hunderennen als Zuschauersport weitestgehend vom Fußball verdrängt. Auch führte die Tatsache, dass man heute Wetten im Wettbüro oder online abschließen kann,

*Hier geht's zur Sache: manch ein Brite ist mit Hundewetten schon reich geworden – mancher arm*

zu einem Rückgang der Publikumszahlen auf den Rennbahnen. Um dem entgegenzuwirken, haben die Veranstalter in den letzten Jahren umfangreiche Neuerungen eingeführt. So gibt es offene und geschlossene Ränge, wo man im Warmen sitzen kann. Innen wird außerdem das Rennen auf Leinwänden übertragen. Dazu kann man in einem gesonderten Restaurant einen Fensterplatz buchen. Und im Unterschied zu Pferderennen findet das Greyhound Racing abends statt. Es bietet sich daher für Betriebsausflüge oder Parties an. Inzwischen werden zahlreiche Pakete und Sonderpreise angeboten, aus denen man sich das Passende aussuchen kann.

Wer einmal das Hunderennen besucht hat, wird sich der **Faszination** kaum entziehen können. Es herrscht eine aufgeladene **Atmosphäre**. Dabei sind die Rennen recht kurz, alle 15 Minuten findet eins statt. Dies bedeutet auch, dass man seine Wetten sehr schnell setzen muss, was zur allgemeinen Aufregung beiträgt.

Die Greyhounds, die nummerierte Binden tragen, erbringen eine erstaunliche sportliche Leistung bei der Verfolgung eines symbolischen Hasen, des »Hare«. Dieser ist motorisiert und an einem Stab angebracht, der in rasender Schnelle seine Runden um die ovale Laufbahn dreht. Bis 1912 war die Lauffläche noch gerade und der Hase lebendig.

Heute wird die Hundehaltung in Großbritannien durch das »Greyhound Board of Great Britain« (GBGB) geregelt, das eine artgerechte Haltung sichert und für den Tierschutz sorgt. Besucher sollten also nur Stadien besuchen, die vom GBGB autorisiert sind. Die Renntiere selbst sind in Privatbesitz und werden von den Trainern versorgt und trainiert.

Ähnlich wie in einem Fußballstadion wird man die Atmosphäre des Rennens nur dann völlig erfassen, wenn man sich auf die Trackside begibt, also auf die offenen Ränge im Stadion. Hier sitzen die eingeschworenen **Punter**, die Wettenden, die sich auskennen. Und in der **Trackside Bar** gibt es Bier oder eine wärmende Tasse Tee oder Kaffee.

### Wetten setzen

Der Mindesteinsatz liegt bei 50 Pence. Wettannahmestellen befinden sich in den Aussichtsplattformen und auf der Trackside. Es gibt auch Wettautomaten. Am Eingang erhält man ein Programm, das die Rennen auflistet. Es beinhaltet auch Informationen über die Hunde, die an den Start gehen, sodass man seine Wahl treffen kann. Jeder Hund hat eine Nummer, die sogenannte »Trap Number«, auf die man setzt. Zusätzlich kann man auf Gewinn setzen (to win), auf die Platzierung (to place), auf den 1. und 2. Sieger (forecast), etc. Außerdem kann man £ 1 auf den Jackpot setzen.

**INFO**

**Hinkommen:** U-Bahn District Line bis Wimbledon, dann Bus Nr. 493. U-Bahn Northern Line bis Tooting Hill, dann Bus Nr. 493. Der Bus hält direkt vor dem Stadion. Mit dem Zug von Waterloo Station bis Earlsfield und dann mit dem Taxi.

**GRA Wimbledon Greyhound Stadium**
Plough Lane, Wimbledon, Tel.: 0870-8408905, www.lovethedogs.co.uk. Rennen freitags und samstags ab 19.30 Uhr, letztes Rennen 22.30 Uhr. Eintritt ab 18.30 Uhr. Eintritt Erwachsene £ 6, Kinder 12-17 Jahre £ 3, Kinder unter 12 Jahre frei.

# 90 Mit dem Helikopter über London

*Ein Helikopterflug über London ist nicht nur für Fotografen ein Highlight*

Wer schwindelfrei ist und bereits den Anflug auf London besonders genossen hat, kann das Erlebnis mit einem **Helikopterflug** oder Kurzflug im Kleinflugzeug über die Großstadt ausdehnen. Der Helikopter fliegt rund 35 Min. auf einer Höhe von ca. 300 m, sodass man wirklich einen guten Blick auf die meisten Sehenswürdigkeiten bekommt. Wenn erst alle Hochhausprojekte der Stadt fertiggestellt sind, wird man noch näher an die Spitzen der höchsten Gebäude herankommen.

Es gibt eine Reihe von Firmen, die Sightseeing-Flüge in London und der Umgebung anbieten, meist während der Sommersaison. Die Kosten, die pro Person anfallen, sind nicht so hoch, wie man vielleicht denkt – sofern man den Helikopter nicht exklusiv chartern möchte.

Die Flüge starten von unterschiedlichen Sportflughäfen in der Umgebung von London. Das **Redhill Aerodrome** beispielsweise liegt 30 Min. mit der Bahn entfernt, unweit des Flughafens Gatwick. Der **Battersea Heliport** liegt westlich des Battersea Parks an der Themse, der **City Airport** liegt östlich der Docklands, **Damyns Hall Aerodrome** befindet sich in Essex. Einige der Veranstalter nehmen Gäste zum Beispiel in Redhill auf und setzen sie dann in London ab.

Die Helikopter sind verglast und ermöglichen allen Gästen einen Rundumblick. Die Piloten kommentieren die wichtigsten Sehenswürdigkeiten. Nor-

### Anbieter von Helikopterflügen

**Concierge Desk**, Conciergedesk Ltd, 50 Burnhill Road, Beckenham, Tel.: 3355-3645, Beratung Mo–Fr 9–16, Sa 9–14 Uhr. Onlinebuchung über die Webseite www.helicopter tour.conciergedesk.co.uk. Flüge ab Battersea Heliport, Do & Sa 11.20, 13.20, 14.20, 16.20 Uhr, Preis auf Anfrage. Ab Redhill Aerodrome, 11, 12, 13, 16 Uhr. Kosten: £ 135 pro Person. Der Minimum-Preis gilt bei Vollbelegung des Helikopters.
**Adventure 001**, Hillmotts Farm, Hedgerley Lane, Beaconsfield, Info-Tel.: 0845-1260914, Verkaufs-Tel.: 01753-642440 (Mo–Fr), www.adventure001.com. Der Preis für einen 35-minütigen Flug startet bei £ 125 pro Person, Sonderangebote ab £ 99. Abflug von Damyns Hall, Elstree und vom Redhill Aerodrome, jeweils am Wochenende. Man erhält einen Voucher für den Flug per E-Mail.
**London Helicopter Centres Ltd**, The Servotec Building, Redhill Aerodrome, Kings Mill Lane, Redhill, Surrey, Tel.: 01737-823514. Beratung Mo–Fr 8.30–17.30, Sa & So 8.30–17 Uhr, www.london-helicopters.co.uk. Die Flüge dauern 30–35 Min., Abflug vom Redhill Aerodrome, ab £ 119 pro Person, ganzjährig.

malerweise hat man vor dem Flug Gelegenheit, ein paar Worte mit dem Piloten zu sprechen, der gerne Fragen beantwortet.

Empfehlenswert sind die Flüge, die außerhalb der Stadt beginnen. Hier bekommt man einen Eindruck von der Größe des Ballungsraumes um London. Innerhalb des Rings der Umgehungsautobahn M 25 wohnen immerhin rund 8 Mio. Menschen. Die Grafschaften außerhalb des Rings bringen auch noch einmal rund 6 Mio. Einwohner zusammen. Hunderttausende von Menschen pendeln jeden Tag von diesen Randbezirken aus in die Innenstadt.

Wenn man von Osten kommt und die Außenbezirke hinter sich gelassen hat, zeichnet sich langsam die **Skyline von London** ab. Zuerst sieht man die Isle of Dogs und die Hochhäuser der **Canary Wharf** in den Docklands (s. Kap. 7). Dann erscheinen der Tower mit der **Tower Bridge**, die Türme der City mit der **Gherkin** (s. Kap. 58) und die **St. Paul's Cathedral** (s. Kap. 50). Weiter nach Westen passiert man das unverkennbare **London Eye** (s. Kap. 84) und dann die **Houses of Parliament** (s. Kap. 22). Von Süden her kommend passiert man beispielsweise die Pferderennbahn in Epsom, den **Wimbledon Tennis Club** (s. Kap. 100), **Richmond** (s. Kap. 99) und **Kew Gardens** (s. Kap. 98).

Wenn die Wetterverhältnisse gut sind, hat man eine weite Sicht und kann unvergleichliche Fotos schießen. Die Veranstalter fliegen unterschiedliche Routen, daher sollte man sich vorher genau informieren, was angeboten wird. Natürlich sind solche Flüge immer auch von den Wetterverhältnissen abhängig und es können kurzfristig Änderungen eintreten.

INFO

### Foto-Tipps:

Aus einem Helikopter zu fotografieren ist eine spannende Geschichte. Damit die (Luft-)Bilder auch gut werden, sollte man folgendes beachten:

- Belichtungszeit 1/500 oder kürzer, da der Helikopter heftig vibriert. Daher sollte man sich auch nicht aufstützen.
- Größere Brennweiten verwackeln schneller. Daher ist es gut, auch ein Objektiv mit »normaler« Brennweite, beispielsweise 24–70 mm, dabeizuhaben.
- Wenn möglich, nicht durch die Scheibe fotografieren, sondern durch die offene Tür.

# 91 Das Sherlock Holmes Museum

Einer der berühmtesten fiktiven Detektive der Welt lebte, so will es die Literatur, in der **Baker Street Nr. 221b**. Die Geschichten um den Detektiv und seinen Assistenten Dr. Watson sind so oft verfilmt und für das Fernsehen adaptiert worden, dass sich manche Fans schlichtweg weigern zu akzeptieren, dass **Sherlock Holmes** nicht wirklich gelebt hat. Dabei ist es auf eine gewisse Weise nicht hilfreich, dass man das Holmes-Haus in der Baker Street liebevoll eingerichtet und mit Memorabilien bestückt hat.

*Nahe der Baker Street U-Bahnstation steht eine Statue des großen Detektivs*

Fragen tauchen allerdings spätestens dann auf, wenn man feststellt, dass die Hausnummern der umliegenden Häuser darauf hinweisen, dass sich das Heim von Holmes und Watson genau genommen in der Hausnummer 239 befindet. Die Betreiber des Museums erhielten von der Stadt London die Erlaubnis, die Nummer entsprechend anzugleichen, um Fiktion zur Wirklichkeit werden zu lassen. Zu der Zeit, als die Bücher geschrieben wurden, existierte die Hausnummer 221b noch gar nicht. Später befand sich die »Abbey National Bank« in den Hausnummern 215–229 und erhielt fast täglich Post, die an den Detektiv adressiert war. Mit der offiziellen Anerkennung der fiktiven Hausnummer wollte man anderen Anwohnern das selbe Schicksal ersparen. Man ging sogar noch einen Schritt weiter und beantragte eine Blaue Plakette (s. Kap. 21), die den Namen von Sherlock Holmes trägt sowie seine Berufsbezeichnung »Consulting Detective«, (beratender Detektiv) und seine Dienstzeit »1881–1904«.

### Arthur Conan Doyle

Der Schriftsteller, dessen Fantasie Holmes seine Existenz verdankt, war der schottische Arzt Arthur Conan Doyle (1859–1930). Zur Zeit der Erstveröffentlichung im Jahr 1887 war die Kriminalgeschichte ein brandneues Genre. Conan Doyles Bücher inspirierten später unzählige Krimischreiber, nicht zuletzt Agatha Christie, die mit Hercule Poirot und Miss Marple in den 1920er und 1930er Jahren zwei weitere geniale Freizeitkommissare erfand. Doyle wurde in Edinburgh geboren und studierte 1876 an der dortigen medizinischen Fakultät unter Joseph Bell. Bell vertrat die moderne Theorie, dass man den Symptomen einer Krankheit am besten auf den Grund gehen konnte, indem man den Patienten genau befragte, beobachtete und hieraus die Fakten ableitete. Unter Bell mussten die Studenten Testpatienten befragen und eine Diagnose stellen, ohne diese körperlich untersucht zu haben. Diese Ideen flossen in Doyles Bücher ein. Es gehört zu den genialen Fähigkeiten von Holmes oft genau in den scheinbaren Nebensächlichkeiten, die andere für unwichtig erachten, Hinweise auf die Lösung des Falls zu entdecken. Doyle schrieb zwar die ersten Kriminalgeschichten. Allerdings war Scotland Yard erst wenige Jahrzehnte vorher gegründet worden (s. Kap. 34), und in den Zeitungen wurde oft von aufsehenerregenden Kriminalfällen berichtet – nicht zuletzt auch von den Ripper-Morden (s. Kap. 87), die von einem aufnahmewilligen Publikum gelesen wurden. Doyle veröffentlichte 56 Kurzgeschichten über den Helden und vier Romane. Er empfand ihn später als eine Last und ließ den Charakter 1893 sterben. 1901 wurde er jedoch wiederbelebt.

Die Plaketten erinnern sonst nur an reale Personen. Angesichts solch einer Verdrehung der Tatsachen hätte der Detektiv selbst sicher sofort Nachforschungen angestellt.

## Das Museum

Das Museum eröffnete im Jahr 1990 in einem viktorianischen Stadthaus. Es wurde entsprechend dem viktorianischen Geschmack als Wohnhaus eines Gentleman der oberen Mittelklasse eingerichtet. Die Möbel und Einrichtungsgegenstände datieren aus der Zeit von 1881 bis 1904, daher ist es schon allein als historisches Wohnhaus sehenswert. Das Museum wird verwaltet von der **Sherlock Holmes International Society**. Mitglieder der Vereinigung beantworten noch heute die vielen Briefe, die aus der ganzen Welt an den Detektiv geschickt werden. Im Museumsshop kann man viele witzige Memorabilien kaufen, wie beispielsweise die karierten Holmes-Kappen, Polizeipfeifen, Handschellen etc. Die Familie von Arthur Conan Doyle hat sich gegen das Museum ausgesprochen, da sie der Meinung sind, der Autor hätte es nicht befürwortet.

**INFO**

**Hinkommen:**
U-Bahn Baker Street, Bakerloo Line, Circle Line, Hammersmith & City Line.

**Information:**
**The Sherlock Holmes Museum**
221b Baker Street, Tel.: 7224-3688, www.sherlock-holmes.co.uk. Geöffnet tgl. 9.30–18 Uhr. Eintritt Erwachsene £ 6, Kinder unter 16 Jahre £ 4.

# 92 Rundfahrt auf den Spuren der Beatles

Wer sich in London auf die Spuren der Beatles begibt, muss auf eine umfassende Rundreise gefasst sein, da die sogenannten Fab Four sich hier natürlich an sehr vielen Orten aufgehalten haben. Zahlreiche Veranstalter bieten gut ausgearbeitete Touren mit verschiedenen Schwerpunkten an, die durchaus zu empfehlen sind.

## Abbey Road

Zu den meistbesuchten Plätzen mit Beatles-Bezug gehört sicher die **Abbey Road** im Viertel St. John's Wood. St. John's Wood ist ein angenehmer, ruhiger Wohnbezirk unweit des Lord's Cricket Ground (s. Kap. 86). Die berühmten Abbey Road Studios befinden sich etwa zwischen St. John's Wood Road und Belsize Road, an der Ecke der Abbey Road mit der Grove End Road in der Hausnummer 3. Die Abbey Road ist ziemlich lang, daher ist es wichtig, dass Besucher das richtige Ende erwischen. Die Studios sind heute noch in Betrieb und haben mit sehr vielen Künstlern zusammengearbeitet. Unsterblich wurden sie jedoch dadurch, dass die Beatles für das Cover ihres Albums »Abbey Road« im Jahr 1969 ausgerechnet den Zebrastreifen vor dem Haus für ein Fotoshooting nutzten. Das ganze Jahr über ärgern sich heute Autofahrer über Touristenschwärme, die hier den Zebrastreifen überqueren und die Posen der Band auf dem Cover nachmachen. Die gegenüberliegende Mauer ist mit Graffiti übersät, wo Fans aus aller Welt ihre Nachrichten verewigt haben. Auch bei den **Abbey Road Studios** hat man Kommentare auf die Mauer gekritzelt, worüber das Studio nicht besonders froh ist. Touristen, die sich nähern um Fotos zu machen, werden verscheucht. Das Straßenschild an der Kreuzung wird regelmäßig als Souvenir entwendet und ist wohl eines der am häufigsten erneuerten Schilder in ganz London. Inzwischen steht der Fußgängerübergang unter Denkmalschutz.

*Davon träumen nicht nur Beatles-Fans: ein Mal über den weltberühmten Zebrastreifen laufen*

### Apple Corps Ltd.

Im Jahr 1968 gründeten die Beatles ihr eigenes Unternehmen, die **Apple Corps Ltd**. Logo war ein grüner Granny Smith-Apfel. Der Sitz der Firma war in der Nr. 3 der Savile Row (s. Kap. 78) und das Gebäude wurde als **Apple Building** bekannt. In den oberen Stockwerken befanden sich Büros, während es im Keller ein Aufnahmestudio gab. Die zweite Hälfte des Films »Let it Be« wurde hier am 30. Januar 1970 gefilmt. Man begab sich auf das Dach des Hauses und filmte die Band im Freien mit ihren Instrumenten. Dies wurde zu ihrem letzten Live-Auftritt.

Ganz in der Nähe des Studios hatten die Beatles in der Nr. 94 Baker Street die **Apple Boutique** eröffnet. Hier wurden außergewöhnliche Designartikel verkauft, wie damals in den trendigen Boutiquen üblich (s. Kap. 15). Leider wurde sowohl von der Kundschaft als auch von den Angestellten viel gestohlen, sodass die Boutique nie aus den roten Zahlen kam und am 31. Juli 1968 geschlossen wurde. Die Apple Corps produzierte auch verschiedene Filme, wie die »Magical Mystery Tour«, »Yellow Submarine«, »Let it Be« und »Born to Boogie«, einen Film von Ringo Starr über den Sänger Marc Bolan (s. Kap. 71). 1987 verklagte Apple Corps die Computerfirma Apple wegen unlauterer Benutzung des Firmennamens. Man erwirkte später, dass Apple keine Musikprodukte verkaufen durfte, und mehrere Mio. US-Dollar wurden als Entschädigung gezahlt. Da Apple diese Vereinbarung mit iPod und iTunes verletzte, wurde erneut geklagt und erst 2007 eine Einigung erzielt, sodass Apple Inc. nun das alleinige Nutzungsrecht des Apfelsymbols hat. Wegen der Streitigkeiten sollte es bis November 2010 dauern, bis Beatles-Songs zum Download über iTunes erhältlich wurden.

*Fans aus aller Welt hinterließen hier ihre Widmungen*

**INFO**

**Hinkommen:** Abbey Road: U-Bahnstation John's Wood, Jubilee Line.
**Information: Beatles Touren**
z. B. **London Walks**, www.walks.com.
Der Rundgang »The Beatles in My Life« beginnt dienstags und samstags um 11.20 Uhr an der U-Bahn-Station Marylebone. Diese Tour umfasst beispielsweise Filmlocations aus dem Film »A Hard Day's Night«, Häuser, in denen die Beatles wohnten, den Apple Shop und die Abbey Road.
Die »Magical Mystery Tour« beginnt sonntags und donnerstags um 11 Uhr, mittwochs um 14 Uhr an der U-Bahn Station Tottenham Court Road (Ausgang Dominion Theater). Hier besichtigt man die Savile Row, das London Palladium, wo die »Beatlemania« entstand, und die Abbey Road Studios. Die Touren dauern jeweils zwei Stunden und kosten £ 8 pro Person, Kinder unter 15 Jahre frei.

# 93 The Comedy Store – britische Stand-Up Comedians

Humor wird in Großbritannien sehr ernst genommen. Angehende Komiker müssen sich erst einmal bewähren, bevor sie in den sogenannten **Comedy Circuit** aufgenommen werden. Die Tradition der **Stand-Up Comedy** entstand in den Music Halls und Varieté-Clubs, wo zwischen den Tanz- und Musikdarbietungen immer auch Komiker auftraten. Ein ähnliches Varieté-Programm boten und bieten die **Working Men's Clubs**, die Arbeiterclubs, zu denen nur Zutritt hat, wer der Gewerkschaft oder der richtigen Partei angehört.

Die Anforderungen, die an einen Stand-Up Comedian gestellt werden, sind sehr hoch, denn er ist auf sich alleine gestellt und muss das Publikum mit schnell vorgebrachten Pointen fesseln. In den 1970er Jahren wollte die junge Generation nicht immer wieder nur die alten Schwiegermutterwitze hören, und es entwickelte sich eine alternative Comedy-Szene, in der aktuellere und relevantere Themen behandelt wurden. Sexistischer oder rassistischer Humor war nicht mehr gefragt, und viele ältere Comedians verloren den Anschluss.

1979 öffnete der **Comedy Store** in London unter Dan Ward und Peter Rosengard, die sich das Konzept in den USA abgeguckt hatten. Unter den jungen Nachwuchsstars wurde Comedy wesentlich politischer, vor allem griff man die Thatcher-Regierung an, man sprach von der »Alternativen Comedy-Szene«. Die Alternativen der 1980er Jahre gehören heute zum Establishment und haben ihre eigenen Fernsehserien. Comedy hat sich längst zu einem Standard der Unterhaltungsindustrie entwickelt, und es gibt zahllose Sit-Coms und Stand-Up Shows in den Medien. Hierdurch hat sich die Qualität jedoch nicht unbedingt verbessert. Oft ist ein Abend in einem kleinen Comedy-Club um die Ecke am unterhaltsamsten, denn hier müssen sich die Comedians noch richtig anstrengen, um ihr Publikum zu fesseln.

*Seit 1979 ist der »Comedy Store« eine Instanz in Sachen britischer Humor*

Sogenannte **Open Mic-Abende** oder -Sessions bieten unbekannten Neulingen die erste Chance, vor Publikum aufzutreten und ihr Material ebenso wie ihren Stil zu entwickeln. Allerdings kann dies auch daneben gehen, denn wenn derjenige hinter dem Mikrofon keine Lacher erzeugen kann, kommt es zum sogenannten Heckling, bei dem das Publikum den Comedian drangsaliert.

*Hier wird Stand-Up Comedy groß geschrieben*

Der Comedy Store öffnete zuerst seine Tore über einem ehemaligen Strip-Club in Soho. 1982 zog man an den Leicester Square und 1993 in die Oxenden Street. Heute werden hier **verschiedene Programme** angeboten:

**The Best in Stand-Up** (Do, Fr, Sa): Hier treten bekannte und unbekannte Künstler für je 20 Min. auf. Das Ganze wird moderiert von einem »MC«, dem »Master of Ceremonies«, der die Comedians vorstellt.

**King Gong** (letzter Montag im Monat): Hier müssen Newcomer 5 Min. auf der Bühne durchhalten, ohne dass durch einen Gong ihr Programm unterbrochen wird. Das Publikum bekommt rote Karten, die gezeigt werden, wenn der Comedian keinen Anklang findet, dann ertönt der Gong und er muss gehen.

**The Cutting Edge** (Di): Hier wird politische Satire gezeigt, die Darsteller müssen improvisieren, singen und gegeneinander antreten. Hier erlebt man die Crème-de-la-Crème der Comedians.

**The Comedy Store Players** (Mi, So): Diese Gruppe wurde bereits 1985 gegründet und ihr gehört beispielsweise auch Mike Myers an. Hier treten ebenfalls professionelle Comedians auf, die spontan improvisieren können und ihr Metier beherrschen.

### Information

**Comedy Store**, 1A Oxenden Street, Tel.: 0844-8471728, www.thecomedystore.co.uk. Türöffnung So-Do 18.30, Fr & Sa 18 & 22 Uhr (Late Shows). Eintritt Erwachsene ab £ 14, ermäßigt ab £ 9.

**Andere Clubs:**
**Amused Moose Soho**, 17 Greek Street, Tel.: 7287-3727, www.amusedmoose.com. Shows: Sa 20.30 Uhr. Eintritt Erwachsene ab £ 12,50.
**Comedy Cafe**, 66 Rivington Street, Tel.: 7739-5706, www.comedycafe.co.uk. Shows: Mi, Do, Sa 21, Fr 20 Uhr. Eintritt Erwachsene £ 8-15.
**Soho Theatre**, 21 Dean Street, Tel.: 7478-0100, www.sohotheatre.com

### Tipp:
**Comedy umsonst**
»Live at the Chapel«, Union Chapel, (s. Kap. 14). www.liveatthechapel.com.

INFO

# Ausflüge

*Isle of Dogs und Millennium Dome - Blick vom Greenwich Observatory*

# 94 Greenwich I: Das Royal Observatory und der Nullmeridian

Im lebhaften Viertel **Greenwich** gibt es eine der größten Grünflächen Londons, und das Viertel bietet die perfekte Mischung an Natur und Kultur. Ein Ausflug nach Greenwich lässt sich sehr gut mit einer Fahrt auf der Themse kombinieren (s. Kap. 83). Vom Fluss aus erschließt sich die schöne Anlage mit dem alten **Naval College** und dem **Queen's House** (s. Kap. 95) am besten.

Der Park in Greenwich entstand als Jagdgelände für Henry VIII., er ließ Rotwild hier ansiedeln. Heute gibt es immer noch ein kleines Rotwildgehege, genannt »The Wilderness«. Henry VIII. kam mit dem ganzen Hofstaat per Boot hierher, und zur Unterhaltung fanden Ritterturniere, Bogenschießen und andere Zeitvertreibe statt. Henry wurde übrigens hier geboren, ebenso wie seine beiden Töchter. Elizabeth I. hatte in Greenwich ihre Sommerresidenz. Zum Anlass des diamantenen Thron-Jubiläums der Queen 2012 wurde Greenwich geadelt: Es wurde in den Stand eines »Royal Borough« erhoben und darf sich nun **Royal Greenwich** nennen.

## Das Royal Observatory

Das Observatorium auf dem Blackheath-Hügel ist eines der interessantesten Museen in London. Durch den Park gelangt man nach einem kurzen Aufstieg bis nach oben. Vom Hügel aus hat man einen tollen Ausblick auf die gegenüberliegende Isle of Dogs mit den Docklands und die City im Westen.

*Hier kommt die »Greenwich Mean Time« her*

Charles II. initiierte den Bau des Observatoriums im Jahr 1675. Er war ein begeisterter Hobbywissenschaftler und in seinen Privaträumen in Whitehall sammelte er alle Arten von Instrumenten. Er verlieh der von Christopher Wren mitbegründeten wissenschaftlichen Organisation, der »Royal Society«, das königliche Siegel und schuf den Posten des Hof-Astronomen, den John Flamsteed als erster innehatte. **Das Flamsteed House** mit dem achteckigen Aufbau diente der genauen Zeitbestimmung.

Auf See war damals eines der größten Probleme die genaue Ortsbestimmung durch Längengrade, daher kamen Schiffe oft vom Kurs ab und gerieten in Schwierigkeiten. Die Bestimmung des Standes der Himmelskörper und eine genaue Zeitmessung waren unerlässlich, wenn man dieses Problem lösen wollte. Jedoch gab es damals noch keine sehr akuraten Zeitmesser. Die genaue Zeit wurde schließlich durch neuartige Präzisionsuhren festgelegt, die von John Harrison 1737 erfunden wurden. Harrison, ein einfacher Mann aus dem Volk, konstruierte die sogenannten H1-, H2-, H3- und H4-Uhren, darunter auch einen tragbaren Zeitmesser, den die Seeleute auf dem Schiff verwenden konnten. Auf dem Flamsteed House befindet sich seit 1833 ein Zeitball, der weithin sichtbar ist und pünktlich um 13 Uhr jeden Tag an einer Stange nach unten fällt. Den Schiffen im Hafen der Themse diente dies zur Justierung ihrer Chronometer an Bord.

Die Astronomen zogen bereits Mitte des 20. Jh. aus London weg, da der durch die vielen Lichter erhellte Himmel über der Stadt keine Sternbetrachtung mehr zuließ.

Im **Flamsteed House** kann man die alten Messinstrumente, Teleskope und Harrison-Uhren besichtigen. Mithilfe der Präzisionsinstrumente legte man auch den Nullmeridian fest, der die Erde in eine westliche und östliche Hemisphäre unterteilt. Eine im Boden eingelassene Metallschiene, die »Date Line«, zeigt den Meridian an, und es gehört zu den Lieblingsbeschäftigungen von Touristen, sich mit einem Bein im Westen und dem anderen Bein im Osten fotografieren zu lassen. Tatsächlich hat man aufgrund verbesserter Technik und neuen Messgeräten inzwischen festgestellt, dass der Meridian ca. 102 m weiter östlich verläuft, sodass die Linie nicht mehr akurat ist. Die Festlegung des Nullmeridians dient der Synchronisation der Uhren auf der Welt in Relation zur »Greenwich Mean Time«, **GMT**.

An der Außenwand des Gebäudes befindet sich außerdem eine Darstellung der britischen Maßeinheiten »Yard« und »Foot«. Empfehlenswert ist auch der Besuch des Planetariums – nach der Vorstellung beantworten die Hausastronomen Zuschauerfragen.

*Touristenattraktion: die »Date Line« in Greenwich*

**Hinkommen:** Mit dem Boot (s. Kap. 83). Mit dem Fahrrad entlang des Themsepfads (s. Kap. 82). Mit der Docklands Light Railway vo Tower Hill bis zur Station Cutty Sark. Wer gerne mal unter der Themse spazieren will, kann auch bei der Station Island Gardens aussteigen. Von hier verkehrt ein Shuttlebus bis zum Fußgängertunnel, der von der äußersten Spitze der Isle of Dogs bis nach Greenwich führt. Von der Aussichtsplattform in den Island Gardens hat man einen guten Blick auf das gegenüberliegende Ufer.

**Information:**
**Royal Observatory**
Blackheath Avenue, Greenwich,
Tel.: 8858-4422, www.rmg.co.uk.
Geöffnet tgl. 10–17 Uhr. Eintritt Erwachsene £ 7 Tagesticket, ermäßigt £ 5, Kinder (5–15 Jahre) £ 2. Es gibt verschiedene Kombinationstickets, wie das »Astro Ticket« (Erwachsene £ 11,50), das das Flamsteed House, den Meridian Courtyard und das Planetarium mit einschließt.

INFO

# 95 Greenwich II: Marinegeschichte im Royal College und National Maritime Museum

*Ganz besonderer Blick auf die City – vorbei an den zwei Kuppeltürmen des Old Royal Naval College*

Wenn man vom Observatorium herunterläuft, befindet sich am Fuß des Hügels ein Gebäudekomplex, der eng mit der britischen Marinegeschichte verbunden ist. Das **Old Royal Naval College**, ein weiteres Barockmeisterwerk des Architekten Sir Christopher Wren (s. Kap. 49, 50) entstand 1694 als Krankenhaus für invalide Seeleute. Wren bot seine Dienste für die Errichtung des Gebäudes für karitative Zwecke umsonst an. Die Architektur bietet komplette Symmetrie: Zwei identische Bauten mit Kuppeltürmen links und rechts werden von einer Straße durchschnitten, die einen Blick auf das dahinterliegende Queen's House freigibt. Die damalige Queen Mary II. verlangte, dass der Blick freigehalten werden sollte, damit sie vom Haus bis auf die Themse schauen konnte. 1869 entstand das **Royal Naval College**, eine Schule für Seekadetten.

Das Ensemble besteht aus vier Gebäudeteilen: dem **King Charles Court**, dem **Queen Mary Court**, dem **Queen Anne Court** und dem **King William Court**. Hier konnten bis zu 1.500 Seeleute untergebracht werden. Im Queen Mary Court befindet sich die Kapelle. Sie wurde 1789 von James Stuart neu gestaltet. Im King William Court befindet sich die **Painted Hall** mit einer eindrucksvollen, bemalten Barockdecke.

Das **Queen's House** stand einst inmitten des ehemaligen Tudorpalastes in Greenwich. Es wurde 1616 von James I. in Auftrag gegeben und war eines der ersten Bauwerke von Inigo Jones (s. Kap. 52) im palladianischen Stil. Es wurde im Stil des späten 17. Jh. restauriert und die Besichtigung ist frei. Das Gelände hinter dem Queens House dient während der Olympiade 2012 als Austragungsort für Reitsportveranstaltungen.

*National Maritime Museum, eines der größten Marinemuseen*

Neben dem Queen's House befindet sich das **National Maritime Museum**, eines der größten Marinemuseen der Welt. Es wurde 1937 eröffnet, um die jahrhundertelange Verbindung des Stadtteils Greenwich mit der britischen Marine gebührend zu würdigen. Diese nahm unter Henry VIII. ihren Anfang und bereits unter Elizabeth I. baute man den Seehandel auf den Weltmeeren durch die »East India Company« aus. Während der Regentschaft von Charles II. musste man sich vor allem gegen die Holländer zu Wehr setzen, die es auf dieselben Handelsgebiete und Seerouten abgesehen hatten. Dies war ein Anlass, die Marine auszubauen, die schließlich zur größten Seemacht der Welt wurde und Großbritannien zu einem der reichsten Staaten machte.

In dem Museum gibt es auf drei Stockwerken Tausende von Artefakten zu besichtigen, die diese Geschichte dokumentieren: Karten, Handschriften, Schiffsmodelle und Navigationsinstrumente. Der Eingang wird von zwei riesigen Ankern flankiert. Zu den Paradestücken gehört **Admiral Nelsons Uniform** mit den zwei Einschusslöchern. Hier schlugen die Kugeln ein, durch die er starb.

Die **Cutty Sark**, ein historischer Tee-Clipper, lag seit 1957 in Greenwich vor Anker und konnte besichtigt werden. Diese Art Schiff mit dem schlanken Bug war besonders schnell und daher für den Transport von Waren gut geeignet. Die Cutty Sark schaffte beispielsweise die Strecke von Australien bis England in nur 72 Tagen. Das Schiff wurde bei einem großen Brand 2010 jedoch fast vollständig zerstört. Das restaurierte Schiff feiert gemeinsam mit einem neuen Besucherzentrum im April 2012 Eröffnung. Nach den Besichtigungen kann man noch etwas durch das Zentrum von Greenwich bummeln und den **Greenwich Market** besuchen.

**INFO**

**Hinkommen:** s. Kap. 94
**Information:** **Old Royal Naval College** Greenwich, Tel.: 8269-4799, www.ornc.org.
Geöffnet tgl. 10–17 Uhr, Eintritt frei.
**National Maritime Museum** und **Queen's House**, Park Row, Greenwich, www.nmm.ac.uk. Geöffnet tgl. 10–17 Uhr. (Eintritt s. Kap. 94)
**Cutty Sark**, The Cutty Sark Trust, 2 Greenwich Church Street, Tel.: 8858-2698, www.cuttysark.org.uk
**Greenwich Market**, 5b Greenwich Market, London, Tel.: 8269-5096, www.greenwich-market.co.uk. Geöffnet Mi–So 10–17.30 Uhr. Mi: Wochenmarkt, Haushaltsgegenstände. Do und Fr: Antik- und Kunsthandwerksmarkt, Sa, So, feiertags: Kunsthandwerk und Wochenmarkt.
**Essen & Trinken:** **The Gipsy Moth** 60 Greenwich Church Street, Tel.: 8858-0786, www.thegipsymothgreenwich.co.uk. Geöffnet Mo–Do 12–23, Fr & Sa 12–24, So 12–22.30 Uhr. Modernisierter historischer Pub.

# 96 Das Olympia-Gelände 2012 in Stratford

*Olympia 2012: nicht nur aus der Luft betrachtet ein ambitioniertes und nicht unumstrittenes Projekt*

Der Bezirk **Stratford** war einst ein Industriegelände, das seit den 1970er Jahren weitgehend brachlag und nicht mehr genutzt wurde. Es bot sich für den Bau des **olympischen Dorfs** an, da jede Investition in dem Viertel praktisch eine Erneuerung desselbigen darstellt. So ging man mit hochgesteckten Zielen an den Start: Es sollte eine Musterstadt gebaut werden, die energiesparend, umweltfreundlich und barrierefrei war. So sind die meisten der neu entstandenen Gebäude architektonisch interessant und man hofft, dass sie auch nach der **Olympiade** und den **paraolympischen Spielen** einen kulturellen und sportlichen Beitrag zum Leben in Stratford leisten.

Beim Bau der Gebäude wurden nicht nur Rohstoffe eingespart, auch ein Abwasser-Recyclingsystem wurde installiert. Die Unterkünfte der Athleten befinden sich größtenteils in Apartmentblocks auf dem Gelände selbst, sodass keine lange Anreise nötig ist. Ein Vorteil ist, dass die Apartments große Balkons haben, von denen man auf das Gelände blicken kann. So sind die Athleten direkt am Geschehen. In den Blocks teilen sich mehrere Sportler jeweils ein Apartment, ausgestattet mit der neusten Technologie und eingebautem W-Lan, allerdings ohne Küche. So wird der spätere Umbau in normale Wohnungen einfacher, denn die jetzige Raumaufteilung wird dann wieder aufgehoben. Mehr als 2.800 neue Wohnungen sollen hier nach dem Großevent entstehen. Das **Olympiagelände** ist außergewöhnlich grün: Die natürlichen Wasserläufe wurden integriert und teils in Marschland verwandelt. Das soll später zur Flutabwehr dienen, da hier Wasser absorbiert wird. Die Hauptveranstaltungsorte befinden sich auf Halbinseln, die von Flussläufen umgeben sind und durch Brücken verbunden werden.

Das **olympische Stadion** ist sozusagen »tiefergelegt« und sitzt in einer Mulde. Von den dort angelegten 80.000 Sitzen sind nur 25.000 permanent befestigt. Die anderen werden in einem Ring aufgesetzt und können später wieder entfernt werden. Weitere Gebäude umringen beispielsweise das **Velodrome** mit der BMX-Bahn für die Fahrradveranstaltungen. Nach Olympia soll das Velodrome zum Zentrum für Londons neue Fahrradkultur werden – ein Lieblingsprojekt von Bürgermeister Boris Johnson (s. Kap. 82).

Das **Aquatics Center** für die Schwimmwettbewerbe mit seiner futuristischen Architektur in Wellenform soll hinterher für Erholungszwecke genutzt werden, aber auch als Trainingsbecken für Vereine.

*Einäugig: die Olympischen Maskottchen*

Im Vorfeld gab es viel Kritik an dem Projekt »Olympia«. Nicht zuletzt die Kosten und der spätere Nutzen für Stratford wurden von vielen in Frage gestellt. Das olympische Logo, zusammengesetzt aus fünf verschiedenfarbigen Elementen, die die olympischen Ringe symbolisieren, fand wenig Freunde. Eine erste Version musste sogar zurückgezogen werden, da ein Werbevideo bei Epilepsiekranken Anfälle auslöste. Auch die einäugigen olympischem Maskottchen werden wohl kaum den Teddybär ersetzen. Wenn am 27 Juli jedoch die Eröffnungszeremonie stattfindet – die verbleibenden Tage bis dahin werden von der **olympischen Uhr** auf dem Trafalgar Square abgezählt – verstummen die Unkenrufe wohl erst einmal. 2012 werden die Spiele übrigens zum dritten Mal in London ausgetragen. Bereits 1908 und 1948 fand das Ereignis hier statt.

### Weitere olympische Veranstaltungsorte

**Greenwich Park**: Reitveranstaltungen
**Greenwich Arena** ($O_2$-Arena): Gymnastik, Basketball
**Royal Artillery Barracks/Woolwich**: Schießen
**ExCel/London Docklands**: Boxen
**Hyde Park**: Triathlon, Marathonschwimmen
**The Mall**: Marathon und Fahrradveranstaltungen
**Horse Guards**: Beach Volleyball
**Lord's Cricket Ground**: Bogenschießen
**Earls Court**: Volleyball
**Wembley Stadion**: Fußball
**Wimbledon**: Tennis
**Weymouth/Portland**: Segeln
**Millennium Stadion Cardiff**/Wales: Fußball
**Old Trafford Stadion Manchester**: Fußball

**INFO**

**Hinkommen:** Mit der Bahn von St. Pancras nach Stratford. Mit der DLR zur Stratford International Station.
**Information: Olympische Spiele 2012** 27. Juli–12. Aug. 2012, Paraolympische Spiele: 29. Aug.–9. Sept. 2012, www.london2012.com.

**Ticketinformationen Deutschland**:
DERTOUR
Emil-von Behring-Straße 6,
60424 Frankfurt am Main,
Tel.: 01805-337100,
www.dertour.de/olympia-2012/.

# 97 Die Metropole aus der Ferne – Hampstead Heath

Ins entrückte **Hampstead** entfliehen Londoner, wenn sie einen Ausflug ins Grüne unternehmen möchten. Das große Heidegelände in Hampstead eignet sich prima zum Spazierengehen und für ein Picknick. Kinder lassen hier Drachen steigen. Zudem gibt es verschiedene kleinere Seen, in denen man baden kann. Hampstead sitzt auf einem 134 m hohen Hügel – von hier oben gibt es eine unverbaute Aussicht auf die Londoner Skyline.

Der einst reichhaltige Wald wurde nach dem Großen Brand von 1666 (s. Kap. 66) zum Wiederaufbau der Stadt verwendet. Zurück blieb eine zum großen Teil heideartige Landschaft, die hin und wieder durch kleine Baumgruppen unterbrochen ist. Das Gelände selbst gehörte einst zum Besitz der Mönche der Westminster Abbey, dann zu den Ländereien des Kenwood House. Commoners, einfache Leute, durften hier ihr Vieh grasen lassen. Erst zu viktorianischen Zeiten wurde ein öffentlicher Park eingerichtet.

Von der U-Bahn Station Hampstead zweigt in nördlicher Richtung der **Flask Walk**, der Flaschenweg, ab. Dies deutet darauf hin, dass man in der Vergangenheit hier »das Wasser nahm«, wie in vielen ländlichen Gegenden um London. Man hatte eine Mineralquelle entdeckt und füllte diese in Flaschen ab, die in den umliegenden Gasthäusern angeboten wurden.

Hampstead wurde langsam zu einem gediegenen Wohnort, dies bezeugen die gutbürgerlichen Villen aus dem 18. und 19. Jh. Das Viertel südlich von hier hat eine angenehme Atmosphäre, es gibt viele Cafés, Restaurants und nette kleine Geschäfte.

*Ein Ausflug ins Grüne gepaart mit einem unvergleichlichen Ausblick auf die City – das ist Hampstead Heath*

## Sigmund Freud in Hampstead

Sigmund Freud lebte mit seiner Familie im Haus mit der Nummer 20, Maresfield Gardens. Hierher floh die jüdische Familie 1939 aus Österreich vor den Nazis. Unweit von hier befindet sich auch eine Statue, die an den Erfinder der Psychoanalyse erinnert. Seine Tochter Anna, die das Haus bis zu ihrem Tod im Jahr 1982 bewohnte, beließ die Einrichtung von Freuds Studierzimmer und vor allem die Praxiscouch so gut wie unverändert.
**Infos:** Freud Museum London, 20 Maresfield Gardens, Tel.: 7435-2002, www.freud.org.uk. Geöffnet im Winter Mi–So 12–17 Uhr, im Sommer Mi 12–20, Do & Fr 12–17 Uhr, Sa & So 11–17 Uhr. Eintritt Erwachsene £ 6, ermäßigt £ 4,50, Studenten und Kinder ab 12 Jahren £ 3, Kinder unter 12 Jahren frei. Nahe U-Bahnstation Finchley.

Hampstead zog Intellektuelle und Kulturschaffende an, die sich aus dem hektischen Stadtleben zurückziehen wollten. So wohnte der Romantik-Dichter **John Keats** am Keats Grove. Über den Well Walk gelangt man zu einem der Badeseen, dem **Mixed Bathing Pond**, für Männer und Frauen (Mai–Sept.). Von hier geht es steil bergauf zum **Parliament Hill**, dem höchsten Punkt der Heide. Der Aufstieg lohnt sich allein schon wegen der Aussicht, und hier weht auch an stickigen Tage eine frische Brise. Im Osten des Hügels, nahe **Highgate** (s. Kap. 12) gibt es weitere Seen, einen für Männer und einen für Frauen – ein Überbleibsel aus vergangenen Zeiten, als die Kurgäste hier badeten.

Man kann noch einen Spaziergang zum **Kenwood House** anschließen, das etwa eineinhalb Kilometer entfernt liegt. Das alte Herrenhaus des Earl of Mansfield wurde von dem klassizistischen Architekten Robert Adams gestaltet und enthält normalerweise eine Gemäldeausstellung. Leider kann man es ab April 2012 nur von außen besichtigen, da es ca. 18 Monate komplett renoviert wird. Im Sommer finden bei dem vorgelagerten See manchmal Openair-Konzerte statt. Vom Kenwood House führt die Spaniards Road wieder nach unten, in den Stadtkern. Die Grünfläche westlich von hier an der West Heath Road wird nach Sonnenuntergang zum Schwulen-Treffpunkt.

INFO

**Hinkommen:** U-Bahn Hampstead, Northern Line. U-Bahn Finchley Road, Jubilee Line, Bakerloo Line. Hampstead Heath, London Overground.

**Information:**

**Keats House**

Keats Grove, Tel.: 7332-3868, www.keatshouse.cityoflondon.gov.uk. Geöffnet Winter: Fr & Sa 13–17 Uhr. 1. März–31. Okt.: Di–So 13–17 Uhr. Eintritt Erwachsene £ 5, ermäßigt £ 3, Kinder unter 16 frei.
Der Dichter John Keats lebte in dem Haus von 1818 bis 1820. Er verliebte sich in seine Nachbarin Fanny Brawne, deren Haus in das Museum mit integriert ist. Das ganze Jahr über finden Veranstaltungen, wie beispielsweise Lesungen statt. Keats starb im Alter von 25 Jahren an Tuberkulose.

**Essen & Trinken:** **The Wells**, 30 Well Walk, Tel.: 7794-3785, www.thewells-hampstead.co.uk. Geöffnet tgl. 12–23 Uhr. Gastropub mit bunter Speisekarte, zum Beispiel »Lachs mit Fenchel in Weißweinsauce« für £ 15,50.

# 98 Ein Tag im Grünen – Kew Gardens

Die **Kew Gardens,** oder richtiger: **Royal Botanic Gardens**, waren ursprünglich ein königlicher Garten. Den Aufstieg zum Botanischen Garten verdanken die Kew Gardens vor allem Prinzessin Augusta von Wales (1719–1772). Die Prinzessin aus Sachsen-Coburg war mit dem Sohn von George II. verheiratet und gab 1759 den Anstoß, exotische Pflanzen zu sammeln – von da an wuchs die Kollektion beständig. Nicht zuletzt durch die ständig anwachsende Zahl der Mitbringsel von Seefahrern und Naturwissenschaftlern, die immer neue Pflanzenarten von den Entdeckungsreisen mitbrachten, konnte man ab 1840 von einem richtigen Botanischen Garten sprechen.

*Das Palm House ist das beliebteste Fotoobjekt in Kew Gardens*

Heute ist Kew Gardens längst eine international anerkannte und renommierte botanische Forschungsinstitution und beheimatet 30.000 Pflanzenarten sowie eine der größten Sammlungen an Pflanzen-DNA in der Welt. Das Gelände an sich ist sehr weitläufig, und man kann hier gut und gerne mehrere Stunden zu Fuß unterwegs sein.

Es besteht die Möglichkeit, eine Rundtour mit dem kleinen Bähnchen **Kew Explorer** zu buchen, das bei den wichtigsten Sehenswürdigkeiten hält. Kew Gardens verbucht über zwei Mio. Besucher pro Jahr und gehört zum UNESCO-Weltkulturerbe.

Ein Rundgang beginnt am besten beim Haupteingang **Victoria Gate**. Von hier gelangt man in Richtung Osten zum **Palmenhaus** (Palm House), dem beeindruckendsten und meistfotografierten Gebäude des Gartens. Das Design für die Konstruktion stammt von dem Nashs-Schüler Decimus Burton und wurde von Richard Turner zwischen 1844 und 1848 errichtet. Das Glashaus ist 19 m hoch, da es einige sehr hohe Bäume unterbringen muss. Die Atmosphäre ist feuchtwarm. Im Keller des Palmenhauses befindet sich ein Aquarium mit Feuchtbiotopen und Ausstellungen über das Leben im und unter Wasser, etwa in Korallenriffen, Salzmarschen und Mangrovensümpfen.

Weiter östlich befindet sich das **Waterlily House**, ein verwunschenes Glashaus mit einem Wasserlilienteich wie aus dem Märchen. Vorbei an dem großen Teich, der dem Palmenhaus vorgelagert ist, gelangt man zum **Davies Alpine House**, einer sehr modernen Konstruktion mit Hochgebirgspflanzen. Hier werden die Temperaturen und Windverhältnisse einer alpinen Bergwiese nachgestellt. Gleich dahinter steht das **Princess of Wales Conservatory.** Hier gibt es insgesamt zehn verschiedene Klimazonen für Pflanzen wie Orchideen aus Madagaskar und Zentralamerika oder fleischfressende Pflanzen aus Afrika.

*Hier gedeihen Pflanzen aus der ganzen Welt*

Bei dem Spaziergang zwischen den Gewächshäusern passiert man viele ornamentale Bäume und Sträucher, denn Kew ist nicht nur ein botanischer, sondern auch ein Landschaftsgarten. Nordöstlich stehen noch einige der Originalgebäude. Die elegante **Orangery** aus dem Jahr 1761 beispielsweise war ursprünglich für Zitruspflanzen gedacht, heute ist hier ein Restaurant untergebracht. Im **Kew Palace** aus dem Jahr 1781 lebte George III., nachdem die geistige Umnachtung bei ihm ausgebrochen und er regierungsunfähig war (s. Kap. 53). Er liebte die Botanik und erweiterte die Sammlung. Hinter dem Palast befindet sich der **Queen's Garden**, hierfür benötigen Besucher ein gesondertes Ticket.

Ein weiteres großes Glashaus befindet sich im Westen der Anlage, das **Temperate House**. Hier sind Pflanzen aus allen Kontinenten untergebracht. Die chinesische Pagode, **Pagoda**, unweit von hier, gehört noch zu den Originalen und wurde 1762 errichtet. Nördlich davon befindet sich eine der neusten Errungenschaften: der **Rhizotron and Xstrata Treetop Walkway.** Wer sich einmal wie im Dschungel fühlen möchte, kann auf diesen Hängebrücken durch die Wipfel der Bäume spazieren. Zum Abschluss kann man noch einen Blick auf den größten Komposthaufen der Welt werfen, der nördlich des Walkway permanent auf- und umgeschichtet wird. Nicht nur die Abfälle des Gartens wandern hierher, sondern auch der Stallmist aus den königlichen Ställen der Horse Guards.

INFO

**Hinkommen:** U-Bahn Kew Gardens, District Line oder London Overground. Von hier sind es 5 Min. bis zum Victoria Gate.

**Information:**

**Royal Botanic Gardens**
Kew, Tel.: 8332-56, www.kew.org. Geöffnet tgl. März–Aug. 9.30–18.30 Uhr, Sept.-Okt. bis 18 Uhr, Nov.-Jan. bis 16.15, Feb.–März bis 17.30 Uhr. Eintritt Erwachsene £ 13,90, ermäßigt £ 11,90, Kinder unter 7 Jahren frei. Geführte Touren beginnen tgl. um 11 und 14 Uhr am Victoria Gate.

**Kew Explorer**, tgl. ab 11 Uhr, Erwachsene £ 2, Kinder unter 17 Jahre £ 1. Man kann beliebig ein- und wieder aussteigen.

**Essen & Trinken:**

**The Original Maids of Honour**
288-290 Kew Road, Tel.: 8940-2752, www.theoriginalmaidsofhonour.co.uk. Geöffnet Mo–So 8.30–18 Uhr. Der Name »Maids of Honour« bezieht sich auf einen Kuchen, den Henry VIII. nach den Zofen von Anne Boleyn benannte. Das Café führt diesen Kuchen sowie andere, sehr leckere Backwaren.

# 99 Ausflug nach Richmond

*Beine baumeln lassen, etwas trinken und im Hintergrund die alte Brücke: ein Tag in Richmond*

**Richmond** ist ein ausgenommen hübscher Ort an der Themse und hat eine lange Vergangenheit als königliche Residenz. Allerdings hieß der Ort nicht immer Richmond, die erste Siedlung hier nannte sich **Sheen**. Bereits Edward I. hielt hier im Jahr 1299 Hofe in einem Herrenhaus, und auch nachfolgende Könige schätzten das grüne Idyll. Richard II. machte den Sheen Palace im Jahr 1383 zur dauerhaften Residenz.

Henry II., der erste Tudormonarch, trug den Titel »Earl of Richmond«. Er ließ den Palast nach einem Feuer im Jahr 1501 neu aufbauen und gab ihm den Namen Richmond Castle. Daraufhin wurde auch das Dorf Sheen zu Richmond. Henry VIII. feierte oft mit seiner Familie das Weihnachtsfest im Richmond Palace. Später gab er den Palast als Abfindung an seine geschiedene Frau Anne of Cleves. Elizabeth I. verstarb hier im Jahr 1603. Im Bürgerkrieg wurde der Palast geplündert und verfiel.

Vom Bahnhof gelangt man auf die Hauptstraße **George Street**, die direkt zum Flussufer führt. Man sollte jedoch beim Richmond Theater einen Abstecher zum **Richmond Green** machen. Auf dieser Grünfläche veranstaltete Edward IV. einst Ritterturniere.

Auf der Westseite des Parks steht noch ein Torhaus des Palastes aus dem 18. Jh. Wo die George Street zum Fluss hinunterführt, befindet sich im alten Rathaus das **Richmond Museum**. Hier wird die Geschichte Richmonds unter anderem anhand eines Modells des alten Palastes dokumentiert. Der Großteil der Gegend verblieb bis ins 18. Jh. ländlich, Industrie siedelte sich hier nicht an. Erst als George II. ein Jagdhaus errichtete, entstanden auch weitere Aristokraten-Villen.

Die **Richmond Bridge** aus dem Jahr 1777 bildet den passenden Hintergrund für die Uferpromenade mit ihren Booten. Bei schönem Wetter wird es hier sehr voll, man sitzt auf dem Rasen oder lässt die Füße vom Kai baumeln und trinkt sein Bier. Die georgianische Fassade, die den Hintergrund bildet, ist jedoch kein Original, sondern eine Rekonstruktion aus den 1980er Jahren.

Unterhalb der Brücke gibt es einen Ruderbootverleih. An eine Partie mit dem Bot kann man einen Bummel durch die Boutiquen der Stadt anschließen und sich in einem der Café-Restaurants niederlassen.

*Richmond ist bekannt für seine Café- und Restaurantszene*

Wer lieber etwas spazieren möchte, folgt der Straße Richmond Hill, die von der Brücke nach Osten abbiegt und auf einen Hügel führt. Der Ausblick von den **Terrace Gardens** hier oben hat den Ruf, einer der schönsten in London zu sein. Man blickt auf das bewaldete Tal, durch das sich die Themse schlängelt. Dieser Blick ist unter anderem von den Malern J.W. Turner und Oskar Kokoschka verewigt worden. George IV. soll nach seiner Abdankung und seiner Heirat mit der bürgerlichen Amerikanerin Wallis Simpson seine Flitterwochen hier verbracht haben.

Oben steht das beeindruckende Gebäude des **Royal Star and Garter Home**. Es ist eine Art Altersheim für pensionierte Soldaten und nicht zugänglich. Von hier gelangt man durch das alte Stadttor Richmond Gate in den **Richmond Park**. Der höchste Punkt, King Henry's Mound, wurde nach Henry VIII. benannt. Am Fuß des Hügels verläuft entlang der Themse ein Spazierpfad bis zu dem Herrenhaus **Ham House**. Das Haus aus dem 17. Jh. entstand zur Zeit James I. im jakobitischen Stil der Renaissance. Haus, Einrichtung, Außengebäude und Garten sind sehenswert.

**INFO**

**Hinkommen:** Mit dem Boot mit der »Westminster Passenger Services Association«, s. Kap 83. Die Anfahrt mit dem Boot dauert mehrere Stunden. U-Bahn Richmond, District Line, vom Zentrum ca. 45 Min.

**Information: Richmond Museum**
Old Town Hall, Whittaker Avenue, Tel.: 8332-1141, www.museumofrichmond.com. Geöffnet Di–Sa 11–17 Uhr. Eintritt frei.

**Ham House**
Ham Street, Tel.: 8940-1950, www.nationaltrust.org.uk/hamhouse. Geöffnet Winter 11–16.30 Uhr, Hauptsaison bis 17 Uhr, Fr geschlossen. Eintritt Erwachsene £ 9,90, Kinder £ 5,50.

**Essen & Trinken: White Cross Pub**
Water Lane, Tel.: 8940-6844. Pub direkt beim Bootsanleger, prima bei schönem Wetter.

# 100 Wimbledon Common und Tennis Museum

Das englische Wort »common« bezeichnete im Mittelalter eine Grün- oder Waldfläche eines Feudalsitzes – eines »Manor House« – die von allen Anwohnern des umliegenden Dorfes genutzt werden konnte. Die Dorfbewohner konnten hier ihre Tiere weiden lassen oder Feuerholz sammeln. Auf diesem Gemeindegelände bestand Bauverbot, und daher blieben diese Grünflächen oft auch dann noch erhalten, als rundherum neue Ansiedlungen entstanden. Während der Industrialisierung wurden diese Rechte oft von den Landbesitzern angefochten, was zum Verlust der meisten Grünflächen als Bauland führte. Der **Wimbledon Common** besteht jedoch noch heute. Was man hier sicher nicht erwarten würde, ist eine **Windmühle** (Windmill). Sie steht am Ende der Windmill Road, am nördlichen Ende des Common auf der Straße nach Putney (s. Kap. 71). Im 18. Jh. gab es entlang der Themse viele Kornmühlen, die mit Wasser oder Dampf angetrieben wurden. Die Anwohner Wimbledons waren jedoch mit der Qualität des Mehls aus den industriellen Mühlen nicht zufrieden und wollten ihr Mehl selbst mahlen. 1816 hatte dies unter dem Antragsteller Charles March Erfolg. Die Mühle wurde gebaut und in Betrieb genommen.

*Für Tennis ist Wimbledon bekannt: Warteschlange vor dem Turnier*

1864 verkündete der Landbesitzer und »Lord of the Manor« Earl Spencer, dass er den Common einzäunen lassen und dort ein neues Manor House errichten wolle. Hiergegen setzten sich die Anwohner zur Wehr und nach einem sechsjährigen Rechtsstreit wurde die Grünfläche durch den »Wimbledon and Putney Commons Act« von 1871 gerettet. Dieser übertrug den Common auf die Gemeinde.

Heute gibt es in der Mühle ein **Museum**, das die Geschichte der Mühle und des Wohnhauses erzählt. Unter anderem lebte hier Robert Baden Powell, der Gründer der britischen »Scouts«, der Pfadfinder.

### Das Wimbledon Lawn Tennis Museum

Der **All England Lawn Tennis and Croquet Club** (AELTC) ist ein privater Tennisclub mit 375 Mitgliedern. Er wurde 1868 als Croquet Club gegründet. 1875, als Tennis modern wurde, richtete man auch einen Tennisplatz ein. Bald war man nur noch ein Tennisclub. Bereits 1877 wurde der erste Wettkampf ausgetragen. Der »weiße« Sport, so genannt aufgrund der Kleidung, war zunächst vor allem in der Oberschicht beliebt. Tennisclubs waren sehr exklusiv und nur durch Mitgliedschaft zugänglich.

Noch heute ist Wimbledon der einzige Court, in dem auf Rasen gespielt wird. Der Club hält seine Traditionen aufrecht, das Stadion wirkt wie ein Relikt aus vergangener Zeit. Allerdings ist mit Wimbledon auch ein Mythos verbunden, der es am Leben hält. Noch heute stehen Fans tagelang Schlange, um Tickets zu ergattern. Im Stadion selbst zahlt man ein Vermögen für ein paar Erdbeeren mit Sahne. Bis vor ein paar Jahren musste man auch immer noch den Regenschirm bereithalten, denn der Centre Court war nicht überdacht und Dutzende von Spielen mussten aufgrund von Regen abgebrochen werden. Zu den Schattenseiten der Traditionen gehörte auch, dass bis vor wenigen Jahren das Preisgeld für weibliche Spieler wesentlich niedriger war.

Die **Wimbledon Championships** finden jährlich an zwei Wochen Ende Juni bis Anfang Juli statt. Jeden Tag werden an der Kasse 500 Tickets für die Centre Courts verkauft. Um an diese Tickets zu kommen, nächtigen Angereiste teils mehrere Nächte im Zelt. Für die anderen Courts bekommt man schon eher eine Karte.

Außerhalb der Spielzeit kann man das **Wimbledon Museum** besichtigen, das zumindest einen Hauch der Atmosphäre erahnen lässt. Hier erfährt man einiges über die Geschichte des Spiels. Am besten unternimmt man zuerst eine der geführten Touren durch das Stadium und besucht dann das Museum. Die Tour dauert 90 Min. und führt zu Plätzen wie dem Centre Court, den Umkleidekabinen und dem Presseraum, von dem aus die Spiele kommentiert werden. Die Tour muss man allerdings im Voraus buchen.

#### Orte zum Besichtigen

**Wimbledon Windmill**, Manor Cottage, Windmill Road, Tel.: 8947-2825, www.wimbledonwindmill.org.uk. Geöffnet Ende März–Ende Okt. Sa 12–17, So 11–17 Uhr. Eintritt Erwachsene £ 2, ermäßigt und Kinder £ 1.
**Hinkommen:** U-Bahn Wimbledon, District Line, dann Bus Nr. 93.
**Wimbledon Lawn Tennis Museum**, All England Lawn Tennis and Croquet Club, Church Road, Tel.: 8946-6131, www.wimbledon.org. Geöffnet tgl. 10–17 Uhr. Eintritt Erwachsene £ 11, ermäßigt £ 9,50, Kinder £ 6,75. Der Preis für die geführte Tour schließt den Preis für das Museum mit ein.

**INFO**

**Hinkommen:** U-Bahn Southfields, District Line, von dort weiter mit Bus Nr. 493.

**Essen & Trinken:** **Dog and Fox Pub**, 24 High Street, Wimbledon, Tel.: 8946-6565, www.dogandfoxpub.com. Beliebter Pub mitten in Wimbledon mit umfangreicher Speisekarte.

# 101 Das königliche Waffenarsenal in Woolwich

*Der Blick in die gut gefüllte Halle zeigt: Im Royal Artillery Museum geht es um Waffen*

In **Woolwich**, am Südufer der Themsemündung, entstand im Jahr 1513 die erste königliche Werft. Henry VIII. war gerade erst gekrönt worden und träumte von siegreichen Schlachten. Er sah aber auch die Notwendigkeit, sich gegen die großen Mächte Frankreich und Spanien auf dem Kontinent zur Wehr setzen zu können. Die Seeflotte kam Elizabeth I. zu Hilfe, als Philipp II. von Spanien 1588 mit seiner Armada gegen England segelte. Im Ärmelkanal wurden die Schiffe durch eine List auseinandergetrieben und dann unter Vizeadmiral Sir Francis Drake beschossen.

Als Teil der Marinewerft richtete Henry das **Royal Arsenal** ein, in dem Schießpulver und Kugeln hergestellt wurden. Die Werft wurde im Jahr 1869 geschlossen, aber das Waffenarsenal überlebte. Im Ersten Weltkrieg wurde es in eine riesige Waffenfabrik umgebaut. Rund 100.000 Arbeiter, viele davon Frauen, stellten hier Munition her. Die Chemikalien, die verwendet wurden, waren giftig und viele Arbeiter litten unter Zahnausfall und Hautkrankheiten. Da die Haut sich oft gelblich verfärbte, nannte man die hiervon betroffenen Arbeiter auch »Kanarienvögel«. Hier wurden unter anderem die eineinhalb Millionen Bomben hergestellt, die 1916 während der ersten Tage der Schlacht an der Somme verfeuert wurden. Zum Abtransport gab es eine eigene Bahnlinie.

Im Waffenarsenal gab es bereits 1820 ein Museum, damals zeigte man vor allem Stücke aus der Sammlung von Sir William Congreve, dem Erfinder der ersten militärischen Rakete.

Heute befindet sich die Sammlung innerhalb der ehemaligen Fabrikmauern des Originalgebäudes aus dem 18. Jh. Das Museum trägt den schlagkräftigen Namen **Firepower**, »Feuerkraft«. Viele der Kanonen, die hier ausgestellt

Die Gatling-Kanone, eine automatische Schusswaffe

sind, wurden im Royal Arsenal hergestellt. Außer den Waffen der verschiedenen Jahrhunderte sind Uniformen ausgestellt, Dokumente und andere Artefakte, die 700 Jahre Artillerie-Geschichte verdeutlichen.

Obwohl es hier nur um Waffen geht, gibt sich das Museum recht kinderfreundlich: Hier gibt es etliche interaktive Spiele und Videos. So zum Beispiel eine audiovisuelle Show, genannt »Field of Fire«. Im sogenannten »Schussfeld« wird eine Schlacht nachgestellt, Rauch füllt den Raum, Bomben erschüttern den Boden, Lichter suchen den Horizont ab. Außerdem kann man einen Panzer fahren und sich im Schießen üben. Manch einer wird fragen, ob diese Art von Kriegsspiel die Anwendung von Waffen nicht verherrlicht, anstatt zum Denken anzuregen. Wer mehr über die Geschichte des Arsenals erfahren will, wird im **Greenwich Heritage Centre** fündig.

Für viele ist der Name **Arsenal** vor allem auch mit dem gleichnamigen Fußballclub verbunden. Im Jahr 1866 gründeten die Arbeiter der Munitionsfabrik ihr eigenes Fußballteam. Zuerst hießen sie »Royal Arsenal«, später »Woolwich Arsenal«. Aufgrund der Verbindung zur Waffenindustrie war der gängige Spitzname auch »Gunners«. So zeigte das erste Wappen des Clubs drei Kanonen, heute ist es nur noch eine. Als man 1913 in ein neues Stadium in Holloway im Bezirk Islington umzog (s. Kap. 14), entfiel die Bezeichnung Woolwich und der Verein nannte sich nur noch Arsenal.

**INFO**

**Hinkommen:** Bahn: Woolwich Arsenal (5 Min. entfernt) oder nach Woolwich Arsenal mit der DLR. Von Nordgreenwich fahren die Busse Nr. 472, 161, 96 und 180 zum Arsenal.

**Information:**

**Firepower, the Royal Artillery Museum**
Royal Arsenal, Tel.: 8855-7755, www.firepower.org.uk.
Geöffnet Di–Sa 10.30–18 Uhr. Eintritt Erwachsene £ 5,30, ermäßigt £ 4,60, Kinder £ 2,50. Aktivitäten, wie Panzerfahren etc. kosten extra.

**Greenwich Heritage Centre**
Artillery Square, Royal Arsenal, Tel.: 8854-2452, www.greenwichheritage.org.
Geöffnet Di–Sa 9–17 Uhr.

# Anhang

# Geschichtlicher Abriss

**50 n. Chr.** Die Römer errichten die erste Brücke über die Themse und gründen die Siedlung »Londinium«.

**430** Die Angelsachsen besetzen das Land und errichten die neue Stadt »Lundewic«.

**886** Nach der Zeit der nordischen Invasionen vertreibt Alfred der Große die Dänen und besiedelt das alte Londinium neu. Unter seiner Herrschaft erlebt die Stadt einen Aufschwung als Handels- und Wirschaftszentrum und wird Sitz der englischen Könige.

**1042** Edward the Confessor lässt die Westminster Abbey bauen. 1065 verlegt er seinen Regierungssitz dorthin und erklärt Londinium zur Hauptstadt Englands.

**1066-67** Der Normanne William the Conqueror siegt in der Schlacht bei Hastings und lässt sich kurz nach Edwards Tod 1066 in Westminster Abbey zum König krönen. Er errichtet den White Tower als Befestigung.

**1173** Die London Bridge wird von den Normannen in eine Steinbrücke umgebaut, die bis 1750 die einzige steinerne über die Themse bleibt.

**1215** König John wird von den englischen Baronen gezwungen, die Magna Charta zu unterzeichnen, die die Macht des Königs einschränkt und Bürgerrechte garantiert. Sie ist die früheste Niederschrift von Bürgerrechten in der Welt.

**1290** Die Kreuzzüge führen zu einer Welle des religiösen Fanatismus. Juden, die in der »Old Jewry« wohnen, werden aus der Stadt verjagt.

**1295-37** Das »Model Parliament« - ab 1327 unter Edward III. eine feste Institution, bestehend aus Adel, Kirche und Vertretern der Bürgerschaft - tritt unter Edward I. erstmals in Westminster zusammen. Es zeichnet sich bereits eine Trennung des Parlaments in House of Lords, Oberhaus, und House of Commons, Unterhaus, ab.

**1348** Über 70.000 Menschen fallen einer Pestepidemie zum Opfer.

**1387** Der im Londoner Hafen angestellte Zollbeamte Geoffrey Chaucer liefert mit den »Canterbury Tales« eine Chronik der Lebensbedingungen seiner Zeit und begründet mit dem Werk die englische Literatur.

**1476** William Caxton stellt in Westminster die erste Druckerpresse auf.

**1485-03** Heinrich VII. begründet das Haus Tudor, ruft die Handelsmarine ins Leben und erbaut die Kapelle der Westminster Abbey.

**1529** Um die Scheidung von seiner kinderlosen Frau Katharina von Aragon zu ermöglichen, sagt Henry VIII. sich von der römisch-katholischen Kirche los und ernennt sich zum Oberhaupt der anglikanischen Kirche.

**1553-58** Henrys Tochter Mary versucht erfolglos, die katholische Kirche erneut zu etablieren. Sie lässt in Smithfield 300 Protestanten verbrennen, was ihr den Namen »Bloody Mary« (Blutige Maria) einbringt.

**1558** Nach dem Tod von Queen Mary blüht unter der Regentschaft von Heinrichs anderer Tochter, Elizabeth I., London kulturell auf und wird zum führenden Handels- und Wirtschaftszentrum Europas. Ende des Jahrhunderts ist England eine Kolonialmacht.

**1566** Der „Royal Exchange“, die erste Börse, wird von Thomas Gresham ins Leben gerufen.

| | |
|---|---|
| **1576** | Das erste Freilufttheater »The Theatre« entsteht im Bezirk Finsbury. Hier werden einige von Shakespeares Stücken uraufgeführt. |
| **1599** | William Shakespeare baut in Southwark das Theater »The Globe«. |
| **1605** | »Gunpowder Plot«: Katholische Edelmänner um Guy Fawkes deponieren Schießpulver im Keller des Parlaments, um am 5. November König James I. und seine Kabinettsminister in die Luft zu sprengen. Dies schlägt fehl und die Attentäter werden grausam bestraft. |
| **1642** | Nach Auflösung des Parlaments durch König Charles I. bricht ein Bürgerkrieg aus. Das Parlament siegt unter Oliver Cromwell. Charles wird enthauptet und das Oberhaus abgeschafft. Nach elf Jahren Herrschaft des Puritaners Cromwell wird von den Stuarts die konstitutionelle Monarchie wiederhergestellt. |
| **1665** | Die Pest wütet erneut, diesmal sterben fast 100.000 Londoner. |
| **1666** | Der Große Brand (Great Fire) von London bricht im Zentrum der Altstadt aus. Über die Hälfte der Stadt brennt nieder. Der Architekt Christopher Wren soll die Kirchen in London wieder aufbauen |
| **1694** | William III. verjagt den Katholiken James II. in der »Glorious Revolution« vom Thron. Er gründet die Bank von England, um den Krieg gegen Frankreich zu finanzieren. |
| **1702-27** | König George I. aus der Hannoveraner Linie regiert zusammen mit Sir Robert Walpole, (erster Premierminister). Als Regierungssitz wird erstmals Downing Street Nr. 10 bezogen. |
| **1766** | Die alten Stadttore und Mauern werden abgerissen, um das Wachstum der Stadt zu ermöglichen. |
| **1790** | Dank der Industriellen Revolution blüht der Handel und die Häfen zwischen dem Tower und der London Bridge sind mit dem Warenverkehr überfordert. 1799 wird deshalb mit dem Bau neuer Docks im Londoner Osten begonnen. Die ersten Gaslaternen werden aufgestellt. |
| **1829** | Robert Peel gründet die Londoner Stadtpolizei, die »Bobbies«. |
| **1836** | fährt die erste Eisenbahnlinie in London von der Station London Bridge nach Greenwich. |
| **1837** | Unter Königin Viktoria umspannt das Britische Imperium ein Fünftel des Erdballs. London besitzt den größten Hafen der Welt. Vom Reichtum profitiert jedoch nur eine Hälfte der Bevölkerung. Die andere Hälfte lebt unter unzumutbaren Bedingungen. |
| **1858** | Das Jahr des »großen Gestanks« (Great Stink). Die Themse ist so stark verschmutzt, dass der Fluss penetrant nach Fäkalien riecht. |
| **1859-66** | Ein neues Abwassersystem wird von Joseph Bazalgette gebaut. |
| **1861** | Die schlechten Lebensbedingungen der unteren Klassen, vor allem im Londoner East End sind Anlass für Karl Marx' Werk »Das Kapital«, das zum großen Teil in der Britischen Nationalbibliothek entstand. |
| **1863** | Die erste unterirdische Eisenbahn bzw. U-Bahn der Welt fährt zwischen den Bahnhöfen Paddington und Farringdon. |
| **1888** | Die Prostituiertenmorde von Jack The Ripper sorgen im East End für Angst und Schrecken. London hat über 4,5 Millionen Einwohner. |
| **1914-18** | Die Deutschen Zeppeline fliegen im Ersten Weltkrieg Luftangriffe auf London. Etwa 2.500 Menschen werden dabei getötet. |

1926 Landesweiter Generalstreik der Arbeiter und Minenarbeiter, der für neun Tage das gesamte öffentliche Leben lahmlegt. Als Notstandsregelung lässt Premierminister Stanley Baldwin Suppenküchen im Hyde Park aufstellen, Studenten müssen den Busverkehr übernehmen.

1940 Während deutscher Luftangriffe (»The Blitz«) werden von September 1940 bis Mai 1941 Hunderttausende von Gebäuden, vor allem im East End Londons, zerstört. Etwa 29.000 Menschen sterben.

1945 Der Wiederaufbau nach dem Krieg dauert lange. Einige der zerbombten Plätze werden noch 20 Jahre später als Parkplatz benutzt.

1953 Krönung von Königin Elizabeth II.

1960–69 »Swinging London«. Kings Road und Carnaby Street werden Zentrum der Pop- und Modewelt. Mary Quant erfindet den Mini-Rock.

1970–79 Ölkrise und Verschuldung beuteln das Land. Die terroristische »Irish Republican Army«, IRA, verübt eine Serie von Bombenanschlägen an zentralen Plätzen der Stadt.

1977 Queen Elizabeth feiert ihr Silbernes Jubiläum (25 Jahre). Der sarkastische Song »God Save the Queen« der Punkgruppe Sex Pistols erreicht die Nummer Eins der Hitparade, darf aber nicht gespielt werden. Die Band führt ihn öffentlich auf und wird verhaftet.

1979 Die Conservative Party unter Margaret Thatcher gelangt an die Macht. Wegen ihrer rigorosen Poilitk wird sie »Eiserne Lady« genannt.

1980–89 Rassenunruhen in Brixton gegen die Regierung. Entstehung der alternativen Comedy-Szene gegen Rassismus und Sexismus.

1981 Prince Charles heiratet Lady Diana Spencer.

1991 verübt die IRA einen Anschlag auf Downing Street Nr. 10. Daraufhin bleibt die Straße bis heute für Besucher gesperrt.

1997 Im Mai 1997 gewinnt die Labour Partei mit einem Erdrutsch-Sieg über John Major die Macht und leitet unter Tony Blair eine Welle von Reformen ein. Lady Diana stirbt im September des selben Jahres bei einem Autounfall in Paris. Ihr Tod wird zum größten Medienereignis aller Zeiten: 1,5 Millionen Menschen kommen zur Trauerfeier nach London und legen Blumen am Kensington Palace nieder.

2002 Queen Elizabeth feiert ihr Goldenes Jubiläum (50 Jahre)

2008 Es kommt es zu einer anhaltenden Wirtschaftskrise, ausgelöst durch einen Bankenkollaps. Die Londoner City wird hierdurch schwer getroffen.

2010 Die Labourregierung verliert unter Gordon Brown die Wahl. Da es keine Stimmenmehrheit gibt, bilden die konservativen Tories unter David Cameron zusammen mit der Liberalen Partei unter Nick Clegg eine Koalition. Damit zieht erst zum zweiten Mal in der Geschichte Britanniens eine Koalitionsregierung in die Downing Street ein.

2011 Es kommt zu gewalttätigen Ausschreitungen in den benachteiligten südlichen Stadtgebieten Londons. Am 29. April heiratet Prinz William die Bürgerliche Kate Middleton, beide tragen nun den Titel Duke und Duchess of Cambridge.

2012 In London wird die 30. Olympiade ausgetragen. Queen Elizabeth II. feiert ihr diamantenes Jubiläum. Die Stadt feiert den 200. Geburtstag des Schriftstellers Charles Dickens.

# Besondere Unterkünfte – eine kleine Auswahl

**Clink 78**
78 Kings Cross Road, Tel.: 7183-9400, www.clinkhostels.com.
Doppelzimmer ab £ 40, Schlafsaal ab £ 10.
Ein Hostel mit Geschichte: In dem Gebäude befand sich einst der Magistrate's Court von Clerkenwell (Schiedsgericht). Hier saßen die Bandmitglieder der Punkband »The Clash« in einer Zelle. Sie waren angeklagt, auf vorbeifliegende Tauben geschossen zu haben. In Erinnerung an diese Historie heißt die Bar der Hostel »Clashbar«.
Es gibt ein All-you-can-eat Frühstücksbuffet, bei dem auch der Hungrigste satt wird. Außerdem ist ein Sightseeing-Spaziergang im Preis eingeschlossen. Eine weitere Filiale gibt es in der 261–165 Gray's Inn Road, Tel.: 7833-9400.

**Youth Hostel Holland Park**
Holland Walk, Tel.: 0845-3719122, www.yha.org.uk.
Preis je nach Saison und Verfügbarkeit ab ca. £ 18 pro Nacht/Person. Diese Jugendherberge ist vor allem aufgrund ihrer Lage im Holland Park einzigartig. Untergebracht in einem Herrenhaus aus dem Jahr 1607 wacht man mitten im Grünen auf (s. Kap. 70). Die Anzahl der kleineren Zimmer ist begrenzt, daher muss man lange im Voraus buchen.

**Church Street Hotel**
29–33 Camberwell Church Street, Tel.: 7703-5984, www.churchstreethotel.com. Doppelzimmer mit Bad £ 130, mit Bad auf dem Flur ab £ 70. Hotel mit mexikanischem Flair in Südlondon. Die Zimmer sowie die Empfangsräume im Hotel sind in kubanisch-mexikanischem Dekor eingerichtet – Frida Kahlo lässt grüßen. Die Bäder sind mit ausgefallenen Kacheln dekoriert. Die Seifen und Shampoos stammen allerdings von der Firma Korres in Griechenland. Zum Frühstück gibt es die feinsten Bio-Zutaten vom benachbarten Borough Market (s. Kap. 4).

**40 Winks**
109 Mile End Road, Stepney Green, Tel.: 7790-0259. Raum 1, Einzelzimmer, £ 105 pro Nacht. Raum 2, Doppelzimmer, £ 175 pro Nacht (jeweils mit Frühstück) Untergebracht in einem Stadthaus aus dem Jahr 1717. Hier gibt es nur zwei Zimmer, aber die haben es in sich. Der Designer David Carter hat stilsicher die Atmosphäre des 18. Jh. eingefangen und mit modernen Utensilien kombiniert. Die Räume werden oft für Fotoshoots genutzt.

**Pavilion Fashion Rock'n'Roll Hotel**
34–36 Sussex Gardens, Hyde Park, Tel.: 7262-0905, www.pavilionhoteluk.com. Einzelzimmer £ 85, Doppelzimmer £ 100. Dieses Hotel ist das Gegenteil von minimalistisch. Jeder Raum hat ein Thema, z. B. »Better Red Than Dead«, in dunkelroten Tönen gehalten, »Casablanca Nights« mit marrokanischem Einschlag, »Honky Tonk Afro« bewegt sich in den 1970er Jahren, »Metallica« im Hard Rock Himmel, etc.

*Besonders Wohnen in einem besonderen Gebäude: das Shoreditch House*

**Boundary Hotel**
24 Boundary Street, Eingang Redchurch Street, Tel.: 7729-1051, www.theboundary.co.uk. Einfaches Doppelzimmer Mo–Sa £ 220, So £ 170. Dieses Hotel wurde vom Designer Terence Conran zusammen mit seiner Frau Vicky entworfen. Die Zimmer sind jeweils im Stil eines Designers, bzw. eines Design-Stils gehalten, so gibt es z. B. Zimmer im Stil von Corbusier, Bauhaus und Mies van der Rohe. Im Hotel befindet sich auch das renommierte **Albion Restaurant**.

## Shoreditch Rooms

Ebor Street, Tel.: 7739-5040, www.shoreditchhouse.com.
Die Zimmer hier sind elegant und schlicht in Weiß und Beige gehalten. Das besondere ist erstens die Location in Shoreditch, allerdings auch die zusätzlichen Einrichtungen, die es bietet. Das Hotel hat eine Restaurant-Bar auf dem Dach mit einem Swimming-Pool. Dieser ist nur für Hotelgäste und für die exklusiven Mitglieder des Hotelclubs zugänglich (s. Kap. 10). Außerdem hat das Hotel seine eigene Spa mit Namen **Cowshed**.

**B&B Belgravia**
64–66 Ebury Street, Tel.: 7259-857, www.bb-belgravia.com. Doppelzimmer ab £ 90 pro Nacht. Revolutionäres Bed and Breakfast im schicken Belgravia. Die Räume sind hypermodern eingerichtet. Etwas ganz besonderes ist der Garten im Hinterhof, sonst bei Hotels in London eher selten.

*Stilvoll nächtigen lässt es sich in einem der zahlreichen Bed & Breakfast in London*

**Portobello Hotel**
22 Stanley Gardens, Tel.: 7727-2777, www.portobellohotel.com. Doppelzimmer £ 195.00. Die Räume in diesem Hotel in einem klassizistischen Stadthaus in Notting Hill sind in klassischem Plüsch eingerichtet, Himmelbetten und Barockengel eingeschlossen. Seit den 1970er Jahren steigt hier bevorzugterweise die Musikszene ab.

**Easy Hotel**
34–40 Belgrave Road, www.easyhotel.com. Doppelzimmer ab £ 39. Die Eigentümer der Fluglinie Easyjet wenden hier ihr »Budget«-Konzept auch auf das Hotel an. Auf dem sonst eher überteuerten Londoner Hotelmarkt fällt dieses Hotel schon allein wegen dem Preis aus der Reihe, dafür muss man sich mit einem orangefarbenen Waschbecken begnügen.

**Hoxton Hotel**
81 Great Eastern Street, Tel.: 7550-1000, www.hoxtonhotels.com. £ 1–299. Die Atmosphäre in den weitläufigen Räumen hat industriellen Schick. Das Restaurant und die Bar sind ein Treffpunkt der Nachtleben-Szene von Hoxton. Wer in den Fanclub eintritt, kann sich einen der Räume für nur £ 1 ergattern, die regelmäßig verlost werden. Ansonsten steigen die Preise während der Hauptsaison ziemlich in die Höhe.

### Tipp: B&B-Zimmer finden

Seit 1997 vermittelt die London Bed & Breakfast Agentur (www.bed-breakfast.de) Zimmer in London, Südengland und Paris. Das B&B-Team besucht alle Bed & Breakfast persönlich. In den gepflegten Häuser wohnen die Gäste wie bei guten Freunden. Und natürlich mit dem bekannten englischen Flair – »very British indeed«. Das Besondere: Reisende bekommen Insidertipps von den Gastgebern!

# London mit Kindern

Beim Großstadtbesuch ist man meist lange auf den Beinen, und mit Kindern muss man öfter eine Rast einlegen. London ist gesegnet mit vielen **Parks** und **Grünflächen**, wo es Spielplätze gibt, auf denen Kinder herumtollen können und wo man picknicken kann. Bei warmem Wetter bieten sich auch die Wasserspiele am **Somerset House** an (s. Kap. 42). In **Hampstead Heath** kann man Drachen steigen lassen (s. Kap. 97). Ebenso gibt es keinen Mangel an Wasserwegen und Seen, und bei einer Bootstour auf der Themse oder beim Rudern auf dem **Serpentine Lake** im Hyde Park kommen auch Eltern auf ihre Kosten. Hinterher kann man noch die Enten und Schwäne füttern (s. u.). Auch die **Horse Guards** (s. Kap. 65), mit den Soldaten in ihrer Uniform und das **Changing of the Guards** am Buckingham Palace (s. Kap. 55) sind für Kinder interessant. Wenn man aufgrund des Wetters nach drinnen ausweichen muss, bieten sich z. B. die **Puppentheater** in Islington und Little Venice an (s. u.), wo man auch ohne perfektes Englisch der Handlung folgen kann. Die Akrobaten am **Covent Garden** sind auch einen Blick wert (s. Kap. 81). Viele der **Museen in London** sind im Hinblick auf Kinder sehr interaktiv. Hier kann man mehrere Stunden verbringen, und die Zeit vergeht dennoch wie im Flug. Oft kann man auch bereits die Zeit auf dem Weg zu den Sehenswürdigkeiten verkürzen: In der vollautomatischen **Docklands Light Railway** (DLR) kann man z. B. ganz vorne in der Kabine sitzen und Fahrer spielen. Einige Tourveranstalter bieten außerdem kindgerechte Rundfahrten an (s. Praktische Informationen).

## Parks und Spielplätze

**Abenteuerspielplatz Kensington Gardens,** Diana Memorial Playground, Kensington Gardens (s. Kap. 67). U-Bahn High Street Kensington, District und Circle Line. Geöffnet Mai–Aug. 10–19.45, April–Sept. 10–18.45, März–Okt. 10–17.45, Feb.–Okt. 10–16.45, Nov.–Jan. 10-15.45 Uhr. Der Spielplatz befindet sich im Nordwesten des Parks, dort gibt es ein großes Piratenschiff, Indianerzelte und eine Dünenlandschaft.

**Abenteuerspielplatz Holland Park,** Holland Park Adventure Playground, Holland Park, (s. Kap. 70). U-Bahn High Street Kensington, District und Circle Line. Der Abenteuerspielplatz befindet sich in der Nähe des japanischen Gartens. Hier gibt es Klettergerüste und Schaukeln für ältere Kinder. Direkt daneben ist ein separater Bereich für Kleinkinder.

**Hyde Park – Lake Serpentine**, Hyde Park, (s. Kap 66), U-Bahn Hyde Park Corner, Piccadilly Line. Bootsvermietung: The Boat House, Serpentine Road, Tel.: 7262-1330. Geöffnet April-Okt. Sommer 10–20, Frühling 10–16 Uhr. Kosten 1/2 Std. Erwachsene £ 8, Kinder bis 15 Jahre £ 4. Am See im Hyde Park kann man eine Reihe von verschiedenen Booten mieten und Enten oder Schwäne füttern.

**Bauernhof in der Stadt,** Hackney City Farm, 1a Goldsmiths Row, Tel.: 7729-6381, www.hackneycityfarm.co.uk. U-Bahn Hoxton, London Overground. Unweit des Geffreye Museum (s. Kap. 79) in östlicher Richtung befindet sich dieser Stadtbauernhof mit Ziegen und Schweinen, wo viele Aktivitäten für Kinder angeboten werden.

## Theater

Im Sommer veranstalten viele Theater eine **Kinderwoche**. Das bedeutet, dass Kinder in ausgesuchten Musicals freien Eintritt haben. Was die Kosten eines Theaterbesuchs erheblich reduziert. Infos unter: www.kidsweek.co.uk.

**Little Angel Puppet Theatre**, 14 Dagmar Passage, Tel.: 7226-1787, www.littleangeltheatre.com. Eintritt £ 5–12,50. Dieses Marionettentheater in Islington (s. Kap. 14) wurde bereits 1961 von John Wright gegründet. Hier werden bekannte und neue Stücke gezeigt, allein die fantasievollen Marionetten sind einen Besuch wert.

**Puppet Theatre Barge**, Blomfield Road, Tel.: 7249-6876, www.puppetbarge.com. Bei diesem Miniaturtheater auf einem Ausflugsboot in Little Venice (s. Kap. 69) muss man aufgrund begrenzter Sitzanzahl im Voraus buchen.

## Museen und andere Sehenswürdigkeiten

**Leavsden Studios**, The Making of Harry Potter, Studio Tour Drive, Leavesden, Tel.: 0845-0840900, www.wbstudiotour.co.uk. Eintritt Erwachsene £ 28, Kinder (5-15 Jahre) £ 21. Ein Ausflug in die Studios, wo Harry Potter gedreht wurde (s. Kap. 36).

**London Eye,** London Eye, Southbank, Tel.: 0871-7813000, www.londoneye.com. Geöffnet Okt.–März 10–20.30 Uhr, April-Sept. 10–21 Uhr. Eintritt Erwachsene £ 18,90, Kinder 4–15 Jahre £ 9,90 (s. Kap. 84).

**London Film Museum,** County Hall, Riverside Building, Tel.: 7202-7040, www.londonfilmmuseum.com. Geöffnet Mo–Fr 10–17, Sa 10–18, So 11–18 Uhr. Eintritt Erwachsene £ 13,50, Kinder £ 9,50. Hier kann man die Kulissen und Kostüme aus verschiedenen Filmen besichtigen (s. Kap. 36).

**London Transport Museum,** Covent Garden Piazza, Tel.: 7565-7298, www.ltmuseum.co.uk. Geöffnet Mo–Do, Sa & So 10–18, Fr 11–18 Uhr. Eintritt Erwachsene £ 13,50, Kinder £ 10. Busse, Zugabteile und Autos werden hier spielend erkundet.

**Natural History Museum,** Cromwell Road, Tel.: 0844-8471576, www.nhm.ac.uk. Geöffnet tgl. 10–17.15 Uhr. Eintritt frei. Bereits in der Eingangshalle zieht das riesige Dinosaurierskelett alle Blicke auf sich.

**National Maritime Museum und Queen's House,** Park Row, Greenwich, www.nmm.ac.uk. Geöffnet tgl. 10–17 Uhr. Eintritt frei. In dem Museum in Greenwich (s. Kap. 94/95) ist das Planetarium sicherlich für ältere Kinder interessant (März–Mai 2012 geschlossen). In der Children's Gallery haben kleinere Kinder ihren Spaß, hier dreht sich alles um das Leben auf einem Schiff.

**Museum of London Docklands,** No.1 Warehouse, West India Quay, Tel.: 7001-9844, www.museumoflondon.org.uk. Geöffnet Mo–So 10–18 Uhr. Eintritt frei. In der Mudlark's Play Area können größere Kinder z. B. einen Tea Clipper beladen, für Kleinkinder gibt es eine Spielecke. (s. Kap. 7).

**Science Museum,** Exhibition Road, Tel.: 7942-4000, www.sciencemuseum.org.uk. Geöffnet tgl. 10–18 Uhr. Eines der interaktivsten Museen Londons, hier wird Kindern verschiedener Altersgruppen Physik spielerisch erklärt, es gibt spezielle Vorführungen, z. B. über Raumfahrtraketen und Seifenblasen.

**London Zoo**, Tel: 7722-3333, www.zsl.org/zsl-london-zoo. Geöffnet Nov–Feb. 10–16, März–Okt 10–17.30 Uhr. Preise variieren nach Saison: Winter Erwachsene ca. £ 18,50, Kinder £ 15.10. Die Destination für Kinder schlechthin.

# Festivals und Events

In London ist das ganze Jahr über etwas geboten. Aktuelle Informationen halten die einschlägigen Websites der offiziellen Tourismuseinrichtungen bereit (s. S. 242). Im Folgenden aber ein kleiner Überblick über besondere Veranstaltungen – ohne Anspruch auf Vollständigkeit:

## Januar/Februar

**International Mime Festival**: Über zwei Wochen hinweg finden Mitte Januar an verschiedenen Orten der Stadt Kleinkunstaufführungen, von Pantomime bis Puppentheater statt. Infos unter www.mimefest.co.uk.
**Chinesisches Neujahrsfest:** Die Kulisse für dieses Fest Anfang Februar bildet Chinatown, das durch Darbietungen wie Drachentänze, Musik und Feuerwerk noch bunter und lebhafter wird. Infos unter www.londonchinatown.org.
**Pancake Day:** Dieses letzte Überbleibsel des Karnevals in England steigt am Fastnachtsdienstag. Dann stehen Pfannkuchen auf dem Speiseplan und am Spitalfield Markt findet ein Pfannkuchenrennen statt. Infos unter www.alternativearts.co.uk.

## März

**St Patrick's Day** (17. März): Der Nationalfeiertag der Iren wird besonders im irischen Viertel Kilburn in Nord-London feuchtfröhlich und mit Paraden gefeiert (s. Kap. 17).
**Oxford & Cambridge Boat Race:** Von Putney Bridge bis Mortlake liefern sich die Ruderer der beiden Universitäten Ende März auf der Themse ein Rennen (s. Kap. 71). Infos unter www.theboatrace.org.
**London Fashion Week:** Die Catwalk-Show der Londoner Designer findet jeweils im Februar und September nach der Show in New York und vor den Shows in Milan und Paris statt, Veranstaltungsort ist das Somerset House (s. Kap. 42). Infos unter www.londonfashionweek.co.uk.

## April/Mai

**London Marathon:** In der dritten Aprilwoche steht die Stadt von Greenwich bis Westminster für dieses sportliche Ereignis still. Mit ca. 35.000 Teilnehmern ist dies der größte Marathonlauf der Welt. Infos unter www.virgin-londonmarathon.com.
**Queen's Birthday**: Am 21. April wird mit 41 Kanonenschüssen im Hyde Park an den Geburtstag der Königin erinnert. Richtig gefeiert wird aber im Juni (s. u.).
**Maifeiertag, May Bank Holiday**: Dies ist immer der auf den ersten Mai folgende Montag. Das ganze Land nutzt dieses verlängerte Wochende für Ausflüge, was regelmäßig zu Verkehrsstaus führt.
**Baishakhi Mela:** Das Bengalische Neujahr wird hier in der Brick Lane gefeiert (s. Kap. 19). Infos unter www.baishakhimela.org.uk.
**Chelsea Flower Show:** Blumen und Gartenschau Ende Mai im Royal Hospital nahe der Themse in Chelsea. Infos unter www.rhs.org.uk.
**Covent Garden May Fayre & Puppet Festival:** Ende Mai/Anfang Juni findet dieses Puppentheater-Festival rund um die St. Paul's Church in Covent Garden statt.

## Juni/Juli

**Diamond Jubilee 2012:** Vom 2.–5. Juni 2012 finden verschiedene Feierlichkeiten im Rahmen des diamantenen Jubiläums der Queen statt. Infos unter www.thediamondjubilee.org.

**Trooping the Colour:** Dies ist die Parade zum offiziellen Geburtstag der Königin (zweiter Samstag im Juni). Die Queen inspiziert ihre Truppen auf dem Paradeplatz, während eines zeremoniellen Aufmarsches von mehreren Stunden.

**Coin Street Festival:** Multikulturelles Musikfestival unterhalb des Oxo-Towers an der Southbank (Juni–Aug.). Infos unter www.coinstreet.org.

**Royal Academy of Arts,** Sommerausstellung: Riesige Ausstellung mit Werken von Studenten der Kunst-Akademie, unabhängigen und etablierten Künstlern, Juni–Aug. (s. Kap. 77). Infos unter www.royalacademy.org.uk.

**Wimbledon Lawn Tennis Championship:** Für einen Sitzplatz am Centre Court der exklusiven Tennismeisterschaften Ende Juni/Anfang Juli muss man Monate vorher buchen (s. Kap. 100). Karten für die anderen Courts lohnen sich aber auch. Infos unter www.wimbledon.com.

**London Literature Festival:** Ende Juni/Anfang Juli wird die Southbank Schauplatz dieses Literaturfestivals mit internationalen Gästen. Infos unter www.londonlitfest.com.

## Juli

**City of London Festival:** Vier Wochen lang wird im Bezirk der City an verschiedenen Orten gefeiert, mit Theater, Konzerten und Lesungen. Infos unter www.colf.org.

**BBC Henry Wood Promenade Concerts – PROMS:** Eine Serie von hochkarätigen, klassischen Konzerten in der Royal Albert Hall wird zu verbilligten Preisen der Öffentlichkeit zugänglich gemacht (Juli–Sept). Die letzte Nacht der »Proms« im September gerät jeweils zum Volksfest, bei dem die ganze Albert Hall bekannte Melodien mitsingt. Das Ereignis wird weltweit in den Medien übertragen (s. Kap. 45).

## August

**Great British Beer Festival:** Dieses Fest wird Anfang August von einer Initiative zur Förderung von »Real Ale« organsiert. Wer wissen will, wie echt englisches Bier schmeckt, kann dort über 300 Sorten Ale probieren. Der Earls Court wird dann zu einem großen Pub mit Live-Musik. Infos unter www.gbbf.org.uk/home,

**Notting Hill Carnival:** Der karibischste Straßenkarneval außerhalb der Karibik mit Reggaemusik, Steel Bands, kostümierten Tänzern und kulinarischen Köstlichkeiten. Es gibt kein Entkommen vor der Masse der Feierwilligen. Nichts für Leute mit Angst vor Tuchfühlung. Infos unter www.thenottinghillcarnival.com.

**Open City London:** Am dritten Wochenende im September findet dieser Tag der offenen Tür statt. Hier erhält man kostenfrei Eintritt in verschiedene Museen und auch zu Gebäuden, die der Öffentlichkeit normalerweise nicht offen stehen, wie beispielsweise den Hochhäusern der City. Infos unter www.opencitylondon.com.

**Great River Race:** Wieder einmal ist die Themse Schauplatz einer Bootsregatta. Diesmal müssen die Boote so schnell wie möglich die 22 Themse-Meilen vom Ham House in Richmond bis Greenwich zurücklegen. Infos unter www.greatriverrace.co.uk.

**Mayor's Thamse Festival:** Wer einen Fluss hat, soll ihn auch nutzen: Rund um die Themse finden Mitte Sept. zahlreiche Events statt, auf dem Wasser und am Ufer, zum Abschluss gibt es einen Laternenumzug und ein Feuerwerk.

**Costermonger Harvest Festival:** Das alljährliche Fest der Pearly Kings und Queens, mit Maibaumtänzen, Comedy und Cockney-Knees-Up findet Ende Sept. bei der London Guildhall statt (s. Kap. 47). Infos unter www.pearlysociety.co.uk.

## Oktober

**London Film Festival:** Von Mitte bis Ende Oktober findet dieses vom BFI veranstaltete internationale Filmfestival statt (s. Kap. 36). Infos unter www.bfi.org.uk/lff/.

**Lord Mayor's Show:** Hier wird jedes Jahr der neue Lord Mayor, der Bürgermeister der City of London, eingeschworen. Dies geschieht mit einer Prozession vom Mansion House bis zu den Royal Courts of Justice, wo er vom Richter empfangen wird. Die goldene Kutsche wird von einer Parade begleitet. Infos unter www.lordmayorsshow.org.

## November

**Bonfire Night** (Guy-Fawkes-Night): Am 5. November erinnern sich die Briten an die erfolgreiche Vereitelung eines Sprengstoffanschlags des Katholiken Guy Fawkes auf König James I. Große Lagerfeuer werden errichtet, auf denen Strohpuppen verbrannt werden. Das Feuerwerkskonzert gleicht unserer Neujahrsknallerei.

**Remembrance Day:** Mit einer offiziellen Schweigeminute wird am elften November um 11 Uhr (Ende des Ersten Weltkriegs) der Toten der beiden Weltkriege und der Kriege der neueren Zeit gedacht. Mohnblumen-Anstecker werden verkauft, deren Erlös an die Kriegsgeschädigten geht. Am Cenotaph (s. Kap. 2) werden Blumenkränze niedergelegt.

## Dezember

**Christmas Lights & Trees:** Anfang Dezember wird von einer bekannten Persönlichkeit offiziell die Weihnachtsbeleuchtung in der Oxford-, Regent- und Bond Street angeschaltet.

**Pantomimes:** Nach alter britischer Tradition werden rund um Weihnachten in vielen Theatern die sogenannten Pantomimes für Kinder und Erwachsene aufgeführt – eine Mischung aus Märchen und Varieté. Bekannte Stars müssen sich als jeweils anderes Geschlecht verkleiden. Ein Spektakel, bei dem das Publikum lautstark mitgeht.

**New Years Eve Celebrations:** Während der Silvesterfeier finden entlang der Themse unterhalb des London Eye Konzerte statt. Das Feuerwerk wird von Booten auf dem Fluss abgeschossen.

# Praktische Informationen

## Information

Die britische Touristeninformation ist vor allem online präsent. Hier erhält man generelle Reisetipps und Infos über Angebote, Unterkünfte, Theatertickets u. ä. Es gibt eine Servicetelefonnummer, wo man bei der Buchung von Hotels behilflich ist. Man kann sich auch Infomaterial zuschicken lassen:
**Visit Britain**, www.visitbritain.com/de/DE/;
**Visit London**, www.visitlondon.com/DE, Tel.: 08701-566366. Mo–Fr 8.30–18, Sa & So 10–16 Uhr.

## Infostellen in London

**Britain & London Visitor Centre**, 1 Regent Street, U-Bahn Piccadilly Circus, Piccadilly und Bakerloo Line. Tel.: 7808-3800. Geöffnet Mo 9.30–18.30, Di–Fr 9–18.30, Sa 9–17, So 10–16 Uhr.
**London Information Centre**, Leicester Square, U-Bahn Leicester Square, Piccadilly und Northern Line. Tel.: 7292-2333, www.londontown.com. Geöffnet tgl. 10–18 Uhr, telefonisch Mo–Fr 8–22, Sa & So 9–18 Uhr.
**Greenwich Tourist Information**, Pepys House, 2 Cutty Sark Gardens, U-Bahn Cutty Sark/DLR. Tel.: 0870-6082000, www.greenwichhs.org.uk. Geöffnet tgl. 10–17 Uhr.
**Richmond Tourist Information Centre**, Old Town Hall, Whittaker Avenue, Richmond, U-Bahn Richmond District Line, London Overground. Tel.: 8734-3363, www.visitrichmond.co.uk. Geöffnet Mo–Sa 10–17 Uhr.

## Telefonieren/Internet

Zum Start der Olympischen Spiele gibt es in den Londoner Innenstadtbezirken Kensington, Chelsea und Westminster das größte kostenlose WLAN-Netz Europas, so der Anbieter $O_2$. So kann man sich per Smartphone gratis ins Internet gehen. Zum Telefonieren bleiben die öffentlichen Telefonzellen oder das eigene Handy. Das loggt sich problemlos in bestehende Netze ein, wobei die Roamingkosten zu beachten sind. Wer das umgehen will, besorgt sich eine Prepaid-Karte und erhält eine englische Telefonnummer. Die **Londoner Vorwahl** ist 020 und braucht im Stadtgebiet von Festnetzanschlüssen aus nicht mitgewählt werden.

Die allgemeine Notrufnummer lautet **999**.

## Währung

Das Britische Pfund, abgekürzt £, ist aufgeteilt in 100 Pence, kurz »p«. Der Wechselkurs lag im Februar 2012 bei: 1 EUR = 0,85 £, 1 £ =1,18 EUR

## Anreise

### Per Flugzeug

London hat fünf Flughäfen (Heathrow, Gatwick, Stanstead, Luton und City Airport), die z. B. von Lufthansa, British Airways aber auch von Billigfluglinien angeflogen werden. Online erhält man Informationen über Fluglinien und Flugpreise beispielsweise bei www.fluege.de.

### Tipp: Verkehrsmittel vor Ort

Das U-Bahnnetz und die Bahn in London bringen Besucher zu fast allen Sehenswürdigkeiten. Auf den Hauptstraßen verkehren außerdem Busse, Fahrpläne gibt es an den Haltestellen. Auch Fahrradverleih ist möglich, es gibt 400 Verleihstationen in der Stadt (s. Kap. 82). Infos über alle Londoner Verkehrsmittel findet man auf der Website der **Londoner Verkehrsbetriebe**: www.tfl.gov.uk.
Wer sich nur wenige Tage in London aufhält, für den ist die **Day Travelcard** geeignet. Diese Karte gilt 24 Stunden auf allen Verkehrsmitteln. Die Day Travelcard wird nach Zonen ausgestellt. Der Innere Stadtbereich umfasst Zonen 1 und 2, der äußere Stadtbereich die Zonen 3–6. Eine Travelcard für Zone 1–4 kostet £ 10,60. Ein Einzelticket in Zone 1 im Vergleich dazu bereits £ 4. Wer sich länger in London aufhält, kann sich über Visit London (s. o.) eine **Oyster Card** für Besucher ausstellen lassen. Dies ist eine Pre-Paid-Karte, die man am Ticketschalter in den Bahnhöfen und der U-Bahn aufladen kann.

**Infos: Flybe**, www.flybe.com.
**Easyjet**, www.easyjet.de.
**Germanwings**, www.germanwings.de.
**Lufthansa,** www.lufthansa.de.
**Ryanair**, www.ryanair.de.

### Per Zug

Mit dem ICE kommt man von Köln und Brüssel schnell nach London. In Köln kann man umsteigen in den Thalys nach Brüssel, der deutsche ICE ist jedoch schneller. Von Brüssel geht es weiter mit dem **Eurostar** bis zum Bahnhof St. Pancras in London. Die Fahrtzeit von Köln bis London mit Umsteigezeit beträgt ca. 5,5 Std. Die besten Preise erhält man bei Buchung online.
**Infos: Deutsche Bundesbahn**, www.bahn.de.
**Eurostar**, www.eurostar.com.
**Thalys,** www.thalys.com.

### Per Bus

Die Anreise mit dem Bus der **Eurolines** (Deutsche Touring GmbH) ist eine der preiswertesten Möglichkeiten der Anreise, allerdings dauert dies recht lange und ist eher unbequem. Die meisten Busse fahren über Nacht. **Infos: Eurolines**, Deutsche Touring GmbH, Tel.: 069-7903501, www.touring.de.

### Mit dem Auto

Die Anreise nach London mit dem Auto dauert von Köln ca. 7 Std., von Frankfurt ca. 10 Std., von München ca. 15 Std. Die schnellste Strecke führt von Köln durch Belgien bis nach Calais in Frankreich. Von dort aus besteht ein reger Fährverkehr nach Dover im Süden Englands. Wahlweise kann man mit dem Autozug den Eurotunnel durchqueren, dieser endet in Folkstone. Von Dover/Folkstone gelangt man über die M20 bis zur Ringautobahn M25 und von dort ins Zentrum. Wer mit dem Auto nach London hineinwill, sollte die sogenannte »Congestion Charge« (City-Maut) nicht übersehen. Hier werden schnell £ 12 am Tag fällig. Infos unter www.tfl.gov.uk/roadusers
**Infos: Eurotunnel**, www.eurotunnel.com.
**P&O Ferries**, www.poferries.com.
**DFDS Ferries/Norfolkline**, www.norfolkline.com.

# Register

# London in Zahlen

| | |
|---|---|
| Geografische Lage: | Breitengrad: 51° 30' 28'' N, Längengrad 00° 07' 41'' W. Der Nullmeridian in Greenwich ist Ausgangspunkt der Längengrade und damit auch der Zeitzonen. |
| Länge der M25 Umgehungsautobahn: | 188 km |
| Stadtgebietsfläche: | Inner London 1,579 $km^2$, Outer London 1,254 $km^2$ |
| Höchste Brücke: | Tower Bridge 61m hoch, 244 m breit |
| Verwaltung: | Greater London Authority, GLA Bürgermeister Boris Johnson |
| Bezirke (Boroughs), Inner London: | 32 Boroughs sowie die City of London |
| Bezirke Outer London, Home Counties: | Essex, Hertfordshire, Buckingham-shire, Berkshire, Surrey, Kent |
| Einwohner in Inner London: | 7.668,300, davon ca. 31 % Nicht-Briten |
| Einwohner Greater London Urban Area: | ca. 8,5 Mio. |
| Gesprochene Sprachen: | ca. 300 |
| Höchster natürliche Erhebung in Inner London: | Hampstead Heath 134 m |
| Parks und offene Plätze: | ca. 3.000 |
| Universitäten und Hochschulen: | 86 |
| Millionäre in London: | Vierthöchste Anzahl an Millionären/ Milliardären in der Welt |
| Restaurants mit Michelin-Sternen: | 57 - nur Paris hat mehr. |
| U-Bahn: | London hat das älteste U-Bahn-System der Welt (1863). |
| U-Bahn Stationen: | 270 |
| End-Bahnhöfe: | 18 |
| Taxis in London: | 21.000 |
| Besucher pro Jahr: | ca. 7,5 Mio. Touristen, 2,8 Mio. geschäftliche Besucher |
| Passagieraufkommen Flughafen London Heathrow: | 65,7 Mio., damit höchstes Passagieraufkommen der Welt |
| Designer in London: | 46.000 (23 % aller Designer in Großbritannien) |
| Ausgaben für Design pro Jahr: | £ 50 Milliarden |

## Die Autoren

**Lilly Nielitz-Hart** studierte Amerikanistik und Kulturwissenschaft und ist als freie Journalistin, Autorin und Übersetzerin für Reisebuchverlage, Kulturinstitutionen und Reiseveranstalter in Deutschland und Großbritannien tätig.

**Simon Hart**, geboren in Leeds, studierte Geschichte und Archäologie und lehrte Archäologie, Geschichte und Politik unter anderem an der University of British Columbia.

Die Autoren haben London als Studenten, Geschäftsreisende und Arbeitssuchende kennengelernt und in so unterschiedlichen Stadtteilen wie Putney, Finsbury Park und West Ham gelebt. Heute sind sie an der Südküste Großbritanniens ansässig. Zu den gemeinsamen Publikationen für verschiedene Verlage gehören Reiseführer zum Thema Großbritannien und Mittelmeerraum.

Reg. user No. 12/2173/P

Improvement works may a

no more than 5p per minute if calling
landline. There may be a connection charge.
om mobiles or other landline providers may vary.

Transport for London UNDERGROUND

ey, please check before you travel

Version A TfL 12.2011

Correct at time of going to print